F. John-Ferrer
Wenn alles in Scherben fällt

F. John-Ferrer

Wenn alles in Scherben fällt

Der Weg des Strafbataillons 999

rosenheimer

Der Ablauf des militärischen Geschehens entspricht der geschichtlichen Wahrheit. Die Namen der handelnden Personen sind frei erfunden. Eventuelle Ähnlichkeiten sind daher rein zufällig.

Besuchen Sie uns im Internet
www.rosenheimer.com

© 2015 Rosenheimer Verlagshaus GmbH & Co. KG, Rosenheim
Lektorat und Satz: VerlagsService Dr. Helmut Neuberger & Karl Schaumann GmbH, Heimstetten
Titelfoto: © Bundesarchiv, Bild 101I-695-0408-11A / Fotograf: Leher
Druck und Bindung: CPI Moravia Books s.r.o.
Printed in Czech Republic

ISBN 978-3-475-54434-7

1

Er ist ganz ruhig. Er zittert nicht. Er kann auf der Holzpritsche sitzen und noch einmal über alles nachdenken, ohne in Tränen oder dumpfes Angstgebrüll auszubrechen. Strafsoldat Herbert Klenke weiß, dass er heute erschossen wird – in einer Stunde, vielleicht in zwei oder drei. Die Marschtritte des Exekutionskommandos können aber auch schon in der nächsten Minute im Korridor des Gefängnisses ertönen.

Die Uniform ist abgegeben worden. Behalten durfte er nur den Drillich und die Turnschuhe, alte, morsche Klamotten, die gerade noch gut genug sind, um mit ihm in der Grube zu vermodern.

Klenke hatte gewusst, dass er an den Erschießungspfahl kommen würde, wenn man ihn erwischte. Er hätte seine Flucht anders durchführen müssen. Es war ein Fehler, zu Hilde zu gehen und sich mit ihr in einem Zweibettzimmer eines Straßburger Hotels einzuschließen. Sie waren auch pünktlich gekommen, die Kettenhunde, mit ärgerlichen Mienen und entsicherten Pistolen.

Hilde wollte sich dem Feldwebel vor die Füße werfen, aber der Strafsoldat Klenke hat das nicht geduldet, hat sie angeschrien und ihr dann einen Kuss auf den bebenden, tränennassen Mund gegeben.

»Lass man«, hat er zu ihr gesagt, »weine nicht. Geh heim und vergiss mich.«

Angst? Strafsoldat Herbert Klenke, wegen Fahnenflucht zum Tode verurteilt, schüttelt den Kopf. Nee, das ist vorbei, das mit der Angst. Angst hat er nur gehabt, als sie ihn mit Fußtritten in die Zelle geworfen haben, die Wachposten gekommen sind, ihn angespuckt und geschrien haben: »Du Schwein! Du Verräter! Du Sauhund!« Nur der Geistliche hat »mein lieber Sohn« gesagt.

Er schaut zum vergitterten Fenster empor, hinter dem der Tag graut. Der letzte Tag eines verspielten Lebens. Wie sachlich der Gerichtsoffizier gewesen ist! Hat sich alles angehört, ein paarmal genickt, sich Notizen gemacht und sich mit dem Finger an der von Mensuren zerhackten Wange gekratzt. Dann das Urteil, monoton gesprochen, mechanisch, oft geübt: wegen Fahnenflucht zum Tode durch Erschießen verurteilt …

Klenke hat nur zustimmend genickt. Strafsoldaten sind zum Sterben da. Zu Tausenden, zu Abertausenden! Wie damals, am 7. Oktober 1943, als der alte Minensucher die tausend Mann des IX. Ersatzbataillons 999 hätte von Piräus nach Samos fahren sollen. Es sind nur wenige mit dem Leben davongekommen. Die britischen U-Boote haben ganze Arbeit geleistet. Am 9. Oktober des gleichen Jahres sind noch einmal 450 Strafsoldaten zu den Fischen geschickt worden, und am 11. Oktober des nächsten Jahres sind es dann 800 gewesen, die »etwas gutzumachen« hatten.

Strafsoldat Herbert Klenke hat keine Angst vor dem Tod. Sie ist gestorben, als er sechs Stunden lang im salzigen Wasser geschwommen ist und endlich den Strand erreicht hat, um weiterleben zu dürfen. Wieder in die Heimat verschickt, wieder eingekleidet, wieder in Marsch gesetzt, um den Tod noch einmal herauszufordern, hat Strafsoldat Herbert Klenke beschlossen, nicht mehr mitzumachen und abzuhauen. In Straßburg, in dem zweitrangigen Hotel, nachts um ein Uhr, ist seine militärische Laufbahn endgültig zu Ende gegangen.

Jetzt wartet er. Sie müssen ja bald kommen, um mit einer Salve die Erinnerung an Berlin, KZ Buchenwald und aussichtsloses Heldentum wegzuknallen.

Aber Leutnant Franz Hartwig ist noch nicht fertig. Er schaut in den Spiegel und stellt fest, dass er wieder einmal versoffen aussieht. Tatsächlich hat er die ganze Nacht durchgesoffen, drüben, bei der Uschi in ihrer gemütlichen Bude.

Wo das Ding bloß immer den französischen Kognak her hat, fragt sich der einarmige Leutnant, als er den Wasserhahn aufdreht und den brummenden Schädel ins Becken taucht.

Uschi Brandt, die Stabshelferin, sitzt unterdessen schon längst vor dem Vermittlungsschrank und verbindet mit einem unerschütterlich freundlichen »'n Augenblickchen, bitte ...«, die Teilnehmer.

Leutnant Hartwig rasiert sich sehr geschickt mit der Rechten, zieht Grimassen und schielt dann auf die abgelegte Armbanduhr. Um neun Uhr ist wieder eine Exekution. Er muss sich beeilen. Der arme Kerl, der drüben im Stabsgebäude wartet, soll bald erlöst sein.

Wie heißt er doch gleich, der heute dran ist? ... Klinke oder so ähnlich. So ein Dummkopf! Haut ab und lässt sich erwischen ... Immer dasselbe Lied: die Frauen. Nur wegen des Frauenzimmers ist der ... der Dingsda erwischt worden. Das hat er nun davon.

Dar einarmige Leutnant schüttelt den schmalen Schädel, auf dem das Haar schütter wird. Hartwig kann nicht behaupten, dass ihm das Exekutionskommando

Spaß macht. Aber Befehl ist Befehl. Ein Leutnant, der bei Smolensk den Arm verloren hat, ist gerade noch gut genug, um den Degen zu heben und »Feuer« zu kommandieren.

Bei der ersten Exekution hat Hartwig für einen Moment die Augen zugemacht. Bei der nächsten musste er sich gewaltsam zwingen, hinzuschauen, wie der Mann am Pfahl zusammenzuckte und den Kopf auf die Brust sinken ließ. Die nächsten Hinrichtungen konnte Leutnant Hartwig nur noch in alkoholisiertem Zustand ertragen. Heute lässt es ihn kalt, wenn einer zum Pfahl wankt. Nur wenn einer zu brüllen beginnt, zu fluchen, zu flehen, dann wird Leutnant Hartwig unruhig und gibt die Kommandos ganz schnell. Diese verdammten Hinrichtungen sind daran schuld, dass er säuft. Jeder Tote bringt ihn dem Delirium tremens näher.

»Lass dich doch versetzen«, hat Uschi gestern Nacht zu ihm gesagt. »Du machst dich hier ja fertig.«

Er lallte in ihren Armen etwas von Mistkrieg, Sauleben, und dann hat er sich aufgerichtet und das Mädchen angeschrien:

»Willst mich wohl loswerden, was?«

»Nein, ich will, dass du nicht so viel trinkst!«

»Ich saufe weiter!«, hatte er geknirscht und dann ein ganzes Mundspülglas voll Kognak ausgetrunken.

Fünf vor neun. Leutnant Hartwig legt die Armprothese an, zwängt sich etwas umständlich in den Uniformrock und schnallt den Degen um.

Draußen stehen die sechs Mann. Ihre Gesichter hängen unter den Stahlhelmen wie steinerne Masken. Koppel und Patronentaschen sind blank gewienert. Die Gewehrläufe funkeln kalt im blauen Morgenlicht.

»Stillgestanden! Rührt euch! Augen geradeeee aus! Im Gleichschritt – marsch!«

Die Kommissstiefel trommeln. Tram, tram, tram, tram … Herbert Klenke hört sie kommen und erhebt sich. Tram, tram, tram, tram …

Er ist blass. Die Augen liegen tief in den Höhlen. Ein Zittern schleicht sich in die Knie. Die Angst wächst und wächst, das Leben ist mit einem Male begehrenswert, gleich, unter welchen Umständen es gelebt werden soll.

Schlüssel klirren. Die Tür geht auf. Der Pfarrer kommt zuerst herein. Hinter ihm steht Leutnant Hartwig, dahinter die sechs Henkersknechte mit den Stahlhelmen.

»Mein Sohn …«, murmelt der Pfarrer.

Klenke winkt ab. Er hat Tausende verrecken sehen. Er hat ihre Hilfeschreie gehört, ihre verrenkten Arme, ihre kralligen Finger gesehen. Man stirbt nur einmal.

»Geht's los, endlich?«, fragt er.

Er wird nicht plärren, denkt Leutnant Hartwig. Endlich mal einer, der nicht plärrt und lauter unsinniges Zeug lallt.

Tram, tram, tram, tram.

Die schwarzhaarige Stabshelferin Uschi Brandt aus Stuttgart steht im Waschraum und zieht die Lippen sorgfältig nach. Draußen auf der Lagerstraße ertönen Marschtritte. Uschi stößt das schmale Toilettenfenster auf und schaut hinaus. Leutnant Hartwig marschiert vorbei, zusammen mit seinen sechs Schergen, in der Mitte ein Mensch im Drillichanzug.

Der Erschießungsplatz liegt hinter der Baracke 6, dahinter der Wall, über dem der schwäbische Forst mit dunklen Wipfeln trauert. Der Pfahl ist neu.

Klenkes Lächeln ist leer, als man ihn festbindet.

»Nicht die Augen zu«, sagt er mit brüchiger Stimme zu Hartwig. »Ich will euch sehen, wenn ihr schießt. Und einmal wirst du dir selbst die Kugel durch den Kopf jagen, Leutnant – einmal bist auch du dran.«

Hartwig wendet sich ab, zieht den Degen, hebt ihn. Dann kracht die Salve.

Strafsoldat Herbert Klenke hängt schlaff in den Stricken, die ihn am Pfahl festhalten.

Über dem schwäbischen Forst kreist ein Schwarm aufgescheuchter Krähen und setzt sich irgendwo nieder. Jedesmal, wenn auf dem Schießplatz eine Salve kracht, schrecken die schwarzen Vögel auf. Sie werden sich ebenso wenig an das Krachen gewöhnen, wie sich Leutnant Hartwig daran gewöhnen wird, alle drei oder vier Tage einen Delinquenten zum Tode zu befördern.

Ohne Ende scheint die Fahrt. Zwei Tage schon poltert der Transportzug ins Ungewisse. Im grauen Dunkel der plombierten Viehwaggons kauern die Elendsgestalten auf dem blanken Boden. Je vierzig in einem Waggon. Die Luft ist verpestet. Die Gucklöcher sind mit Stacheldraht verspannt. Ein rollendes Gefängnis.

Taumelnd steht eine hohlwangige, zebragestreifte Gestalt an der Schiebetür und verrichtet ihre Notdurft. In einem Schweinestall kann es nicht schlimmer aussehen und grässlicher stinken.

In München-Stadelheim ist der letzte Schub Zuchthäusler übernommen worden. Ein paar Brote wurden hineingeworfen. Tür zu. Weiter!

Der Sammeltransport entehrter, geschundener, geprügelter, halb verhungerter Menschen rollt die Strecke

Tuttlingen-Sigmaringen entlang. Der Zug pfeift. Es klingt wie der Aufschrei der Verzweiflung.

Nicht weniger als dreihundert Jahre Zuchthaus sind in diesen Viehwaggons zusammengepfercht. Am Schluss rollt der Personenwagen mit den Bewachern. Sie dreschen einen Skat, lachen, erzählen Witze, während ein paar Wagen weiter das Elend seufzt und stöhnt.

»Wer hier jammert, hat keine Überzeugung«, sagt der katholische Pfarrer, den man eines Sonntags aus der Sakristei geholt und ins KZ gesteckt hat.

Der Student aus Berlin neben ihm erwacht aus seiner Meditation: »Der Mensch ist etwas, das überwunden werden muss.«

Denn man muss seine Gedanken auf etwas konzentrieren, man muss sich an etwas klammern, um nicht loszubrüllen und mit den Fäusten gegen die wackelnden Wände dieses scheußlichen Gefängnisses zu hämmern.

Die Eisenräder rollen. Die Kälte kriecht an den Beinen hoch. Sie umkrallt das Herz. Die Männer reden, um zu vergessen, sagen etwas, erzählen.

Der Dirnenmörder Emil Schlegel hat wieder einmal seinen festen Zuhörerkreis. Er wühlt im Schmutz der Vergangenheit, malt in Worten ein buntes Bild seiner Schandtaten.

»Also, wie jesacht: der Justav war ooch dabei. Zwee Straßen weita von un'sam Lokal hat die Ziska jewohnt. Die war frieha Puffmutta und hatte sich nu 'n janz hübschen Zaster uff de Seite jeräumt, von ihren Damens aus'm horizontalen Jewerbe, vasteht sich.«

Lüstern funkeln die Augen der Zuhörer. Die Kälte ist vergessen, der Hunger, die Qual dieser nicht enden wollenden Fahrt.

Im finsteren Winkel des Waggons, neben stinkenden Kothaufen, hockt Alfons Schnittgen, der Bibelforscher, und murmelt vor sich hin: »O mein Gott, du strafst uns, weil du uns liebst …«

Brüllendes Gelächter bricht aus. Jemand hat einen Witz erzählt, über den man sich totlachen will.

Helmut Kalmeder, Student der Rechtswissenschaft, wegen defätistischer Gesinnung von der Gestapo verhört, verprügelt und dann zu fünf Jahren Zuchthaus verurteilt, weiß, dass es abwärtsgeht. Die große Katastrophe ist nicht mehr fern. Des Führers Tambour hat die Trommel auf den Zuchthaus- und KZ-Höfen gerührt. Die Entehrten, Entrechteten sind plötzlich gut genug, um unter der Fahne versammelt und in die klaffenden Lücken der Fronten geworfen zu werden.

In Paragraph 1, I des Wehrgesetzes heißt es: »Wehrdienst ist Ehrendienst am deutschen Volke.« Und Paragraph 13, I a verkündet: »Wehrunwürdig und damit ausgeschlossen von der Erfüllung der Wehrpflicht ist, wer mit Zuchthaus bestraft ist.«

Die Herren im OKW haben das berichtigt: Es gibt auch eine »bedingte« Wehrwürdigkeit. Der Krieg braucht Opfer. Die Front schreit nach Nachschub. Also auf mit den Zuchthaustoren! Raus mit den Verbrechern! Lasst auch sie bluten, lasst sie buddeln, schießen und verrecken! Wer sich bewährt, kann wieder wehrwürdig werden! Der Führer ist großmütig! Macht etwas gut, ihr Verbrecher, Verschwörer, Miesmacher, Hoch- und Landesverräter!

Der Student Helmut Kalmeder kichert in seinen Mantelkragen hinein. »Pfäfflein, die Not ist da, der Teufel frisst Strafsoldaten!«

125 Schicksale taumeln in der ratternden Dunkelheit durcheinander. Der Zug poltert durch das regengraue Donautal. Man schreibt irgendeinen Tag im November des Kriegsjahres 1943. Zäh hängt der Regennebel über den Höhen der Schwäbischen Alb. Der Wind ist kalt und treibt Sprühregen über das schmutzige Bahnhofsgelände der Station Tiergarten im Donautal.

Neben der Verladerampe wartet seit über zwei Stunden ein Lkw-Konvoi. Zum Kuckuck, wann kommt denn endlich dieser Transportzug?

Der Regen klatscht an die Wagenscheiben. Die Fahrer hocken missvergnügt hinter dem Steuer, schalten ab und zu den Scheibenwischer ein und blinzeln in den tristen Tag.

Endlich! Der Zug kommt und bringt Nachschub für den Heuberg! Zischend und dampfend fährt die Lok ein, rangiert umständlich auf das Nebengleis und schiebt die plombierten Viehwaggons an die Rampe. Aus dem Personenwagen klettern Justizbeamte. Drei Bluthunde hecheln gierig ins Freie und zerren an den Leinen.

»Heil Hitler, Kamerad«, grüßt ein Justizbeamter den Feldwebel.

»Na, wie viele bringt ihr uns heute?«

»125 sind es diesmal.«

»Was Besonderes dabei?«

»Allerhand!«

Der Feldwebel grinst. »Ihr macht uns Spaß. Also, laden wir das Kroppzeug mal aus.«

Aus dem Lkw steigen Soldaten vom Stammpersonal des Heubergs, mit Maschinenpistolen bewaffnet, gähnend, missgestimmt. Keiner freut sich über das, was jetzt mit barschen Rufen aus den Waggons getrieben wird.

»Macht fix, ihr Schweine! Los, los! Dalli, dalli!«
Kolbenstöße helfen nach, Flüche, hohles Geklapper von Holzpantinen.

Der Gefreite Hirtz von der 3. Kompanie schüttelt den Kopf. »Junge, Junge, das is vielleicht 'n Misthaufen. Den sollte man doch gleich zusammenschießen und in die Kalkgrube schmeißen.«

Es ist ein erschreckender Trauerzug, der zwischen Zug und Wagenkolonne so etwas Ähnliches wie Aufstellung nimmt, ein Mummenschanz von klapprigen Gestalten. Die Viehwagen speien Zuchthäusler und KZler aus: Gewohnheitsverbrecher in zebragestreifter Zuchthausuniform, KZ-Häftlinge in schlotternden Mänteln, Diebe, Mörder, Betrüger, verwahrloste Jugendliche mit langen Mähnen und bleichen Hungergesichtern. Da taumeln stoppelbärtige Zivilisten in Holzpantinen, Schwarzhörer und Schleichhändler. Sittenstrolche stehen neben Salonkommunisten oder Zeugen Jehovas, »Rassenschänder« neben überzeugten politischen Gegnern des Hitlerreiches.

Der Regen fällt nieder. Der Himmel weint über das viele Elend, das sich auf der Verladerampe der Bahnstation Tiergarten zusammendrängt und mit Kolbenstößen munter gemacht wird. Die Justizbeamten sind ungeduldig, sie wollen sich ihre brüchige Last so rasch wie möglich quittieren lassen.

Was soll dieser Mummenschanz? Was hat man mit ihnen vor? Die meisten haben keine Ahnung, stehen stumpfsinnig und ergeben im Regen und frieren und hungern.

Droben, im feuchten Grau des Novembertages versteckt, wartet der Heuberg, ein Truppenübungsplatz, berüchtigter Schleifstein aus den Jahren 1914 bis 1918. Der schluckt diese Elendsmassen, der frisst sie, wie sie kommen.

Zuchthäusler und KZler vereinigt die seltene Nummer 999. Der geistige Vater dieser Nummer war ein Spaßvogel und erklärte seinen Vorschlag damit, dass man in London dreimal die Nummer neun wählen muss, um Scotland Yard an die Strippe zu bekommen, jene Polizeidienststelle, die für Mord und Totschlag zuständig ist.

Dreimal die Neun heißt auf dem Heuberg »Ersatzbataillon 999«. Hier will man der knieweichen Zuchthaus- und KZ-Fracht eine Chance geben. Denn der Kanonendonner ist bedenklich nähergerückt. Das einst so glänzende Fanal am deutschen Kriegshimmel verdunkelt sich von Tag zu Tag.

Nicht weniger als 25 000 Mann versammeln sich unter der taktischen Nummer 999. Die, die vorher kamen, sind längst nicht mehr oder existieren nur noch als Einzelexemplare. Das Gros ist in Afrika geblieben, vor Tobruk zusammengeschossen worden, in der Wüste dem Hitzschlag erlegen, im afrikanischen Gefangenenlager »Pont du Fass« von fanatischen Nazis aus regulären Einheiten erschlagen, als Minenräumer in einem Minenfeld zerfetzt worden. Oder sie sind desertiert, irgendwo in der Wüste verschmachtet, zu Tausenden im Mittelmeer abgesoffen.

»In Gruppen zu je dreißig Mann antreten!«, brüllt der Transportführer vom Heuberg und fuchtelt mit der Signalkelle herum.

Die Bluthunde fletschen die Zähne. Der Gestank, den diese Elendsgestaltan verbreiten, reizt die Sinne. Die

Tiere hassen diese Menschen in Lumpen. Sie sind auf sie dressiert. Wehe dem, der es wagen würde, auszubrechen, um im Nebel zu verschwinden.

Keiner bricht aus.

Die Rampen der Lkw knallen herunter. »Hopp, ihr Ganoven! Rauf mit euch! Beeilung, Beeilung!«

Feldwebel Helm winkt mit der Kelle. »Abfahren!«

Die Lastwagen rumpeln los. Aus der dampfenden Güterzuglok schauen zwei rußige Gesichter.

»Arme Schweine«, brummt der Lokführer.

»Untermenschen«, berichtigt der Heizer und spuckt dem letzten Lastwagen nach.

Stetten heißt der nächste Ort. Er liegt im Tal, am Fuß das Heubergs. Der Volksmund erzählt, dass an einem Pfingstsonntag anno Schnupftabak auf dem Viehmarkt eine Ziege erfroren und umgefallen sein soll. Die Heubergsoldaten haben den Ort Stetten am kalten Markt in »Stetten am kalten Arsch« umgetauft. Stettens Bürger betrachten den nahen Heuberg als ein Übel, für das sie nichts können. Andere meinen ganz offenkundig, dass er der Schandfleck in der Landschaft sei.

Der Bürgermeister seufzt heimlich unter der ihm auferlegten Last. Er ist verantwortlich dafür, dass kein Ortsbewohner mit einem Strafsoldaten Kontakt aufnimmt. Mitleid ist verboten. Die Standortkommandantur vom Heuberg greift scharf durch, wenn es herauskommt, dass ein mitleidiger Bauer einem Strafsoldaten einen Schnaps geschenkt oder ihm gar irgendeinen barmherzigen Dienst erwiesen hat. Nur das Stammpersonal genießt den Vorzug, am Wirtshaustisch sitzen oder mit einem Mädle flanieren zu dürfen.

Der zusammengepferchte Menschenhaufen schaut stumpfsinnig auf das dampfende Land, und dem Studenten Helmut Kalmeder ist es, als wehe von den abgeernteten Feldern und aus dem regennassen Forst ein Hauch von Freiheit herüber.

»Im Sommer muss es hier schön sein«, sagt Pfarrer Kranz.

Der Student nickt nur. Gefängnis bleibt Gefängnis, auch wenn die Sonne in die Enge scheint.

Die Ortschaft Stetten taucht auf.

»Ein Lied!«, ruft der Posten am hinteren Wagenende.

»Ein Lied …«, murmelte der hin und her schaukelnde Menschenhaufen. »Westerwald … zwo, drei, vier …«

Sie singen mit kraftlosen Lungen in das Brummen der Motoren hinein. Sie singen mit leeren Bäuchen und zitternden Gliedern. Die Bürger von Stetten schauen aus den Fenstern oder stehen vor den Haustüren.

»Ooooh du schöööner We-e-e-sterwald …«

»Lauter, ihr Drecksäcke!«, brüllt der Posten und fuchtelt mit der MP herum.

»… scheint tief ins Herz hinein«, singt die gequälte Last auf den schwankenden Lkw und verschwindet im Nebel der Höhen.

Der Heuberg hat Nachschub bekommen. Im Leben der Sträflinge hat sich nichts geändert. Der Heuberg wird genauso trostlos sein wie jedes andere Straflager. Es wird wieder Stacheldraht geben, es werden Wachtürme da sein, von denen die Posten ohne Anruf schießen, wenn sich jemand dem dreimal verfluchten Drahtzaun nähert, der die Wehrunwürdigen von der großen Gemeinschaft trennt.

Ungefähr zur gleichen Zeit, als auf dem Heuberg vor der Schreibstubenbaracke der dritten Kompanie Hauptfeldwebel Wenzel Schimanek den Haufen mit Flüchen in Empfang nimmt, hat Herr Baurat Wendt in Berlin ganz andere Sorgen.

Das Schulhaus in Berlin-Zehlendorf darf gebaut werden, heißt es in einem eben eingetroffenen Schreiben des Rüstungsministers und Generalinspekteurs Albert Speer, *und unterliegt keiner Beschränkung an Baustoffen und Arbeitskräften ...*

Der Herr mit dem graumelierten Haar hinter dem Schreibtisch erhebt sich und geht mit dem Schreiben ins Nebenzimmer. Inge Grotius blickt von ihrer Schreibmaschine auf.

»Die Baugenehmigung ist da«, erklärt Wendt. »Keine Beschränkung in Baustoffen.« Er legt ihr das Schreiben vor. »Ich weiß bloß nicht, woher wir die Arbeitskräfte nehmen sollen, Fräulein Inge. Wissen Sie einen Rat?«

Das langhaarige, blonde Fräulein mit den Nixenaugen seufzt: »Das heißt also, dass ich wieder einmal mit dem Parteigenossen Brinkmann vom Arbeitsamt verhandeln muss?«

Wendt legt seiner bildhübschen Sekretärin die Hand auf die Schulter. »Ich werde Sie darum bitten müssen, Inge. Ich weiß ja«, fügt er sanft und verständnisvoll hinzu, »dass es Ihnen nicht leichtfällt, mit diesem Nieselpriem zu sprechen, Inge. Aber bedenken Sie, dass sich dreihundert Schulkinder freuen würden, wenn sie ein neues Schulhaus bekämen.«

»Der Zweck soll die Mittel heiligen«, lächelt Wendts Sekretärin. Und nach einem zweiten Seufzer: »Na schön. Ich will es mal probieren.«

Alois Brinkmann ist der Ressortchef für Arbeitsbeschaffung. Inge weiß, dass sie bei dem schwindsüchtig aussehenden Parteigenossen einen Stein im Brett hat. Sie treffen sich gelegentlich am Wannsee. Brinkmann ist ehrenamtlicher Schriftführer des Segelklubs, und Inge entzückt den im Aktenstaub ergrauten Parteigenossen immer wieder mit ihrer attraktiven Figur und ihrem lächelnden Charme – einem Charme, dem sich auch Wendt nur schwer entziehen kann, und aus dem er immer wieder beruflichen Nutzen zieht.

»Brinkmännchen, ich brauche wieder etwas«, flötet Inge zehn Minuten später in den Hörer.

»Ich habe es geahnt«, stöhnt die Stimme am anderen Drahtende.

»Ausschachter, Brinkmännchen, so viele wie möglich. Also, was können Sie uns schicken?«

»Nichts!«

Inge runzelt die Stirn. »Machen Sie mich nicht brotlos, Brinkmännchen. Wir brauchen dringend Arbeitskräfte.«

»Ich habe nichts«, jammert der Parteigenosse Brinkmann.

»Dann zwingen Sie mich dazu, aus dem Jachtklub auszutreten und mich beim weiblichen Arbeitsdienst zu melden. Ich werde in drei Monaten eine dicke Tussi sein und mich nur noch an einsamen Strandwinkeln im Badeanzug blicken lassen dürfen.«

Pause! Brinkmann sitzt mit geschlossenen Augen an seinem Schreibtisch und träumt von warmen Sommertagen und einem Mädchen in weißem Segeldress.

»Sind Sie noch da, Brinkmännchen?«, fragt die helle Mädchenstimme in Wendts Vorzimmer.

»Ja, ja, Inge«, beeilt sich Brinkmann zu versichern.

»Also, wie schaut es aus damit?« Es klingt wie ein Ultimatum.

Brinkmann fährt sich mit der Hand über das schlaffe Beamtengesicht.

»Gut. Ich schicke Ihnen etwas zu. Morgen früh. Sie dürfen aber nicht erschrecken, Inge. Ich kann nur einen Schub Zuchthäusler freimachen. Wenn Sie nichts auf dem Grundstück haben, was die klauen könnten, können Sie es ja mal mit den Kerlen probieren.«

Inge Grotius nagt an der Unterlippe. Sie ist plötzlich sehr nachdenklich geworden. Sie bedankt sich zerstreut und legt auf.

Zuchthäusler! Das Wort schlägt jäh eine Brücke in eine schönere Vergangenheit. Ein Name taucht in ihrer Erinnerung auf: Helmut Kalmeder.

Inge Grotius zündet sich eine Zigarette an, schnippt gedankenvoll das Streichholz aus, stößt mit bebenden Nasenflügeln den Rauch aus, schaut auf die Schreibmaschinentasten nieder und schlägt gedankenverloren den Buchstaben H an. H wie Helmut.

Damals, vor vier Jahren ... An einem verregneten Abend ist es gewesen. Helmut Kalmeder hat unter der Normaluhr im Park gewartet. Nass ist sein Gesicht gewesen, aber es hat gestrahlt, als sie gekommen ist.

»Entschuldige bitte«, hat sie gesagt, »ich habe mich um eine Viertelstunde verspätet.«

»Ich warte gern auf dich!« Mit diesen Worten hat er sie in die Arme gezogen und geflüstert: »Ich liebe dich, Inge ...«

Sie sind durch den einsamen Park gegangen. Der Regen troff von den Bäumen. Die Bänke waren zu nass, um sich hinzusetzen. Helmut hat erzählt, während sie langsam den Kiesweg entlangspaziert sind, hat ihren Arm gehalten, ihre Hand gestreichelt.

»Komm mit zum Maxe«, hat er gesagt. »Ein paar Kommilitonen sind dort. Ich werde einen Vortrag über Russland halten.«

»Du wirst über Lenin, Marx und Engels sprechen?«, hat sie gefragt.

»Vielleicht«, hat er lächelnd erwidert. »Oder hörst du es nicht gern?«

»Nein.«

Da hat er sie geküsst, und unter diesem Kuss hätte sie beinahe ja gesagt.

Dann ist sie mit zu Maxe gegangen, in ein verqualmtes Kellerlokal. Helmuts Kollegen sind da gewesen, haben Bier getrunken und das Paar mit Hallo begrüßt …

Wendts Sekretärin vergisst, an der Zigarette zu ziehen, schaut zum Fenster hinaus, an das der Regen klopft. Wie lange ist es her, dass sie Helmut aus den Augen verloren hat? Wie lange doch? Drei, vier Jahre. Oder mehr? Damals nachts, in dem engen, verräucherten Lokal: Helmut hat auf dem Tisch gestanden und im Stil von »Seid umschlungen, Millionen« von einer utopischen Weltanschauung geschwärmt.

Sie haben viel getrunken an diesem Abend. Die jungen Männer sind immer lauter geworden. Einer ist aufgestanden und hat gerufen: »Wir verheiraten euch! Los, kniet nieder, fasst euch an den Händen und sprecht mir nach …«

Ein Unfug zu nächtlicher Stunde! Ein Frevel an etwas Heiligem! Eine Nacht voller Sünde. Am Morgen das Erwachen in einem leeren Bett. Helmut ist fort gewesen.

Sie hat erst eine Woche später erfahren, dass man ihn verhaftet hat, dass er einen SD-Mann niedergeschlagen hat und dass er mit fünf Jahren Zuchthaus bestraft worden ist.

Und dann? Das blonde Mädchen vor der Schreibmaschine schließt die Augen, legt den Kopf in den Nacken und denkt nach.

Dann ist der andere gekommen, ein Offizier. Gleich in den ersten Kriegstagen ist er in Frankreich gefallen. Der nächste hat Bertram geheißen und ist Flieger gewesen. Auch er ist gestorben – gestorben wie die Erinnerung an jene verrückte Nacht in einer verräucherten Kaschemme.

Die Tür geht auf. Wendt kommt herein.

»Na, was ist? Kriegen wir Leute?«, fragt er.

»Ja. Brinkmann schickt uns Zuchthäusler. Wir können in Berlin-Zehlendorf anfangen.«

Wendt reibt sich die Hände. »Fein, fein! Großartig gemacht, Ingelein. Ich werde Sie für einen Orden vorschlagen.«

»Danke«, sagt sie gleichgültig und beginnt das Antwortschreiben an den Generalinspekteur zu tippen.

Am nächsten Morgen trifft der Schub Zuchthäusler ein. Man bringt sie in einem Lkw, bewacht von Justizbeamten.

Um zehn fährt Wendt mit Inge Grotius zur Baustelle hinaus. Es regnet in Strömen. Im Grau des Tages stehen zwölf gestreifte Gestalten und schauen mit stumpfen Mienen herüber.

Inge bleibt im Wagen sitzen. Um Gottes willen, denkt sie beklommen, sieht Helmut inzwischen auch so aus wie diese dort?

An diesem Vormittag erwacht in Inge Grotius der Wunsch, nachzuforschen, was aus jenem Mann geworden ist, mit dem sie einstmals in frevelhafter Ausgelassenheit verbunden war.

»Ich heiße Hauptfeldwebel Schimanek«, stellt er sich mit ausgeschriener Stimme vor. »Und jetzt werde ich euch etwas sagen: Für mich seid ihr alle Sauköpfe! Verstanden?«

»Jawohl«, murmelt der Haufen.

»Ab heute«, fährt Spieß Schimanek fort, »seid ihr bei der 3. Kompanie. Das Bataillon heißt 999. Unser taktisches Zeichen ist ein V mit einem Strich darunter. Das heißt für euch: Strich unter die Vergangenheit. Ist das jedem klar?«

»Jawohl!«

»Hier seid ihr alle gleich«, verkündet Schimanek weiter. Hinter ihm steht das Stammpersonal und nickt der Rangordnung nach. »Wir machen jeden zur Schnecke, der glaubt, hier seine Schweinereien weitermachen zu können. Eine bedingte Wehrwürdigkeit gibt es bei uns nicht. Das ist eine Floskel, die ihr euch gleich aus dem Kopf schlagen müsst. Soldbücher kriegt ihr erst, wenn ihr bewiesen habt, dass ihr Soldaten seid. Im Übrigen verweise ich auf den Aushang am schwarzen Brett. Dort steht alles, was ihr wissen müsst. Eure Ausbildung wird hart, aber gerecht sein! Ich bin dafür verantwortlich, dass …«

Ein kleiner Zwischenfall unterbricht seine Ausführungen. Im hintersten Glied der Sträflinge nieste jemand mit langgezogenem »Hatschiii«.

»Wer war das?«, brüllt Schimanek.

Eine zebragestreifte Gestalt tritt vor, eine ungeschlachte Figur mit dümmlichem Gesicht, abstehenden Ohren und hängenden Gorillaarmen, Xaver Bunser heißt der Mann. Er hat vor vier Jahren zwei Bauernhöfe angezündet, weil er als Mitglied der Freiwilligen Feuerwehr von Kornbach auf Brände gewartet hat, und es einfach nirgendwo hat brennen wollen. Da hat der Xaver selbst Feuer gelegt, ist als Erster an der Brandstätte gewesen und hat sich so fleißig am Löschen beteiligt, dass er eine Belobigung vom Feuerwehrhauptmann bekommen hat. Hernach, im Wirtshaus, als man angefangen hat, den Brand in der Kehle zu löschen, hat der Xaver nach der zwölften Halben angefangen, von seiner Brandstiftung zu erzählen. Man hat ihn ordentlich verdroschen, und vom Gericht ist er zu acht Jahren Zuchthaus verurteilt worden.

Xaver Bunser ist ein Klotz von einem Kerl, und wenn er sein asymmetrisches Grinsen aufsetzt, bringt es kein noch so grober Vollzugsbeamter fertig, ihm den Knüppel überzuziehen.

»Du Saukopp!«, brüllt Schimanek den Brandstifter aus Niederbayern an. »Willst du mich verarschen?«

»Na, na«, wehrt der Xaver kopfschüttelnd ab, »'s war halt so saukalt im Waggon, Herr Major.«

Das Stammpersonal feixt. Spieß Schimanek schielt den Kerl misstrauisch an. Da explodiert ein zweiter Nieser. Schimanek weicht erschrocken zurück. Die Sträflinge brechen in ein wieherndes Gelächter aus, und das macht Schimanek so böse, dass er rot anläuft.

»Aus!«, brüllt er.

Es wird still. Auch der Brandstifter wagt es nicht, sein entwaffnendes Grinsen aufzustecken.

Schimaneks Blick wird schmal. »Das war sehr lustig«, sagte er mit drohender Stimme. »Ich werde euch Zeit geben, euch zu beruhigen. Scher dich weg, du Saukopp!«, blökt er Bunser an.

Bunser rennt los, verliert einen Holzschuh, tritt in den Schmutz, hüpft so komisch herum, dass der Haufen noch einmal zu lachen beginnt.

»Aus!«, brüllt Schimanek zum zweiten Mal und dann: »Stillgestanden!«

Die Sträflinge zucken zusammen. Schimanek dreht sich zum Stammpersonal um: »Bitte wegtreten«.

Mit kurzen, ärgerlichen Schritten geht er in die Baracke zurück.

Es ist halb elf Uhr vormittags. Um zwölf stehen die Sträflinge noch immer. Es fängt an zu schneien. Der Wind ist eisig. Um halb zwei steht der jämmerliche Menschenhaufen noch immer in leidlich strammer Haltung auf dem Appellplatz. Niemand kümmert sich um ihn. Der Schnee fällt auf ihn nieder.

Gegen drei Uhr fegt ein richtiger Schneesturm über den Heuberg und lässt die grimmigen Flüche der Gepeinigten erstarren, tötet jeden Verzweiflungsgedanken, friert die Hirne ein.

Um vier Uhr fallen die Ersten um und bleiben im matschigen Schnee liegen.

Erst um fünf taucht Feldwebel Helm auf und treibt den zusammengefrorenen, halbtoten Menschenhaufen in die eiskalten Unterkünfte.

Der Heuberg erwacht. Die Normaluhr zeigt sechs. In den Baracken gellen die Trillerpfeifen.

»Aufstehen!«

Der Tag beginnt mit Gebrüll, Getrampel und Türenschlagen. Die lahmen Gestalten werden von den Strohsäcken gescheucht.

»Seid ihr noch nicht in den Waschräumen, ihr Drecksäcke?! Laufschritt, marsch, marsch!«

Im Barackenflur klappern die Holzpantinen. Halbnackte Knochengerüste drängeln in die eiskalten Waschräume. Die Wasserhähne zischen. Vor dem Betonbecken stehen dichtgedrängt die Gestalten des Elends, des Hungers, der Entbehrung.

Auf jedem zweiten Rücken kann man die Narben viehischer Schläge sehen. Jeder Dritte ist tätowiert. Jeder Fünfte leidet an schwärender Furunkulose.

Emil Schlegel, der Mörder, hat sich einen Spaß daraus gemacht, sich die witzigen Worte »Dieses Haupt gehört dem Henker« in die Nackenhaut ritzen zu lassen. Fragt man ihn, wie es zugegangen ist, als er in Hamburg eine jüdische Frau mit einem Bleirohr niedergeschlagen und ausgeraubt hat, erzählt er es bereitwillig und beschließt seine detaillierte Schilderung mit dem Seufzer: »Es war blöd, dass ich mir 'ne Jüdische vorgenommen hab. Ich hätte mir denken können, dass da die Gestapo nicht weit weg ist.«

Der Postdieb rasiert sich neben dem Tresorknacker, der Bibelforscher neben dem Sittenstrolch, der Defätist zwischen zwei Jugendlichen aus dem Dessauer Gefängnis. Die Kriminellen schneiden auf dem Heuberg besser ab als die Politischen, das ist eine längst bekannte Tatsache. Das Kalfaktorentum blüht, der Spitzeldienst bringt ein paar Vergünstigungen ein.

Auf dem Heuberg gibt es kein Moralschema, und deshalb hat Pfarrer Kranz recht, wenn er seinen Freund

Helmut Kalmeder beschwört: »Auch hier darfst du keinem trauen.«

Der Student, gleich gestern Abend als Stubenältester eingeteilt, weiß längst, dass er sich vor Emil Schlegel in Acht nehmen muss, dass der Postdieb Karl Zenker ein guter Kerl ist, der nur gestohlen hat, weil er seinem kranken Töchterchen eine Freude hat bereiten wollen, dass Alfons Schnittgen, der Bibelforscher, noch am Erschießungspfahl enden wird, dass Xaver Bunser, der Halbidiot, harmlos ist, dass man sich aber vor Hansi Weiß, dem Taschendieb, hüten muss und dass der Rest der Stubenbelegschaft sich aus mehr oder weniger zwielichtigen Charakteren zusammensetzt – Charakteren, die sich erst in den nächsten Wochen als zuverlässig oder unzuverlässig herausstellen werden.

Der U. v. D. steht breitbeinig an der Tür und wartet. Dann ein Pfiff. »Auf die Stuben, marsch, marsch!«

Alles geschieht hier im Laufschritt, auch das Kaffeeholen. Für Stube 10 besorgt das Karl Zenker, der unredliche Postler. Im Laufschritt geht es zur Küchenbaracke hinüber.

Unteroffizier Pratsch, ein Bulle mit feistem Pickelgesicht, lauert mit der Kelle in der Hand auf die Neuen.

»Geht bloß auf Vordermann, ihr Schweinsköppe!« Er taucht die Kelle in den dampfenden Kessel. »Dass mir ja kein Tropfen danebengeht!«

Pratsch ist bekannt dafür, dass er die Strafsoldaten für Pestbeulen hält, die man ausmerzen müsste.

Der Kaffee ist mies. Ohne Aroma. Sehr dünn. Nur heiß. Karl Zenker zittert, als er die Zinnkanne hinhält. Pratsch schüttet ihm eine Kelle voll heißem Kaffee über die Hand.

»Pass doch auf, du Dussel!«, entschlüpft es Zenker.
»Was hast du gesagt?«, brüllt Pratsch. »Was hast du gesagt?«

Er hebt die Kelle und haut sie Zenker dreimal über den Kopf. Die Kelle ist verbogen. Der überdimensionale Kochlöffel wird besser halten. Und den haut Pratsch dem Postler über Kopf und Buckel.

Zenker schreit zweimal auf. Erst als er zusammengekrümmt und mit blutendem Schädel auf den Fliesen liegt, erwacht Pratsch aus seinem Prügelrausch, legt den Kochlöffel beiseite und grunzt: »Der Nächste.«

Die Stube 10 wartet an diesem ersten Morgen vergeblich auf die Kaffeekanne. Zenker liegt mit angeknackter Hirnschale im Revier. Das Brot muss trocken hinuntergewürgt werden. Dann gellt die Trillerpfeife.

»Raustreten zum Frühappell!«

Der Neuschnee färbt den Morgen bleich und fremd. Die Spuren der Kaffeeholer führen zur Küchenbaracke hinüber und wieder zurück.

U. v. D. Schmitt geht alles zu langsam. »An den Zaun, marsch, marsch! Hinlegen, ihr Schweine! Schnauze in den Dreck! Robben!«

Der Haufen rennt los, wirft sich hin, kriecht im matschigen Schnee.

»Morgenstund' hat Gold im Mund«, höhnt Kalmeder und hilft Pfarrer Kranz beim Aufstehen. »Hinlegen! Auf marsch, marsch!«

Atemlos kehrt der Haufen zurück, formiert sich wieder, taumelt, hält sich gegenseitig aufrecht.

»Mensch Meier«, keucht Emil Schlegel, »det sind ja janz scheen brutale Methoden, da war ma ja's Zuchthaus noch lieba.«

Hauptfeldwebel Schimanek sitzt noch beim Frühstück. Weißbrot, Landbutter, luftgetrockneter Schinken aus Westfalen, drei halbweiche Eier und Bohnenkaffee. Es geht ihm nicht schlecht. Trotzdem ist er schlechter Laune. Das bekommt der neue Haufen auch bald zu spüren.

»Da war einer unter euch«, beginnt Schimanek den Frühappell, »der ist gleich frech geworden. Zu welcher Stube gehörte das Schwein?«

Kalmeder tritt vor.

»Her mit dir!«, schreit Spieß Schimanek.

Kalmeder bleibt drei Meter vor Schimanek stehen, Hände an der Hosennaht, den Blick seiner grauen Augen fest auf die gedrungene Gestalt gerichtet.

»Name?«

»Helmut Kalmeder.«

»Von wo?«

»KZ Dachau.«

»Wieviel?«

»Fünf Jahre.«

»Wegen was?«

Kalmeder schweigt.

»Wegen was, hab ich gefragt?«, brüllt Schimanek. »Soll ich dich Schwein zum Sprechen bringen?«

Kalmeder spürt etwas von jenem Trotz in sich aufsteigen, der ihm damals von der Gestapo viehische Prügel eingebracht hat.

Junge, sei vernünftig, betet Pfarrer Kranz in sich hinein. Spiele jetzt um Gottes willen nicht den starken Mann. Die bringen dich um ... die warten ja nur darauf.

»Ich bin wegen antifaschistischer Gesinnung abgeurteilt worden«, sagt Kalmelder mit lauter Stimme.

»Aha«, ergrimmt sich Schimanek, »ein solches Schwein bist du. Schimpft auf den Führer und frisst doch sein Brot.«

Kalmeder bleibt ruhig, sieht den Sprecher an und denkt: Du armes Würstchen. Blökst und kommst dir großartig vor. Ich tue dir nicht den Gefallen, etwas auf deine strohdumme Rede zu erwidern.

Schimanek stemmt die Arme in die Seiten, stellt sich breitbeinig hin und schreit Kalmeder an: »Wenn ich herauskriege, dass du deine Leute aufhetzt, mach ich dich so zur Sau, dass du in keinen Sarg mehr passt. Wir haben die Mittel, euch kirre zu machen! Bevor ihr anständige Soldaten werdet, sorge ich dafür, dass nur der die Schulterklappen kriegt, der sie wirklich verdient. Wegtreten!«

Kalmeder vollführt eine Wendung und geht wieder ins Glied zurück.

Während Schimanek den Dienstplan für heute verliest, flüstert Kranz Kalmeder zu: »Das ist ein ganz übler Bursche. Ich hatte Angst um dich, mein Junge.«

Kalmeder lächelt und drückt heimlich die Hand seines Freundes.

Eine Viertelstunde später, nachdem Spieß Schimanek noch ein paar Verhaltensmaßregeln verkündet hat, trabt der Haufen Sträflinge unter der Führung Feldwebel Helms und eines Stammgefreiten zum Bekleidungsgebäude hinüber.

»Ich mache mir Sorgen um Alfons«, raunt Kranz Kalmeder zu.

Der Bibelforscher schweigt seit gestern, hat keinen Bissen zu sich genommen. Kranz hat gehört, wie Schnittgen in der Nacht gebetet hat. Jetzt lehnt der einsneunzig lange Zeuge Jehovas im nach Mottenkugeln riechenden Flur der Bekleidungskammer und wartet. Vorne werden bereits die ersten Klamotten aus der Tür geworfen. Feldwebel Helm überwacht die Übernahme der neuen Bekleidung – Bekleidung, die aus aufgebrauchten Drillichanzügen, geflickten Uniformen und ausgelatschtem Schuhwerk besteht.

Alles passt. Die einzelnen Kleidungsstücke kommen aus der Kammer geflogen, werden aufgesammelt und kopfschüttelnd betrachtet.

»Alfons«, sagt Kranz zu Schnittgen, »du musst jetzt ganz vernünftig sein, hörst du.«

Das müde Gesicht des Bibelforschers hellt sich auf. »Hochwürden, Sie werden es doch am besten verstehen, wenn ich mich weigere, eine Uniform anzuziehen.«

»Dann erschießen sie dich«, mahnt Kalmeder halblaut und schaut den Gang entlang, in dem es poltert und kracht, flucht und nach Mottenpulver stinkt.

»Ich glaube an Gott«, sagt Schnittgen entschlossen.

»Mensch, du spinnst«, mischt sich Schlegel ein. »Dein lieba Jott hilft dir ooch nich, wenn se dir an den Pfahl binden und det Hemdchen zerlöchern.«

»Schlegel hat recht«, pflichtet Kalmeder notgedrungen bei. »Sei vernünftig, Alfons, und nimm die Klamotten, wie sie ranfliegen.«

Der Bibelforscher schüttelt standhaft den Kopf.

Kranz nimmt Kalmeder zur Seite und flüstert ihm zu: »Dieser Mann ist ein Held ... ein wirklicher Held. Ich bewundere ihn.«

»Wir können ihn abschreiben, Pfäfflein. Nimm ihn zur Seite und gib ihm den letzten Segen.«

»Meinst du wirklich, dass sie ihn erschießen?« Das knochige Gesicht des Geistlichen zuckt.

Kalmeder gibt keine Antwort.

Ein paar Meter weiter vorne bemüht sich Xaver Bunser verzweifelt, zwei linke, knochenharte Kommisslatschen gegen ein passendes Paar einzutauschen.

»I kann doch net in zwoa linke Schuach rumlaffa«, jammert der Brandstifter. »Hat wer zwoa rechte Schuach?«, fragt er herum.

Und dann ist es so weit, dass Alfons Schnittgen vor dem Türloch steht und die ersten heranfliegenden Bekleidungsstücke auffangen soll. Er nimmt nur den Drillich. Die chemisch gereinigte, geflickte Uniformjacke fällt zu Boden, die Hose dazu, die Mütze, der Stahlhelm, das Koppel.

Feldwebel Helm kneift die Augen zu schmalen Schlitzen zusammen.

»Los, aufheben, du langes Reff!«, knurrt er Schnittgen wütend an.

Schnittgen schüttelt den Kopf.

Der Kammerbulle steckt den Kopf zur Tür heraus und fragt: »Was'n los da?«

»Bitte nur den Drillich«, sagt Schnittgen.

Es wird still im Korridor des Bekleidungsgebäudes, so still, dass man hört, wie Feldwebel Helm den Atem durch die Nase ausstößt. In einer langen Reihe an die rechte Wandseite des Korridors gedrückt, stehen die Sträflinge.

»So«, hören sie den Kammerbullen höhnen, »nur 'n Drillich willst du haben? Die anderen Klamotten sind dir wohl nicht fein genug?«

»Nimm die Sachen«, lässt sich der Feldwebel vernehmen; seine Stimme klingt wie das Knurren einer angriffslustigen Dogge.

»Ich bin Christ«, sagt Schnittgen mutig. »Ich werde nie eine Soldatenuniform anziehen ... und schon gar nicht ein Gewehr in die Hand nehmen. Das verbietet mir Gott, der in seinem fünften Gebot ...«

Weiter kommt Schnittigen nicht. Eine Faust packt ihn am Kragen und schleudert ihn auf die Kammertür zu. Das Viereck, durch das die Bekleidungsstücke geflogen kamen, verschließt sich von innen.

»Knabe ...«, grinst der Kammerbulle und zieht die Jacke aus, »Knäblein ... Nu unterhalten wir uns mal 'n lüttgen über deine Idee.«

Feldwebel Helm nimmt ein Koppel und schwingt es ein paarmal probeweise durch die Luft.

Die draußen im Korridor ziehen die Köpfe ein, als in der Kammer ein dumpfer Aufschrei ertönt und dann von klatschenden Hieben abgelöst wird. Das Gesetz des Heubergs vollzieht sich auch an Alfons Schnittgen, brutal, eindeutig, unbarmherzig.

Das dumpfe Brüllen des gepeinigten Menschen ist erloschen. Nur das klatschende Geräusch der Hiebe ist zu hören.

»Sie schlagen ihn tot«, flüstert der Pfarrer Kranz und schlägt die Hände vors Gesicht.

Kalmeder lehnt mit geschlossenen Augen an der Wand. Sein Asketengesicht ist starr. Nur um die nach unten gezogenen Mundwinkel spielt der Anflug eines seltsamen Lächelns.

Zehn Minuten später taucht Alfons Schnittgen auf. Er taumelt aus der Tür, schlurft mit blutendem Mund, mit zerschlagenem Kopf an den Sträflingen vorbei, gefolgt von Feldwebel Helm.

»Vorwärts, du Mistbiene, vorwärts!«

Der Verschlag öffnet sich. Das feiste Gesicht des Kammerbullen schaut heraus.

»Weitermachen, Herrschaften«, ruft er. »Weiter im Text. Der Nächste bitte ... Hier ein Paar wunderschöne Stiefel ... ein Drillich, eine Uniform, made in Germany.«

Als Helmut Kalmeder seine Klamotten in Empfang nimmt, ist es ihm, als müsse er sich in die Ecke stellen und den Magen ausleeren.

2

Während der Bibelforscher Alfons Schnittgen in Demut sein Schicksal erwartet, sitzt viele hundert Kilometer von Krieg und Heuberg entfernt der Strafsoldat Felix Haslach im Bummelbähnchen der Strecke Quakenbrück–Meppen und stellt mit Zufriedenheit fest, dass die Mitreisenden runde, gutgenährte Bauerngesichter haben und statt vom Krieg von landwirtschaftlichen Dingen reden.

Es hat einen guten Grund, dass Felix Haslach einen Abstecher in das Emsland macht. »Komm mir bloß mit ner Kiste prima Schnaps zurück«, hatte Spieß Schimanek zu dem Mann gesagt, ihm einen Sonderurlaubsschein und einen Packen Banknoten hingelegt und gute Reise gewünscht.

In der Expressguthalle Münster sind zwei Kisten per Express als Wehrmachtsgut an die Adresse »Stetten am kalten Markt, bahnlagernd« abgegangen. In der einen Kiste liegen Zigarettenstangen aus Bremen, Schokolade aus Aachen und Stoffballen aus Bielefeld. In der anderen Kiste stapeln sich Landbutter, drei luftgetrocknete Schinken, etliche Gläser Bienenhonig und ein paar Kartons garantiert frische Eier.

Acht Tage ist Strafsoldat Felix Haslach nun schon auf Achse, hat organisiert und Sachen zusammengehamstert, die Schimanek und Konsorten zukommen und deren Durchhaltevermögen in schlimmer Zeit stärken sollen.

»Sag mal, wie machst du das bloß …?«, hat man ihn schon oft gefragt, wenn Felix Haslach mit tausend seltenen Leckereien von seiner Tour zurückgekommen ist. Aber Felix Haslach hat nichts verraten, hat die Masche für sich behalten, nach der er erlesenste Weine, teure Stoffe und sonstige begehrte Artikel erhamstert. Es ist allein sein Geheimnis, wie er verfährt und den Herren von der dritten Kompanie Scheuer und Fass füllt. Es ist eine Art Erfolgssystem, das Felix Haslach anwendet.

Das Bähnlein ruckelt und zuckelt, pfeift und hält ein paarmal, ruckt wieder an und dampft fröhlich durch Heideland und Kiefernforste.

Die Mitreisenden kümmern sich wenig um den Soldaten in der Abteilecke. Haslach wünscht auch keine Unterhaltung, erstens, weil er das Plattdeutsch ohnehin nicht versteht, zweitens weil er scharf über die bevorstehende Aktion in der Schnapsbrennerei nachdenkt. Mindestens fünfzig Flaschen besten Kornbrands verspricht er sich, vielleicht auch mehr. Kommt ganz darauf an, wie der Fabrikant reagiert. Haslach ist sich seiner Sache so gut wie sicher. Er hat den Dreh schon hundertmal angewendet, also wird es auch heute wieder klappen.

Pünktlich und geschäftig wie schon zu Zeiten Kaiser Wilhelms verschnauft der feurige Elias an der Emsländer Station, lässt die Reisenden aus- und einsteigen und dampft wieder davon.

Schütze Felix Haslach ist am Ziel. Er schaut sich um. Dann verschwindet er in jenem Örtchen, das sich hinter einer Wellblechwand verbirgt und mit einem Fahnenschild auf seine Bestimmung hinweist.

Hier drinnen, im spezifisch riechenden Halbdunkel, öffnet Felix Haslach das kleine Pappköfferchen, entnimmt ihm eine Uniform, zieht die andere aus und kommt drei Minuten später als Ritterkreuzträger Unteroffizier Felix Haslach wieder ins Freie.

Der Tag lacht sonnig über die Frechheit des Gewohnheitsbetrügers. Felix Haslach, der gut aussehende Ganove, dessen Gewissen ebenso weit ist wie der blaue Himmel über dem Emsländer Marktflecken, schlendert sicher und lächelnd seinem Ziel entgegen.

Die Bevölkerung schaut dem Helden nach. Ein paar Mädchen seufzen. Vier Arbeitsdienstmänner, die irgendwo im Moor mithelfen, nach Erdöl zu bohren, treten zur Seite und reißen die Knochen zusammen, als der Ritterkreuzträger vorbeigeht.

Die Schnapsbrennerei Julius Stüsken liegt am Ortsausgang und verrät ihre Anwesenheit durch den Geruch destillierter Mangelware. Natürlich ist Herr Julius Stüsken sofort zu sprechen. Er erhebt sich rasch hinter seinem Schreibtisch und eilt mit ausgestreckter Hand auf den Besuch zu.

»Unteroffizier Haslach«, stellt sich der Besucher vor. »Ich komme im Auftrag des Reservelazaretts in Marbach und möchte für die Kameraden Marketenderwaren einkaufen.«

»Bitte, nehmen Sie Platz ... Zigarren? Zigaretten?«

Julius Stüsken hat ein rosiges Gesicht und einen weißen Haarhelm. Die wasserhellen, gut in Fettpolstern liegenden Äuglein funkeln genauso wie das Ritterkreuz des Unteroffiziers Haslach.

»Aber gewiss«, sagt Herr Stüsken beflissen. »Das können Sie haben ... ist doch selbstverständlich, Herr Unteroffizier.«

»Darf ich mit hundert Flaschen rechnen?«

Herr Stüsken denkt daran, dass sein Betrieb unter Kontrolle steht. Aber einem Ritterkreuzträger, der für Volk und Vaterland sein Leben aufs Spiel gesetzt hat, einem Helden, der im Namen der Kameraden Marketenderwaren hamstert, dem kann man doch nicht abschlägig antworten.

»Gegen Quittung natürlich«, sagt Haslach gewichtig, »und in bar.«

Er zieht die Brieftasche, doch der Schnapsfabrikant hebt abwehrend die rosigen Hände.

»Ich bitte Sie, Herr Unteroffizier! Nein, nein, das verrechne ich schon so, dass alles in Ordnung geht.«

Felix Haslach hätte sich auch sehr gewundert, wenn er die Ware hätte bezahlen müssen. Auch der Schokoladenfritze in Aachen hat kein Geld genommen. Keiner nimmt Geld, wenn er das Ritterkreuz, das goldene Verwundetenabzeichen, das EK eins und zwei, die Nahkampfspange und das hübsche Gesicht des schneidigen Helden sieht.

Felix Haslach muss auch den Betrieb besichtigen. In einem Nebenraum werden Trinkproben genommen, während der Lagerist die Kisten fertigmacht.

Um halb drei Uhr bringt Herr Stüsken seinen Besuch höchstpersönlich zur Bahn und achtet darauf, dass die beiden Kisten mit je fünfzig Flaschen besten Kornbrands auch gleich mit auf den Weg kommen.

»Wissen Sie«, sagt Stüsken zum Abschied, »die Heimat muss mithelfen.« Und dann beugt er sich etwas näher und fragt: »Wie ist denn die Stimmung an der Front? Ich meine ...« – Stüsken schaut sich um, als fürchte er Lauscher – »ist es denn irgendwie möglich, dass wir diesen Krieg noch gewinnen?«

»Sie bestimmt«, lächelt der falsche Unteroffizier Felix Haslach anzüglich.

Der Zug pfeift in der Schneise des Kiefernwäldchens. Der Bahnbeamte bringt das Köfferchen aus der Aufbewahrung.

»Ich danke Ihnen im Namen der Kameraden«, sagt Haslach zu dem Fabrikanten. »Sie haben mit dazu beigetragen, unsere Kampfmoral zu stärken, Herr Stüsken.«

»Man tut sein Bestes«, seufzt der weißhaarige Herr.

Der Zug hält, die Kisten verschwinden im Packwagen, Felix Haslach winkt noch einmal aus dem heruntergelassenen Abteilfenster.

»Heil Hitler, Herr Stüsken – und nochmals herzlichen Dank!«

Julius Stüsken steht stramm – steht stramm vor einem Ganoven, der mit seiner »Masche« immer wieder die Mitmenschen blufft. Damals, vor vier Jahren, waren es andere Hochstapeleien: mit klingenden Namen und Visitenkarten auf teurem Büttenpapier. Heute reicht ein bisschen funkelndes Blech aus, um die »Volksgenossen« in Geberlaune zu versetzen. Und der Spieß Schimanek wird nicht fragen, wie es Felix Haslach gemacht hat. Man wird trinken und am nächsten Morgen die zur Schnecke machen, aus denen Felix Haslach, das Organisationsgenie, hervorgegangen ist.

»Ich lasse bitten«, sagt Rechtsanwalt Dr. Rolf Kalmeder zu seinem Kanzleivorsteher und liest in der Akte weiter.

Inge Grotius tritt ein und bleibt an der Polstertür stehen. Sie schaut zum Schreibtisch hinüber, hinter dem Helmuts Bruder sitzt und jetzt den schmalen Kopf hebt. Zwei randlose Brillengläser funkeln, ein blasses Gesicht lächelt zuvorkommend. Rolf Kalmeder hat keine Ahnung, wer gekommen ist.

»Bitte nehmen Sie Platz, gnädige Frau!« Er verbeugt sich im Sitzen und deutet auf einen der Lederfauteuils. Rolf Kalmeder steht nie auf, wenn Klienten hereinkommen. Er ist in früher Jugend an spinaler Kinderlähmung erkrankt und gehbehindert. »Womit kann ich Ihnen dienen?«

Inge Grotius sieht reizend und jugendfrisch aus. Das marineblaue Kostüm mit den weißen Aufschlägen unterstreicht das Blond ihres Haares. Rolf Kalmeder findet den Besuch apart, schätzt ihn auf etwa 23 Jahre. Eine Witwe, taxiert er, die den Mann verloren hat. Sie kommt sicher in einer Erbschaftsangelegenheit.

»Ich möchte mit Ihnen über Ihren Bruder sprechen«, sagt Inge ohne Umschweife und setzt sich, legt das Handtäschchen auf die Knie und stellt fest, dass Rolf Kalmeder erschrickt.

»Über meinen Bruder ...?« Kalmeder nimmt die Brille ab und blinzelt die Besucherin an.

»Ja«, nickt Inge, »über Helmut.«

Er ähnelt ihm gar nicht, denkt sie dabei. Er ist ein Snob, er wird mich anhören, den Kopf schütteln und mich verabschieden.

Kalmeder hat sich wieder gefasst. Er lächelt so blass, wie seine Gesichtshaut wirkt.

»Darf ich fragen, in welcher Beziehung Sie zu meinem Bruder stehen?«

»Ich war mit Helmut befreundet ... oder besser gesagt: Er hat mir damals viel bedeutet. Es ist mittlerweile über drei Jahre her, dass ich nichts mehr von ihm gehört habe.«

Der Mann hinter dem Schreibtisch räuspert sich nervös. »Wie war Ihr Name?«

»Inge Grotius.«

Nein, Kalmeder kennt diesen Namen nicht, hat ihn noch nie gehört. Helmut ist immer seine eigenen Wege gegangen.

»Verzeihung«, sagte Rolf Kalmeder, »es ist mir neu, dass mein Bruder ...« Er bricht ab und setzt die Brille wieder auf. »Sie wollen wissen, wo mein Bruder ist?«

»Ich weiß nur, dass man ihn im Oktober 1939 verhaftet hat. Seitdem habe ich nichts mehr von ihm gehört.«

Kalmeder lehnt sich zurück und faltet die Hände. »Er ist im KZ Dachau ... Ob er jetzt noch dort ist, weiß ich nicht. Die Verbindung zu meinem Bruder ist abgerissen. Er hat uns viele Sorgen gemacht ...«

Inge blickt sich in dem Raum um – ein Milieu, das zur Sachlichkeit zwingen soll, schmucklos, von unauffälliger Eleganz. Über dem Schreibtisch, hinter dem Inhaber des Platzes, hängt das obligatorische Führerbild.

Dr. Kalmeder legt die Hände auf die Schreibtischkante. »Was veranlasst Sie, nach drei Jahren zu mir zu kommen und zu fragen, wie es meinem Bruder geht?«

Inge kramt in ihrem Täschchen nach Zigaretten und Feuerzeug.

»Sie gestatten, dass ich rauche?«, fragt sie, ohne aufzublicken.

»Ja, bitte.« Es klingt sehr frostig.

»Ich gebe zu«, sagt Inge, während sie sich eine Zigarette anzündet, »dass mein Gewissen etwas spät erwacht ist. Ich arbeite in einer Baufirma als Sekretärin. Als wir Arbeitskräfte anforderten, schickte man uns

Sträflinge ... die Menschen, Herr Rechtsanwalt Kalmeder, die Sie vielleicht einmal erfolglos verteidigt haben.«

»Ich bin kein Strafverteidiger«, berichtigte er kühl, »meine juristische Betätigung beschränkt sich ausschließlich auf den Industriesektor.«

»Ich verstehe«, lächelte sie. »Deshalb liegt für Sie der Fall Ihres Bruders wahrscheinlich auch etwas abseits.«

Die Brillengläser funkeln. Kalmeder beugt sich vor und verschränkt die Arme auf dem Schreibtisch. »Sind Sie gekommen, um mir Vorwürfe zu machen?«

»Nein. Ich wollte mich nur erkundigen, was aus Helmut geworden ist.«

Kalmeder erhebt sich mühsam, kommt um den Schreibtisch herum, geht zum Fenster, schiebt die Stores auseinander und schaut auf die Straße hinunter.

Inge ist ein wenig erschrocken, als sie sieht, wie stark er den Fuß nachzieht. Ehe sie die Behinderung des Mannes erkannt hat, hat sie ihn für einen Flegel gehalten. Jetzt stellt sie noch einmal den Vergleich an, ob er Helmut ähnelt. Sie haben nur die Figur gemeinsam. Helmuts Kopf ist markanter, eigenwilliger. Rolf Kalmeder ist ein eleganter, blasser Typ mit schütterem Haar, das er sorgfältig über die Lichtung des Hinterkopfes verteilt.

Der Mann am Fenster dreht sich um und steht im Schatten des Tageslichtes – eine Stellung, die er stets sucht, wenn er sein Gegenüber ungestört betrachten will.

»Mein Bruder war ein Rebell«, beginnt er mit sachlicher Stimme und verschränkt die Arme vor der Brust. »Es war ihm völlig gleichgültig, was aus seiner Familie wird – er lebte nur für seine Ideen. Mein Vater wurde schwer herzkrank, meine Mutter starb vor zwei Jahren an den Folgen der Aufregungen. Und wenn Sie mich fragen, mein Fräulein, warum ich mich nicht um meinen Bruder kümmere, so antworte ich Ihnen: Weil Helmut ein Narr ist!«

Inge zerdrückt die Zigarette im Aschenbecher; sie schmeckt ihr plötzlich nicht mehr.

»Ein Narr?«, wiederholt sie kopfschüttelnd.

»Jawohl, ein Narr! Ein Nihilist!«, erregt sich der Mann am Fenster. »Er hat sich selbst das Wasser abgegraben. Ich kann meinem Bruder nicht helfen!«

Kalmeder kehrt mit schleppenden Schritten hinter seinen Schreibtisch zurück, nimmt mit nervösem Schwung die Brille ab und putzt sie mit einem Seidentüchlein.

»Ich habe etwas zu verlieren, mein Fräulein«, fährt er fort. »Sie können mir glauben, wenn ich Ihnen sage, dass das Vaterland es mir nicht leicht gemacht hat, das aufzubauen, was heute meine Existenz darstellt.«

»Aber Sie sitzen fest im Sattel, nicht wahr?«, fragt sie gelassen.

Er setzt die Brille wieder auf. »Kommen wir zur Sache, Fräulein ... äh ...«

»Grotius«, hilft sie ihm lächelnd.

»Fräulein Grotius«, ergänzt er nervös. »Sie wollen wissen, wo mein Bruder ist. Ich kann Ihnen keine Auskunft geben. Wir stehen mit ihm nicht mehr in Verbindung. Es ist anzunehmen, dass er im Zuge der Neuordnung Soldat geworden ist ... Ich weiß wirklich nicht, wo sich mein Bruder zur Zeit aufhält.«

»Er hat nie geschrieben?«

Kalmeder hebt die Achseln und lässt sie wieder sinken. »Das entzieht sich meiner Kenntnis. Möglich, dass mein Vater Post erhalten hat. Ich persönlich hatte mich entschlossen, keine Verbindung mit meinem Bruder zu halten.«

Inge zieht die Unterlippe zwischen die Zähne. Zorn und Abscheu steigen in ihr auf. Eine scharfe Erwiderung liegt ihr auf der Zunge. Dann wirft sie den Kopf in den Nacken.

»Haben Sie schon einmal Zuchthäusler gesehen, Herr Rechtsanwalt? Wissen Sie, wie es aussieht, wenn solch ein Haufen im Regen steht und Sie mit stumpfen Blicken anschaut? Ich habe solche Menschen gesehen. Ich war erschüttert darüber, dass es so etwas gibt. Und jetzt bin ich zu Ihnen gekommen, um Sie zu bitten, etwas für Helmut zu tun.«

Das Gesicht hinter dem Schreibtisch ist voller Abwehr. Kalmeder hebt protestierend beide Hände. »Sie überschätzen entschieden meine Einflussmöglichkeiten, Fräulein Grotius. Ich habe leider keine Freunde in der Prinz-Albrecht-Straße.«

»Aber Sie haben sicher ein Herz in der Brust, nicht wahr?«

Kalmeder schließt für einen Moment die Augen. Liebt sie ihn noch? überlegt er. Hat sie vielleicht ein Kind von ihm?

»Mein Bruder dauert mich natürlich«, sagt er. Es klingt unaufrichtig. »Ich wüsste aber nicht, was ich für ihn tun könnte.«

Inge steht auf. Die kalten Augen des Mannes hinter dem Schreibtisch wandern an ihrer Figur entlang.

»Und wenn ich Sie herzlich bitte?«, fragt Inge und tritt an den Schreibtisch heran.

»... müsste ich noch ein paar Fragen an Sie stellen«, fügt er rasch hinzu.

»Bitte, fragen Sie.«

Inge sieht erst jetzt, dass Kalmeder hellblaue Augen hat – kalte, scharf taxierende Augen, mit denen er sie auszuziehen scheint.

»Wie lange waren Sie mit meinem Bruder … ähm … ich meine, haben Sie ihn sehr geliebt?«

»Ja, sehr. Wir lernten uns bei den Vorlesungen in der Universität kennen.«

Kalmeder wirft sich in den Sessel zurück, nimmt die Brille ab und schwenkt sie gedankenschwer hin und her.

»Sie haben studiert?«

»Ich wollte studieren.«

»Welches Fach?«

»Rechtswissenschaft.«

»Oh«, entschlüpft es ihm, »das ist interessant. Und warum haben Sie das Studium aufgegeben?«

Inge weiß, dass das ein Verhör ist. Sie setzt sich wieder, schlägt die langen, schön geformten Beine übereinander und wippt mit dem Fuß. Kalmeders Blick bleibt an ihrem Bein hängen.

»Es kam mir sinnlos vor«, antwortet Inge.

Er zieht erstaunt die Brauen hoch. »Sinnlos?«

»Ja. Ich hatte den Eindruck, dass sich die Rechtsbegriffe verschoben haben. Ich fand Justizkomödien plötzlich lächerlich und glaubte, die Gefahr zu erkennen, dass man in ein Netz gerät, aus dem man ebenso schwer herauskommt wie der Angeklagte. Es lohnte sich meines Erachtens nicht mehr, einen Juden zu verteidigen oder mit dem Richter um den Kopf eines Schwarzschlächters zu ringen. Meine Besuche in den Gerichtssälen brachten mich zu der Überzeugung, dass das Urteil schon gesprochen ist, ehe der Prozess beginnt.«

Sie hat ruhig gesprochen, sachlich, ohne jenes Lächeln, das den Mann hinter dem Schreibtisch nachgiebig oder unsicher machen sollte.

Kalmeder hat die Brille wieder aufgesetzt. Donnerwetter, denkt er, sie ist klug und mutig. Es kommt selten vor, dass eine schöne Frau auch klug ist.

»Sie haben Ihre Meinung sehr offen geäußert«, sagt er freundlich und tastet wie zufällig an dem Rockaufschlag seines blendend sitzenden Maßanzugs entlang, an dem das Parteiabzeichen steckt.

Inge versteht diese Bewegung.

»Habe ich meinen Kopf in Gefahr gebracht?«, fragt sie ironisch. »Werden Sie die Gestapo anrufen und …«

Er winkt unwirsch ab. »Unsinn. Ich habe es gehört und werde es wieder vergessen.«

»Einverstanden, Herr Doktor. Nur um eines bitte ich Sie jetzt noch einmal, und zwar inständig: Helfen Sie Ihrem Bruder.«

»Ihm ist nicht zu helfen.« Kalmeder schüttelt den Kopf und fährt sich mit der flachen Hand über die Stirn. »Außerdem bin ich sicher, dass Helmut jedes Gnadengesuch ablehnen würde. Sie werden ihn ja kennen, Fräulein Grotius; er war schon immer ein Fanatiker.«

Das Telefon summt. Kalmeder murmelt eine Entschuldigung und nimmt den Hörer ab, sagt: »Ja, danke, ich komme.«

Dann wendet er sich wieder seinem Besuch zu.

»Sie sind enttäuscht, nicht wahr?«

Inge zuckt die Schultern und erhebt sich. »Ich werde sicher einen anderen Weg finden, Herr Rechtsanwalt Kalmeder.«

»Ich warne Sie!«

Inge geht zur Tür und dreht sich noch einmal um. Kalmeder ist hinter seinem Schreibtisch aufgestanden.

»Ich kannte Sie nicht«, sagt Inge, »aber jetzt kenne ich Sie. Sie sind in meinen Augen ein Unmensch, ein Feigling, der seinen Schreibtisch halten will.«

»Einen Augenblick!«, ruft Kalmeder. Er tritt hastig hinkend auf Inge zu und verstellt ihr den Weg. »Sie haben mich beleidigt!« Seine Stimme zittert vor Zorn.

»Das wollte ich auch.«

»Ich könnte Sie dafür belangen!«

»Tun Sie's doch.« Sie lächelt herausfordernd. »Meine Adresse ist Berlin-Dahlem, Breitenbachplatz 14, bei Kalinke! Guten Tag, Herr Kalmeder.«

Doch er gibt ihr den Weg nicht frei. Sein schlaffes Gesicht hat sich gerötet. Hinter den Brillengläsern funkeln die Augen.

»Sie gefallen mir!«, sagt er gepresst. »Ich könnte Sie wegen Beleidigung …« Er gibt sich einen Ruck. »Wann haben Sie einen dienstfreien Tag?«

Inge Grotius lächelt unverhohlen ironisch. »Das heißt also, dass Sie sich mit mir treffen wollen?«

»Genau.«

»Ich gehe jeden Sonnabend um vier ins Schönemann und trinke dort Kaffee.«

Er reicht ihr die Hand. »Gut, ich werde kommen.«

»Falls ich es mir anders überlegen sollte, schicken Sie mir die Rechnung der Konsultation zu.«

»Ich werde sie Ihnen am Sonnabend überreichen«, lächelt er und öffnet ihr die Tür.

Als Inge das Haus verlässt, bleibt sie stehen, atmet tief durch und murmelt: »Er ist ein Schuft, wie er im Buche steht …« Dann geht sie weiter.

Rolf Kalmeder steht am Fenster und verfolgt die schlanke Gestalt mit seinen Blicken. Dann nickt er vor sich hin und geht zum Schreibtisch zurück, um sich die Verabredung zu notieren.

Der Schnee ist zu Matsch geworden. Der Exerzierplatz am Heuberg hat sich in ein schmatzendes Ungeheuer verwandelt.

»Links, zwo, drei, vier …«, kommandieren die Ausbilder und bringen den Zuchthäuslern und Landesverrätern erst einmal das Marschieren bei.

Sie traben im Karree, sie singen »Es ist so schön, Soldat zu sein« … Sie wälzen sich wie die Säue im Morast und sind nicht mehr als Menschen zu erkennen.

»Auf, marsch, marsch, ihr Drecksäcke!«

Der Pfarrer keucht neben dem Studenten, der Einbrecher neben dem Fahrraddieb, der »Rassenschänder« neben dem Wilderer.

Gnadenlos ist der Drill, brutal, rücksichtslos. Diese Kerle hier haben alle etwas gutzumachen. Der Heuberg gibt keinen Pardon. Selbst Offiziere des Ersten Weltkrieges und der Reichswehr traben mit im Karree herum. Auch sie sind »wehrunwürdig« geworden, weil sie sich nicht rechtzeitig ins Ausland abgesetzt haben und hier als »charakterlose Schweine« gelten. Soldaten allerletzten Grades sind es, die man nach allen Regeln des Kommiss schleift. Strafsoldaten eben.

Sie spannen sich vor schwere Geschütze, sie ziehen die tonnenschweren Dinger durch den Morast. Sie kriegen etwas mehr zu essen als im Zuchthaus, aber sie verbrauchen das kleine Mehr an Nahrung beim Dienst. Sich in den Dreck zu schmeißen, sich schinden und kujonieren zu lassen, ist auch eine Ehre, ganz abgesehen davon, dass die ehemaligen Zuchthäusler und Hochverräter auch die Chance bekommen werden, beim Minen ausbuddeln, Schippen oder auf einem rostigen Transporter über die Klinge zu springen.

Was der Begriff »bedingt wehrwürdig« bedeutet, ist jedem schon klar geworden. Nicht mehr als eine Floskel war es. Auf dem Heuberg gibt es nur WU-Soldaten.

Auch Helmut Kalmeder hat sich seine Interpretation der Definition »unehrlich, bedingt ehrlich, ehrlich« zurechtgelegt und grinst über die andere Definition »unsauber, bedingt sauber, sauber«, die er sich voller Ingrimm vorsagt, um diese militärische Posse zu verhöhnen.

Was einmal von diesem Haufen übrigbleibt, gilt als ausgebildet. Aber noch ist es nicht soweit, und die Strafsoldaten marschieren ohne Ehre und Schulterklappen durch den Morast. Noch brüllen die Ausbilder, und die wenigen Offiziere, die sich diesem Haufen als Zug- oder Kompanieführer zur Verfügung halten müssen, schämen sich mehr oder weniger offen über ihre Verwendung und sträuben sich hartnäckig, mit diesem Verein identifiziert zu werden.

Drüben im Krankenrevier werden die Betten nicht leer. Täglich bringt man zu Tode erschöpfte Soldaten herein, wäscht sie und lässt sie ein paar Tage ausruhen. Oberarzt Dr. Gimmler ist kein Unmensch, unterscheidet aber streng zwischen Simulanten und wirklich erschöpften Patienten. Ab und zu gibt es einen Exitus, den man von der Verpflegungsliste streichen muss. Von den 125 Mann, die vor acht Tagen eingetroffen sind, harren inzwischen nur noch knapp 90 auf dem Heuberg aus.

20 sind wieder in die Zuchthäuser zurückgeschickt worden. Grund: untauglich für den Wehrdienst. Der Heuberg ist kein Sanatorium und hat das Recht, hoffnungslos ausgemergelte Menschen wieder abzuschieben.

Oberleutnant Greiner heißt der Kompaniechef. Er ist ein guter Offizier und hat es aufgegeben, um Versetzung von diesem Haufen zu betteln. Soweit er Härten vermeiden kann, tut er es. Es ist nicht leicht, eine Truppe zu führen, die aus 60 Prozent Kriminellen, 30 Prozent Politischen und nur 10 Prozent Stammpersonal besteht.

Greiner hat während des Frankreichfeldzuges eine Kompanie geführt. Er hat sich durch Tapferkeit ausgezeichnet und trägt zum Verwundetenabzeichen das EK 1. Er hat Volkswirtschaft studiert und besitzt in der Gegend von Passau einen Bauernhof, den seine Frau bestellt.

Wenn Greiner auf dem Exerzierplatz auftaucht, brüllen die Ausbilder nicht mehr so wütend, sehen von weiteren Schikanen ab, und der Exerzierdienst verläuft in erträglichen Bahnen.

»Ihr habt nun mal was ausgefressen«, sagt Greiner bei der Belehrung, »aber deshalb braucht ihr die Flinte nicht ins Korn zu werfen.« Die ruhige Stimme des Kompaniechefs tut den Zuhörern wohl. »Jeder von euch«, fährt er fort, »hat eine Chance, wieder wehrwürdig zu werden. Natürlich sind die Bedingungen härter als anderswo. Man verlangt von euch erhöhte kämpferische Leistungen, denn im besonderen Einsatz gegen den Feind besteht die Bewährung.«

Die Strafsoldaten sind ganz still. Alle Augen richten sich auf den breitschultrigen Offizier mit dem gutmütigen Bauerngesicht.

»Wir müssen euch«, belehrt er weiter, »zur Härte erziehen und euren Willen stärken, wieder wehrwürdig zu werden. Denn nur ein starker Wille kann große kämpferische Leistungen vollbringen.«

Greiner zählt die Möglichkeiten auf, mit denen man das besudelte Namensschild wieder reinwaschen kann: erfolgreiche Erkundungsgänge beim Feind, Panzervernichtungen, Flugzeugabschüsse, Minen räumen, eine Menge Dinge noch, die den Tod herausfordern.

»Es ist von größter Wichtigkeit«, beschließt der Kompaniechef seinen Vortrag, »dass bei allen Handlungen der sichtbare Wille zur Wiedergutmachung deutlich hervortritt. Eine Verwundung allein genügt nicht, um wieder wehrwürdig zu werden.«

Jemand hüstelt. Schimanek reckt den Hals. Das Hüsteln klang wie Hohn. Plötzlich hebt einer der Strafsoldaten den Arm.

»Ja, was wollen Sie?«

Emil Schlegel springt auf: »'ne Frage, Herr Oberleutnant.«

Alles schaut auf Schlegel.

»Na?«

»Wie is es denn nu, wenn ma eene vor die Plauze kriegt? Is ma dann ooch wieda wehrwirdig, Herr Oberleutnant?«

Niemand lacht. Greiners grob geschnittenes Bauerngesicht legt sich in Falten.

»Bei Gefallenen«, sagt er ernst, »tritt eine automatische Straftilgung ein.«

Emil Schlegel nickt und murmelt so laut, dass es jeder hören kann: »Det is 'n valockender Heldentod, wirklich.« Und setzt sich wieder.

»Und noch etwas«, bemerkt Oberleutnant Greiner mit erhobener Stimme. »Wenn sich unter euch Kameraden befinden, die aus Veranlagung oder Böswilligkeit keine Lust zeigen, sich zu bewähren, oder gar eine Wehrkraft zersetzende Wühlarbeit durchführen wollen, wird es jedem von euch zur Pflicht gemacht, dieses Element zu melden. Kameradschaft wäre da fehl am Platz. Ist das jedem klar?«

Sie rufen »Jawohl«. Am lautesten Emil Schlegel.

Nach der Belehrung ist Putz- und Flickstunde. Die Stuben hängen voller Klamotten, die trocknen sollen. Im Ofen glüht nasser Torf und verräuchert den Raum.

»Macht doch mal das Fenster auf«, sagt Helmut Kalmeder. »Der Mief ist ja unerträglich.«

»Besser 'n warmer Mief als 'n kalter Ozon«, lässt sich Jupp Pütz, der Kölner, vernehmen.

»Lass man hübsch det Fensterchen zu, Kalmeder«, sagt Schlegel. »Ick vertrag den Mief janz jut.«

Kalmeder geht zum Fenster, öffnet es und atmet gierig die frische Luft ein.

»Du kannst dir ja ooch vor die Tür setzen«, schlägt Emil Schlegel vor und macht das Fenster wieder zu.

»Hör mal, Schlegel«, knurrt Kalmeder, »ich bin hier als Stubenältester eingeteilt. Was ich sage, wird gemacht, verstanden! Der Ofen brennt erst an, der Rauch ist bald draußen. Außerdem erwärmt sich frische Luft schneller als vermiefte.« Er stößt das Stubenfenster wieder auf.

Emil Schlegels pockennarbiges Gesicht wird böse. »Und ick sage: Det Fenster bleibt zu!«

»Der Schlegel hat recht!«, pflichtet Jupp Pütz bei.

»Und wenn's dir nicht passt, dann setz dich ins Freie!«, fährt Schlegel fort.

»Seid doch friedlich, Kameraden«, mischt sich Kranz ein.

Emil Schlegel fährt herum. »Du Kuttenbrunzer hast jarnischt zu melden, vastanden?«

Helmut Kalmeder schlägt blitzschnell zu. Einmal und zweimal. Emil Schlegel taumelt hin und her.

»Nimm den Ausdruck zurück!«, schreit Kalmeder.

Emil Schlegel hält sich die Nase. Das Blut sickert durch die Finger. Ein scheeler Blick huscht an Kalmeder empor, hakt sich in dessen blitzenden Augen fest.

Niemand mischt sich ein. Pfarrer Kranz steht mit blassem Gesicht neben dem Ofen und hebt bittend die Hände.

»Du sollst den Ausdruck zurücknehmen«, faucht Kalmeder und holt zum nächsten Schlag aus.

»Ick denke nich dran«, grinst Schlegel.

Kalmeder sieht rot. Es ist nicht das erste Mal, dass Emil Schlegel Pfarrer Kranz beleidigt hat. Jedes Mal hat Kalmeder geschwiegen und sich von Kranz wieder besänftigen lassen. Diesmal aber sind ihm die Nerven durchgegangen.

Zwei weitere klatschende Schläge landen. Emil Schlegel kippt über den Tisch und tritt Kalmeder in den Schritt.

Kalmeder krümmt sich stöhnend. Lärm bricht los. Emil Schlegel huscht zur Tür hinaus, rennt mit blutender Nase zur Schreibstubenbaracke hinüber.

»Mensch, wie sieht denn der aus?«, lacht der Schreibstubengefreite, als Schlegel hereinkommt und mit blutverschmiertem Gesicht sein Männchen baut.

»Ick möchte mir beschweren, Herr Jefreiter«, sagt Schlegel.

»Was ist los?«, fragt eine schnarrende Stimme von links. Schimanek ist aus seinem Dienstzimmer getreten.

»Herr Hauptfeldwebel«, sagt Schlegel, die Hände an der Hosennaht, »ick bin von so'nem Kommunistenschwein jeschlagen worden.«

Schimanek winkt mit dem Kopf. »Reinkommen!«

Schlegel geht in Schimaneks Zimmer, stellt sich stramm hin und wartet auf die Sprecherlaubnis.

Der Spieß lehnt sich an den Schreibtisch und verschränkt die Arme über der Brust. »Was war los?«

Schlegel erzählt.

»Wissen Se, Herr Hauptfeldwebel«, sagt er dann, »der Kalmeder is jenau so eener, wie der Herr Oberleutnant heute jesagt hat: 'n Stänkerer. Imma mit die Seinen beisamm', immer die Köppe zusamm' und det Prinzip der Wehrfreude bemeckern. Der Kalmeder will imma was Besseres sein. Det is mir schon in Dachau uffgefallen.«

Schimanek weiß genau, wen er vor sich hat: einen, der Spitzeldienste machen will. Schlegel ist der typische Kalfaktor, und solche werden immer gebraucht.

»Was haben Sie ausgefressen?«, fragt Schimanek rau.

»Det Fensta wollte ich zulass'n.«

»Vorher«, bellt es vom Schreibtisch her.

»Ach so …« Schlegel setzt eine betretene Miene auf. Er überlegt, ob die Strafakten schon da sind.

Schimanek ahnt die Gedanken des Verbrechers. »Los, spuck aus. Wir haben die Strafakten, ich brauche bloß nachzuschauen.«

»Wat soll ick mir schenieren«, grinst Schlegel. »Es is 'ne traurige Jeschichte, Herr Hauptfeldwebel …« Schlegel erzählt »die Sache mit der Jüdin«. Die andere, die mit der Berliner Freudenhausbesitzerin, verschweigt er.

Schimanek hört sich alles an. »Sie sind ja 'n feiner Hecht«, sagt er dann.

Schlegel wittert, dass er Oberwasser bekommen hat. »Ick bin imma bestrebt, etwas jutzumachen«, grinst er. »Und wenn Herr Hauptfeldwebel 'n valässlichen Putzer brauchen, ick stehe jerne zur Vafügung.«

Schimanek betrachtet das Individuum eine Weile. Nee, denkt er, meine Stiefel lasse ich mir lieber von einem anderen putzen. Aber als Spitzel könnte man den Kerl schon brauchen.

»Wenn Sie was hören, kommen Sie zu mir und machen Meldung«, sagt Schimanek unfreundlich.

Schlegel klappt die Hacken zusammen. »Ick werde mir befleißigen, wat zu hören, Herr Hauptfeldwebel.«

»Raus!«

»Kann ick mir vielleicht die Kippen aus'm Aschenbecher mitnehmen, Herr Hauptfeldwebel?«

Schimanek hat nichts dagegen einzuwenden und nickt kurz.

Da geht die Tür auf, und Felix Haslach baut sich auf, grüßt zackig und meldet: »Vom Sonderurlaub zurück, Herr Hauptfeldwebel!«

Schimameks Miene hellt sich augenblicklich auf.

»Mensch, Haslach, ich dachte schon, du wärst verschütt gegangen!« Sie reichen sich die Hände.

Schlegel sackt die Kippen ein. Haslach wirft einen Blick auf den Kerl. Schimanek sieht das und versteht.

»Raus, du Mistbiene!«, schreit er Schlegel an, worauf der sich eilig verzieht.

»Schieß doch los, Felix, was hast du mitgebracht?«

Schimanek klopft dem anderen anerkennend auf die Schulter.

Haslach küsst seine Fingerspitzen und sagt nichts weiter als: »Solche Sächelchen!«

Eine Viertelstunde später schwingen sich Küchenunteroffizier Pratsch und Haslach in einen Lkw und rasen die Serpentinenstraße hinunter, zum Bahnhof, um die Kisten mit den »Sächelchen« heraufzuholen.

»Heute machen wir aber einen drauf«, freut sich Pratsch.

In dieser Nacht geht es in der Schreibstubenbaracke hoch her. Felix Haslach packt aus, stellt die Kornbrandflaschen des Herrn Julius Stüsken auf den Tisch, verschenkt Schokolade, zerteilt die westfälischen Schinken. Und dann wird gesoffen …

In den Baracken ist das Licht erloschen. Die Bewohner der Stube 10 liegen auf den Strohsäcken und schlafen. Emil Schlegel schnarcht mit offenem Mund. Zwischen den doppelstöckigen Betten sind Schnüre gespannt, an denen die nassen Klamotten ausdünsten.

Helmut Kalmeder kann nicht schlafen. Aus der atmenden Dunkelheit huschen die Gedanken heran. Ich hätte mich nicht so gehen lassen dürfen, denkt er, aber er hat den Pfarrer beleidigt, den Menschen, der mir noch am nächsten steht, mit dem ich zusammengekettet bin.

Kalmeder beugt sich vor und horcht eine Etage tiefer hinab.

»Pfäfflein«, flüstert er, »schläfst du schon?«

»Nein, mein Junge«, flüstert es zurück.

»Woran denkst du?«

»An vieles, mein Junge. Ich wünschte mir, ich hätte einen Kerzenstummel und mein Brevier, in dem ich lesen dürfte.«

»Könntest du in dem Brevier auch lesen, wie hoch unsere Schuld ist, Pfäfflein?«

Schweigen.

Jemand wälzt sich auf dem Strohsack herum und stöhnt im Traum.

»Unsere Schuld besteht darin, dass wir an etwas glauben«, flüstert der Pfarrer. »Man wirft uns Schmutz ins Gesicht, dass wir stinken, und dann waschen sie dich, ... sie werden auch dich waschen, mein Junge!«

»Nein, hier nicht«, ertönt es von oben herab. »Pfäfflein, ich habe mich an den Schmutz gewöhnt ... ich warte, bis wir an ein klares Wasser kommen.«

Der Pfarrer bewegt sich. »Ich danke dir, dass du heute für mich eingetreten bist. Gib mir deine Hand, mein Junge.«

Die Hände finden sich im Dunkeln, halten sich fest. »Wir müssen glauben, Helmut«, flüstert Kranz. »Nicht mutlos werden. Ich bete ... für dich, den Atheisten, für Emil, der mich heute beleidigen wollte, – ich bete für uns alle.«

Helmut entzieht dem anderen die Hand. »Ich bin kein Atheist, Pfäfflein.«

»Du bist einer«, flüstert Kranz. »Du glaubst nur an deine Idee und nicht an Gott.«

Kalmeder beugt sich weit über den Bettrand hinab. »Pfäfflein, meine Idee wächst, je mehr sie uns schinden. Alle, die gekommen sind, werden wieder gehen, Pfäfflein – und wir werden da sein und rufen: Jetzt sind wir dran! Jetzt kommt die neue Ordnung!«

»Die neue Ordnung in Gott?«

»Ob mit oder ohne Gott, das ist gleich – aber eine neue Ordnung muss es sein, Pfäfflein.«

»Schnauze!«, ruft eine ärgerliche Stimme aus dem Dunkel.

»Gute Nacht, mein Junge«, flüstert Kranz. »Träumen wir von der neuen Ordnung.«

»Und glauben wir fest an sie«, flüstert es von oben herab.

Kalmeder legt sich auf den Rücken zurück, zieht die Decke ans Kinn und schließt die Augen. Die Gedanken kommen und gehen, verwischen sich. Der geplagte Körper verlangt nach Ruhe. Die Stube 10 schläft.

In der Schreibstubenbaracke wird unterdessen weitergesoffen. Sie sind schon nicht mehr bei Sinnen, sie grölen durcheinander. Am Tisch stehen fünf Schnapsflaschen – fünf Flaschen auf sechs Zecher verteilt.

Schimanek singt ohne Unterlass: »Trink, trink, Brüderlein, trink …« Pratsch lallt etwas von seinem Mädel. Unteroffizier Schramm und der Gefreite Hirtz torkeln durch die Stube und mimen den Boxkampf Max Schmeling gegen Joe Louis. Felix Haslach, etwas weniger betrunken als die anderen, dreht am Radiogerät und versucht den Soldatensender Belgrad hereinzubekommen.

»Meide den Kummer und meide den Schmerz«, grölt Schimanek und haut dem weinenden Pratsch auf die Schulter, der vom Weltschmerz überwältigt ist und von keinem der Zechkumpane verstanden wird.

Plötzlich hat Schimanek eine Idee. Er will eine nächtliche Schießübung veranstalten, mit der 08-Pistole, jemandem eine Flasche vom Kopf schießen. Er ist ganz sicher, dass er die Flasche trifft.

»Du bist jeck«, lallt der Feldwebel. »Lass den Blödsinn sein … das kann ins Auge gehn.«

Auch die anderen sind dieser Meinung. Aber Schimanek verbeißt sich in das Verlangen, zu zeigen, wie gut er schießen kann.

»Ich räum alle Flaschen weg«, droht Haslach, der Schlimmes zu ahnen beginnt.

Und nun reden sie wirr durcheinander, erreichen aber damit nur, dass Schimanek immer sturer wird. Pratsch soll sich als Zielscheibe an die Wand stellen und eine leere Flasche auf den alkoholisierten Schädel stellen.

»Ich bin nicht lebensmüde«, wehrt Pratsch ab. »Meine Hilde kriegt 'n Kind von mir … und ich bin der Vater … Ich lass' mich nicht von dir umlegen, Wenzel.«

Auch die anderen lehnen ab. Keiner bemerkt, dass Felix Haslach verschwindet und seine Bude aufsucht. Ihm reicht es. Er möchte nicht dabei sein, wenn jetzt eine Katastrophe passiert.

»Ich weiß was«, lallt Schimanek, mit der Pistole in der Hand. »Wir holen so einen Saukopp rüber! Hahaha! Los, Hirtz! Rübergehen und einen Saukopp holen – irgendeinen … Nein!« Schimanek hat noch eine Idee. »Einen ganz besonderen holst du, verstanden? Aus der Stube 10! Einen Erzkommunisten. Kalmeder heißt das Schwein … Los, Hirtz! Kalmeder holen!«

Da hilft kein Protestieren und keine Widerrede. Schimanek ist stur wie ein Panzer.

»Ich lehne die Verantwortung ab«, sträubt sich Hirtz.

»Das ist ein Befehl!«, brüllt Schimanek und fuchtelt mit der 08 so bedrohlich nahe vor dem Gefreiten herum, dass dieser es für tunlich hält, den WU-Mann vom Strohsack zu holen.

Unteroffizier Pratsch ist plötzlich auch der Meinung, dass man so einen Kerl von drüben zum Kochen bringen sollte. Dann torkeln Hirtz und Pratsch zur Mannschaftsunterkunft hinüber.

Sie trampeln in die Baracke. Die Tür zur Stube 10 fliegt auf. Licht flammt auf. Pratsch, der Küchenbulle, hat sein schwangeres Mädchen vergessen, fühlt sich nur als Dienstgrad und brüllt: »Kalmeder! Aufstehen!«

Die Schläfer schrecken hoch. Zerzauste Köpfe heben sich von den Strohsäcken.

Kalmeder klettert von seinem Bett herunter. Ein Rollkommando, denkt er. Jetzt bin ich dran.

Dieser oder jener ist schon gegangen und nie zurückgekehrt – zu einem medizinischen Experiment geschleift oder irgendwo und wegen irgendetwas verprügelt und erschossen worden. Ein Menschenleben ist hier nichts wert, ist eine Ware, die man herumschiebt, verkommen lässt und in die Abfallgrube wirft.

Pratsch rülpst. Hinter ihm steht der andere.

Kalmeder zittert, obwohl er sich schon seit Jahren auf diesen Moment vorbereitet hat. Er zieht den Drillich an und schlüpft in die Turnschuhe.

Pfarrer Kranz ist aufgestanden. Er hilft Kalmeder beim Anziehen, malt ihm dann mit dem Daumen das Kreuzzeichen auf die Stirn und murmelt: »Ich bete für dich, mein Junge.«

Kalmeder lächelt leer.

»Laufschritt, marsch, marsch!«, brüllt es barsch von der Tür her.

Kalmeder trabt aus der Stube. Pfarrer Kranz presst die Handflächen an die Augen. Dann schlurft er zum Spind, holt den Mantel heraus und zieht ihn an.

»Mensch, bleib bloß da!«, ruft Schlegel von seinem Bett herüber.

Pfarrer Kranz antwortet nicht, schlurft aus der Stube und zieht die Tür hinter sich zu.

»Licht aus!«, ruft jemand.

Aber keiner steht auf, um das Licht zu löschen.

Man stößt Kalmeder in die Schreibstubenbaracke, den Flur entlang, auf eine Tür zu. Der Mann im Drillich blinzelt in das von Tabakschwaden vernebelte Licht. Feldwebel Helm schaltet das Radio aus. Wenzel Schimanek, hemdsärmelig, die Pistole in der Hand, nickt zufrieden.

»Das ist ja der Saukopp«, sagt er und geht auf Kalmeder zu. »Schau her!« – er zeigt Kalmeder die Pistole – »Mit der schieße ich jetzt auf dich ...« Schimanek grinst in das graue Gesicht des anderen. »Jetzt geht dir die Muffe, was? Ihr Verschwörer wollt doch immer auf ganz groß machen. Jetzt kannst du zeigen, ob du Mumm in den Knochen hast! Du stellst dich mit 'ner Flasche auf dem Kopf an die Wand. Kapiert?«

Kalmeder kann nicht sprechen. Seine Kehle ist wie zugeschnürt. Seine Pulse hämmern schwer. Die Angst sitzt lähmend in den Beinen.

Jemand boxt Kalmeder in den Rücken und drängt ihn in die Stubenecke. Mit dem Gesicht zur Wand bleibt er stehen.

»Umdrehen!«, ruft jemand.

Kalmeder dreht sich um. Man stellt ihm die leere Schnapsflasche auf den Kopf.

Pratsch grinst mit seinem rotem Pickelgesicht. »Wenn du wackelst, trifft er dich.«

»Scheiße!«, schreit Schimanek. »Ich treffe nur die Flasche. Wer wettet mit mir? Drei Flaschen Schnaps, dass ich treffe!«

Feldwebel Halm steht hinter dem Tisch und reibt sich nachdenklich das Kinn. Pratsch und Schimanek schließen die Wette ab.

»Und wenn du ihn doch triffst?«, fragt Pratsch mit hämischem Grinsen.

Schimanek blinzelt. Dann zuckt er die Achseln und entsichert die Pistole.

Bevor er sie hebt, sagt er zu Kalmeder: »Du brauchst keine Angst zu haben. Musst nur wie eine Eins stehen. Mach die Augen zu, wenn du die Pistole nicht sehen kannst. Wenn die Scherben fallen, hast du eine Nummer bei mir, das verspreche ich dir.«

Kalmeder steht wie aus Stein. Er ist plötzlich ganz ruhig. Du Vieh, denkt er. Rede nicht so viel herum und schieße endlich. Ich will dein elendes Gesicht nicht mehr länger sehen …

»Fangen Sie an«, murmelt Kalmeder.

»Brav«, grinst Schimanek, »brav.«

Er dreht sich um und geht auf unsicheren Beinen zur Tür. Es ist plötzlich still in der Stube. Der Tabakqualm wabert um die Glühbirne. Schimanek postiert sich vor der Tür, holt langsam die Pistole von unten hoch und legt an.

Plötzlich dröhnen im Flur Schritte, kommen näher. Die Tür wird aufgerissen. Eine scharfe Stimme peitscht in den Raum: »Was geht hier vor?«

Schimanek dreht sich um und lässt erschrocken die Waffe sinken. Hinter ihm steht der Henker vom Heuberg, Leutnant Hartwig.

Er ist bei Uschi Brandt gewesen und hat ihr erzählt, dass er vier Wochen Urlaub bekommen habe. Vier Wochen heim nach Berlin. Vier Wochen den verfluchten

Heuberg nicht mehr sehen. Das Mädchen war traurig und voller Hingabe. Man unterhielt sich, man küsste sich müde. Nüchtern wie schon lange nicht mehr ist Hartwig zu seinem Quartier gegangen. Da ist ein Mann vor ihm aufgetaucht und hat ihn angefleht, einen Mord zu verhindern, einen Mord ohne Sinn und Zweck, nur aus teuflischer Lust heraus. »Helfen Sie im Namen der Gerechtigkeit«, hat die Stimme gebettelt.

Jetzt steht Leutnant Hartwig unter der Tür: groß, hager, einarmig, mit strenger Miene. Seine Stimme trifft die Zechbrüder wie ein Peitschenhieb: »Ich verbiete diesen Unfug! Hauptfeldwebel, schicken Sie diesen Mann sofort in die Unterkunft zurück!«

Schimanek blinzelt erschrocken, stammelt: »Jawohl, Herr Leutnant!« und scheucht Kalmeder aus dem Winkel zur Tür hin.

»Wie heißen Sie?«, fragt Leutnant Hartwig den Mann im Drillich.

»Schütze Kalmeder, Herr Leutnant.«

»Gehen Sie jetzt. Warten Sie draußen auf mich«, knurrt er.

»Ich danke Ihnen, Herr Leutnant«, mumelt Kalmeder und verlässt, ohne die versoffenen Gestalten eines Blickes, eines militärischen Grußes zu würdigen, die Stube.

Die Nacht ist finster und kalt. Kalmeder muss sich an den Türpfosten lehnen. Er schließt die Augen und fährt sich mit den Händen nervös über das Gesicht. Es schwitzt vor überstandener Todesangst und wilder Aufregung.

»Da bist du ja, mein Junge«, ertönt eine zitternde Stimme aus dem Dunkel. Pfarrer Kranz umarmt den Freund, klopft ihm auf die Schulter.

Kalmeder lacht leise. »Pfäfflein, was ist das für eine verrückte Welt …«

»Ohne Gewissen und gottlos, dass einen das Grauen ankommen könnte«, seufzt der andere.

Sie gehen zur Unterkunft hinüber, Arm in Arm, wie Vater und Sohn.

Indessen erlebt Spieß Schimanek einen Anpfiff wie noch nie.

»Ich werde diese Schweinerei zur Meldung bringen«, brüllt Hartwig und blickt dabei alle an. »Niemand hat euch das Recht zugesprochen, mit diesen Leuten Schindluder zu treiben!« Dann wendet er sich an den verdatterten Schimanek: »Wenn Sie schießen wollen, dann melden Sie sich an die Front, Herr Hauptfeldwebel! Dort haben Sie Gelegenheit genug, Ihre Fähigkeiten zu beweisen!«

Schimanek wird grau im Gericht und zerquetscht ein »Jawohl« zwischen den Zähnen.

»Diese Leute sollen noch einmal kämpfen!«, fährt Hartwig mit donnernder Stimme und zornig blitzenden Augen fort. »Es ist blamabel genug, dass wir solche Aufgebote zugeschickt bekommen und aus Zuchthäuslern Soldaten machen sollen. Nachschub aus Zuchthäusern und KZ's!« Hartwig schreit jetzt so, dass seine Stimme überschnappt: »Die Lage ist nicht so, dass wir Feste feiern müssten, meine Herren! Wir haben nämlich schon seit vier Jahren Krieg!«

Die Zecher stehen stramm und schweigen. Leutnant Hartwig mustert sie scharf; dann dreht er sich brüsk um und geht. Die Tür knallt hinter ihm zu.

»Da haste es …«, murmelt Pratsch. »Jetzt kann's uns passieren, dass wir eene druffkriegen.«

»Quatsch«, lallt Schimanek, »der Hartwig säuft doch selber wie 'n Loch. Neidisch ist er bloß, neidisch, weil wir was auf'm Tisch haben! Los, her mit 'neun Schnaps. Wir machen weiter!«

»Wir machen Schluss, Wenzel«, entgegnet der Feldwebel, und dabei bleibt es dann auch.

Der Leutnant ist indessen ins Freie getreten und atmet tief durch. Eine bodenlose Schweinerei war das, was er soeben gesehen hat! Viel zu gut geht es den Kerlen, denkt Hartwig. An die Front gehören sie, jawohl!

Hartwig horcht in die Nacht. Wie hieß doch der Mann, mit dem man Schindluder trieb?

»Kalmeder! Kalmeder, hierher!«

Niemand kommt. Auf der Lagerstraße ertönen Stimmen und Schritte; dann wird es wieder still. Hoch am Himmel brummt ein einsames Flugzeug.

Hartwig klappt fröstelnd den Mantelkragen hoch und geht entschlossen auf die Teerstraße, an deren unterem Ende das Stabsgebäude liegt. Leutnant Hartwig wird noch in dieser Nacht seinen Koffer packen, um morgen in der Frühe auf Urlaub zu fahren.

Dies geschieht am nächsten Morgen. Leutnant Hartwig hat keine Meldung geschrieben. Der nächtliche Vorfall in der Baracke der 3. Kompanie bleibt somit ohne Folgen.

3

Dr. Rolf Kalmeder verspricht sich einiges von seinem Zusammentreffen mit der germanisch hübschen Inge Grotius. Er hat sogar das sichere Gefühl, dass dieses Mädchen großen Wert auf das Rendezvous legt.

Kalmeder muss sich die ganze Woche hindurch zwingen, seine Arbeit ernst zu nehmen, er fiebert geradezu dem Wochenende entgegen und sehnt insgeheim den Augenblick herbei, an dem er sie wiedersehen wird – sie, die gutgewachsene, blonde Inge Grotius, die sich mit Arroganz tarnt, um ihn gefügig zu machen.

Eine Woche lang hat er Zeit gehabt, sich auf das Zusammentreffen vorzubereiten. Helmut Kalmeder ist unwichtig. Wichtig ist nur, diese Frau wiederzusehen. Er, der Einsame, der Mann, der wegen seines Gebrechens den Frauen nur mit gekünstelter Ruhe in die Augen schauen kann, wittert mit dem Instinkt des kranken Raubtieres, dass er hier Beute machen könnte.

Ihre Ruhe? Vorgetäuscht. Ihr Lächeln? Sollte reizen. Ihr Vielleicht war ein Ja. Sie wird kommen. Sie wird auf ihn warten.

Und sie wartet auch. Lächelnd sitzt sie an einem Fenstertisch und sieht ihn durch die Tischgasse herankommen. Er geht am Stock, hält den Hut in der Hand, trägt einen gut sitzenden grauen Anzug und eine Perle an der Krawattennadel. Er weiß, dass er hinkt, er lächelt starr und erträgt ihren Blick nur, weil er seine Augen hinter den Brillengläsern verborgen weiß.

»Einen recht schönen guten Tag«, sagt er und beugt sich über ihre Hand.

Er hat sich parfümiert, denkt Inge. Sie mag Männer nicht, die sich in Duftwolken hüllen. Helmut roch nach Tabak und frischer Luft.

»Nehmen Sie Platz, Herr Kalmeder«, sagt sie freundlich – fast zu freundlich.

Das Café ist gut besetzt. Zwischen den Frauen sitzt viel Feldgrau. Man trinkt Ersatzkaffee und isst Gebäck, das man auf Weißbrotmarken bekommt.

Rolf Kalmeder hat Inge gegenüber Platz genommen. Die Bedienung geht mit einer Kaffeebestellung davon.

»Was haben Sie beschlossen?«, beginnt Inge überfallartig.

»Mit Ihnen ein bisschen zu plaudern und mich über das Wiedersehen zu freuen.«

»Wir haben uns verabredet, um über Helmut zu sprechen.«

Er nickt, klappt das goldene Zigarettenetui auf und entnimmt ihm mit gezierter Bewegung eine Zigarette.

Inge entschließt sich, ihrem Gegenüber Feuer zu reichen.

»Na?«, fragt sie, während sie über die Flamme hinweg seinen Blick einfängt, »was werden Sie unternehmen?«

Kalmeder bedankt sich und stößt den Rauch durch die Zähne aus.

»Ich sagte Ihnen schon, dass ich keine Verbindungen habe, die meinem Bruder von Nutzen sein könnten.«

»Sie lügen.«

Er schiebt die hellen Brauen zusammen. »Bitte beleidigen Sie mich nicht schon wieder. Ich habe wirklich keine entsprechenden Verbindungen.«

»Sie sind doch Anwalt. Es ist mir bekannt, dass namhafte Herren der Partei bei Ihnen verkehren.«

»Gewiss«, nickt er lächelnd, »ich wüsste aber nicht, wen ich in dieser Sache ansprechen könnte. Verstehen Sie mich doch endlich, Fräulein Grotius«, sagt er und beugt sich zu ihr herüber. »Hätte Helmut irgendein Verbrechen begangen – Betrug, Diebstahl oder sonst etwas – gäbe es vermutlich eine Möglichkeit, ihn auf irgendeine Weise aus dem Zuchthaus zu holen. Mein Bruder aber hat sich als Staatsfeind erwiesen, ist verbissener Marxist und empfindet es wahrscheinlich sogar als eine Art Märtyrertum, für seine Weltanschauung eingesperrt worden zu sein. Ich kenne meinen Bruder zu gut, als dass ich nicht wüsste, wie stolz er auf sein Außenseitertum ist.«

Kalmeder hat leise und erregt gesprochen. Das Fräulein im weißen Schürzchen bringt den Kaffee und geht wieder. Das Schweigen ist zu Ende. Inge zerdrückt ihre Zigarette im Aschenbecher und fragt: »Haben Sie wenigstens einen Versuch unternommen?«

»N ... nein«, lautet die gedehnte Antwort. »Zwischen meinem Bruder und mir kam es schon vor langer Zeit zu Meinungsverschiedenheiten. Ich weiß genau, dass er jede Hilfeleistung von mir ablehnen würde. Helmut ist ein Starrkopf, der mitsamt seiner Idee untergehen wird.«

Inge sieht ihr Gegenüber zweifelnd an.

Kalmeder merkt das und fragt: »Oder glauben Sie etwas anderes, Fräulein Grotius?«

»Wir werden diesen Krieg verlieren«, entgegnet Inge leise, aber bestimmt.

Kalmeder starrt die Sprecherin an, schüttelt dann konsterniert den Kopf und murmelt: »Sie sind eine schlechte Patriotin. Ich habe Sie in Verdacht, dass Sie mit Elementen in Verbindung stehen, die den Untergang unseres Vaterlands herbeiführen wollen.«

»Nein, nein«, erwidert sie halblaut und fest. »Was ich Ihnen gesagt habe, ist meine persönliche Meinung und Überzeugung. Wir sollen an ein Märchen glauben, das uns ...«

»Bitte nicht so laut«, unterbricht er sie rasch und leise. »Unser Gespräch könnte gehört werden.«

Inges Mundwinkel ziehen sich verächtlich nach unten. »Ist das nicht ein Zeichen dafür, wie arm wir dran sind? Man darf nicht einmal mehr denken, man darf keine Meinung mehr haben, man wird aus dem Wege geschafft, wenn man an etwas anderes als an den Sieg glaubt.«

Kalmeder schaut sich vorsichtig um. Am Nebentisch sitzen nur drei Frauen, die sich über Kleiderschnitte unterhalten.

»Ich mache Ihnen einen Vorschlag«, sagt Kalmeder. »Wechseln wir die Tapeten und trinken wir bei mir zu Hause einen Aperitif.«

Inge schaut Kalmeder abwägend an. Er lächelt etwas verkrampft. Die Brillengläser fangen das Licht auf und funkeln. Inge kann seine Augen nicht sehen.

»Nehmen Sie bitte einmal die Brille ab«, sagt sie.

»Aber ... bitte«, stottert er und tut, was sie sagt.

»Und worüber werden wir sprechen, wenn wir einen Aperitif trinken, Herr Kalmeder?«

Er blinzelt kurzsichtig. »Misstrauen Sie mir?«

»Ein bisschen.«

Vor dem Café steht ein DKW-Kabriolett.

Er setzt mit Schwung die Brille wieder auf. »Sie trauen mir anscheinend überhaupt nicht, wie?«

»Weil Sie das Parteiabzeichen am Revers tragen.«

»Ihre Offenheit entzückt mich mehr, als Sie glauben«, erwidert er und legt einen Geldschein auf den Tisch. »Bitte, gehen wir, Fräulein Grotius.«

Als Inge einsteigt und sich neben Kalmeder setzt, fragt sie: »Sie haben wohl alles, was ein behagliches Dasein ausmacht?«

»Nicht alles«, entgegnet er, während er den Motor startet und abfährt. »Mir fehlt zum Beispiel noch die Frau, die ich verehren, achten, und lieben darf.«

Inge schweigt. Hinter ihrer Stirn arbeiten die Gedanken: Ich weiß genau, was er vorhat. Er wird mir seine Wohnung vorführen, die natürlich genau so tipptopp aussieht wie er; er wird den Hausherrn spielen, und wir werden einen Aperitif bei Tangomusik trinken. Und dann wird er mir gewisse Vorschläge machen, die ich ablehnen werde, und dann wird er mein Feind sein ...

Dr. Rolf Kalmeder bewohnt eine Etagenwohnung am Wannsee. Inge Grotius findet genau das vor, was sie erwartet hat: einen eleganten Vorraum, eine exklusiv eingerichtete Vierzimmerwohnung mit breiten Fenstern, die den Blick auf den See freigeben. Es ist alles da, vom Musikzimmer bis zum schwarz gekachelten Bad. Kalmeder ist die Höflichkeit in Person. Inge versinkt in einem beigefarbenen Polstersessel. Rolf Kalmeder schiebt die Hausbar heran, schenkt den Aperitif ein, rückt das Rauchzeug zurecht, steht noch einmal auf und hantiert am Bücherregal herum, kommt zurück und setzt sich seinem Gast gegenüber.

»Bitte«, sagt er lächelnd, »hier können Sie mich beschimpfen, hier können Sie frei sprechen. Oder wollen wir dort fortfahren, wo wir stehen geblieben sind?«

»Nicht unbedingt.«

Er bietet ihr das Zigarettenkästchen an, reicht ihr Feuer und streift ihr Gesicht mit einem tastenden Blick. Inge lehnt sich zurück. Der Saum ihres raffiniert einfach geschnittenen Kleides verschiebt sich, als sie das eine Bein über das andere legt.

Sie schauen sich an.

»Ich bin sehr einsam«, fängt Kalmeder an. »Das hier« – er deutet flüchtig in die Runde – »ist meine Welt ... eine sehr stille Welt.«

»In der Stille kommen oft jene Gedanken, die man tagsüber meidet.«

»Sie spielen wieder auf den Fall meines Bruders an?«

»Ja.«

»Sie liebten meinen Bruder sehr?«

»Ich glaube, dass ich Ihnen darauf schon geantwortet habe.« Inge greift nach dem Aperitif. »Trinken wir auf Helmut! Auf dass er seiner Idee treu bleibe und das große Finale überstehe!«

»Welches Finale meinen Sie?«

»Den großen Paukenschlag, mit dem wir Deutschen vor die Hunde gehen werden.«

Kalmeder hält sein Glas hoch; es zittert. »Sie Ketzerin«, sagt er mit brüchiger Stimme. »Wie kommen Sie bloß darauf?«

»Ich höre nicht nur gern Musik, sondern auch Nachrichten, und das nicht nur auf erlaubten, sondern auch auf verbotenen Frequenzen. Und jetzt trinke ich auf Helmut Kalmeder! Er soll das überleben, woran Sie nicht glauben wollen, Herr Rechtsanwalt! Auf Helmut Kalmeder!«

»Ich trinke auf den Sieg«, erwidert er.

Inge leert ihr Glas in einem Zuge. Kalmeder nippt nur daran. Sie lehnt sich behaglich zurück. Ihr rechtes Bein fängt wieder zu wippen an.

»Hören Sie, Kalmeder.« Sie nennt ihn bewusst nur Kalmeder, um ihm ihre Sicherheit zu beweisen. »Wir haben uns heute zum letzten Mal getroffen, wenn Sie sich nicht entschließen, für Helmut ein Gnadengesuch einzureichen.«

»Und wenn ich das ablehne?«

»Werde ich selbst in die Prinz-Albrecht-Straße gehen und mich mit einem der zuständigen Herren bekanntmachen.«

Er lächelt hämisch. »Das heißt also, dass Sie bereit sind, jede Konsequenz aus Ihrer Bereitschaft zu ziehen? Genauer formuliert: Sie würden nicht davor zurückschrecken, die Geliebte eines einflussreichen Herrn zu werden, um zu erwirken, dass mein Bruder begnadigt wird?«

»Warum gleich Geliebte?«, fragt Inge spöttisch. »Sind Ihnen die Bedingungen so gut bekannt, die man einer bittenden Frau zur Auflage macht?«

Kalmeder nimmt ruckartig die Brille ab. »An Ihnen ist eine blendende Juristin verloren gegangen, Fräulein Grotius. Mein Kompliment.« Er verneigt sich im Sitzen.

»Sie sind mir noch eine Antwort schuldig«, erinnert sie ihn.

Kalmeder steht auf, geht zur Bibliothek, putzt die Brille und schweigt.

Inge sieht nicht, dass Kalmeder mit der rechten Hand auf einen Knopf drückt. Dann hört sie seinen Schritt über den Teppich kommen, spürt eine heiße Hand auf der Schulter.

»Inge«, sagt Kalmeder, »bevor ich Ihnen anrate, in die Prinz-Albrecht-Straße zu gehen, mache ich Ihnen einen Vorschlag.«
»Und der wäre?«
»Werden Sie meine Frau.«
Inge erhebt sich langsam, geht zum Fenster und streicht sich mit der Hand das Schläfenhaar glatt.

Um Gottes willen, denkt sie, alles hätte ich erwartet, aber das nicht ... Seine Sekretärin werden, seine Freundin, Geliebte ... Aber seine Frau? Das Mädchen am Fenster kommt sich vor wie eine Schauspielerin, die eine Rolle auswendig gelernt hat und plötzlich durch ein falsches Stichwort nicht mehr weiter weiß.

Rolf Kalmeder steht noch immer hinter dem Polstersessel und wartet. Die Brillengläser funkeln wie starre Riesenaugen. Er lächelt unsicher.

Inge dreht sich um, hebt ratlos die Schultern, lässt sie wieder fallen.

»Das kann doch nicht Ihr Ernst sein«, sagt sie verwirrt. »Ich meine ... wir haben uns doch erst einmal gesehen, wir kennen uns nicht, wir sind zwei grundverschiedene Charaktere.«

»Ich liebe Sie, Inge ... Sie kamen zu mir, ich sah Sie, ich hörte Sie sprechen, und ... und ich wusste, dass Sie mein Schicksal werden.«

Inge lächelt. Sie will ihm irgendetwas Ironisches erwidern, aber sie wagt es plötzlich nicht mehr, die Überlegene zu spielen. Er hat sie mit seinem Angebot in die Enge getrieben.

Kalmeder kommt hastig auf sie zu. Er hinkt stark. Die Erregung mag daran schuld sein, dass er sich nicht so genau kontrolliert.

»Inge ...« Er tastet nach ihrer Hand, führt sie an die Lippen, küsst sie zart. »Inge, ich bewundere Ihren Mut, Ihre Zivilcourage. Sie sind die erste Frau, vor der ich größte Hochachtung empfinde.«

Sie entzieht ihm sanft ihre Hand. »Kalmeder, machen wir uns nichts vor. Ich hin zu Ihnen gekommen, um etwas für Helmut zu erreichen. Sie wissen das und verlangen von mir einen Preis. Er ist mir zu hoch.«

Sie schauen sich an. Kalmeders Augen sind weit offen, erschrockene Augen, die sich nicht mehr verstecken.

»Lieben Sie meinen Bruder noch immer?«, fragt er. »Oder ist es nur Mitleid, Inge?«

Inge geht zum Sessel, setzt sich, nimmt eine Zigarette und zündet sie an. »Helmut war der erste Mann in meinem Leben«, sagt sie mit ruhiger Stimme. »Keine Frau vergisst das.«

Kalmeder dreht sich um und starrt zum Fenster hinaus. Es herrscht vollkommene Stille. Inge sitzt im Sessel, blickt zu dem Mann am Fenster und lässt die Zigarette zwischen den Fingern verrauchen.

»Und die anderen, von denen Sie sprachen?«, fragt Kalmeder.

»Das waren Stationen in meinem Leben«, erwidert Inge ernst. »Ich bin inzwischen reifer geworden, ich habe hinter die Kulissen des Lebens geschaut.«

Er dreht sich um und hält sein Gesicht im Schatten verborgen.

»Hören Sie mir zu, Inge«, sagt er entschlossen. »Ich werde mich für Helmut einsetzen ... ich werde ein Gnadengesuch schreiben und es an die zuständige Stelle weiterleiten – ganz entgegen meinen Prinzipien. Zwischen mir und meinem Bruder ist es vor langer Zeit zu einem

Bruch gekommen. Sie sagen ihm nach, er sei standhaft. Ich bin es auch, Inge. Helmut ist Kommunist, ich bin Nationalsozialist. Jeder glaubt an seine Idee.« Kalmeder macht eine Pause, kommt langsam auf Inge zu und bleibt vor ihr stehen. »Werden Sie meine Frau, Inge«, sagt er heiser. »Ich liebe Sie, Inge! Ich wäre bereit, den Sprung über meinen Schatten zu riskieren und die Brücke zu meinem Bruder zu schlagen.«

Inges Verwirrung hat sich bis zur Ratlosigkeit gesteigert. Sie ist nicht fähig, einen klaren Gedanken zu fassen. Kalmeder streckt die Hände nach ihr aus, zieht sie sanft hoch und reißt sie jäh an sich.

»Inge!«, stammelt er, »sagen Sie ja, werden Sie meine Frau. Ich biete Ihnen ein Leben ohne Sorgen, Sie haben alles, was sich eine Frau wünschen kann. Ich arbeite erfolgreich. Neben meinem Beruf als Anwalt bin ich auch an Industrieunternehmen beteiligt … Inge, ich bin einsam, ich habe niemanden! Ich möchte meine Erfolge, mein Leben mit jemandem teilen. Sie könnten das sein, Inge!«

Seine Stimme ist zu einem Flüstern geworden. Sie liegt starr in seinen Armen, wie betäubt. Der Mann schlägt seine Finger in ihre Schulter. Sein Atem ist heiß. Die Augen funkeln vor jäh auflodernder Begierde. Er will sie küssen, sucht mit vorgeschobenem Kopf ihren Mund. Da erwacht Inges Widerstand. Sie reißt die Arme hoch und stemmt die Hände gegen sein Gesicht.

Die Brille rutscht ihm von der Nase, fällt zu Boden.

Kalmeder erwacht jäh aus seinem Sinnentaumel.

»Verzeihung«, murmelt er und bückt sich, hebt die Brille auf, hinkt zur Couch und lässt sich darauf niedersinken. »Verzeihen Sie mir, Inge.«

Sie antwortet nicht, nimmt ihr Täschchen vom Sessel und geht zur Tür.

»Inge! Habe ich Sie verletzt?«

»Nein«, sagt Inge an der Tür. »Nur in Erstaunen versetzt. Ihre Werbung war etwas stürmisch, Herr Kalmeder. Ich brauche Zeit, um überlegen zu können, wie ich Ihr Anerbieten auslegen soll.«

Er steht ruckartig auf, kommt auf Inge zu. »Bitte, tragen Sie mir nichts nach. Es ist noch nie vorgekommen, dass ich mich so gehen ließ.«

Sie reicht ihm die Hand. »Leben Sie wohl, Herr Kalmeder.«

»Heißt das, dass wir uns nicht mehr wiedersehen?«

»Ich halte es für besser, Herr Kalmeder.«

»Und meinen Antrag lehnen Sie ab?«

»Er war sehr ehrenvoll, aber ich muss ihn ablehnen.«

»Das heißt also«, sagt er gezwungen kühl, »dass Sie meine Hilfe nicht mehr brauchen und einen anderen Weg gehen werden?«

»Ich muss darüber erst nachdenken.«

Sie wendet sich ab, um zu gehen. Er hinkt hinter ihr her und hilft ihr in den Mantel.

»Es tut mir leid, dass ich mir Ihre Gunst verscherzt habe«, sagt er gepresst.

»Sie haben nie meine Gunst besessen, Herr Kalmeder«, erwidert sie. »Alles ist genauso gekommen, wie ich es erwartet habe … Ich hätte es mir denken können, dass Sie ein zu guter Geschäftsmann sind, als dass Sie etwas umsonst tun würden. Guten Tag.«

Inge verlässt rasch und sicher die Wohnung.

Kalmeder steht mit hängenden Armen in der Diele. Er ärgert sich über sein undiplomatisches Vorgehen. Alles in ihm ist noch in Aufruhr. Das Mädchen hat ihn völlig durcheinander, hat seine Sinne zum Aufwallen gebracht. Sie ist keine von denen, die man mit Geschenken und Angeboten locken kann, denkt er. Hastig hinkt er ins Wohnzimmer zurück, schenkt sich einen großen Kognak ein, trinkt ihn ruckartig aus und geht zur Bibliothek hinüber.

Hinter einer Reihe Bücher verborgen steht eines jener neuartigen Tonbandgeräte. Kalmeder schaltet den Apparat ein. Das Tonband spult zurück. Noch ein Druck auf den Knopf.

Eine Stimme wird laut. Kalmeder hört sich sprechen: »Hier können Sie mich beschimpfen, hier können Sie frei sprechen ...«

Um Kalmeders Mund legt sich ein zynisches Lächeln. Aus dem unsichtbaren Lautsprecher tönt die Unterhaltung zwischen Inge Grotius und Rechtsanwalt Rolf Kalmeder.

»Welches Finale meinen Sie?«

»Den großen Paukenschlag, mit dem wir Deutschen vor die Hunde gehen werden«, sagt die klare Mädchenstimme.

»Sie Ketzerin. Wie kommen Sie bloß darauf?«

»Ich höre nicht nur gern Musik, sondern auch Nachrichten, und das nicht nur auf erlaubten, sondern auch auf verbotenen Frequenzen.«

Kalmeder nickt zufrieden.

Mit leisem Klick schaltet er das Gerät aus. Kalmeder nimmt das Tonband ab, wiegt es in der Hand, hinkt zu einem Ölgemälde, hebt es hoch. Dahinter befindet sich ein Safe in der Wand, kaum sichtbar: der Aufbewahrungsort für verschiedene überaus wichtige Dinge.

Dort hinein legt Kalmeder das Tonband – zwischen gebündelte Banknoten. Dollarvaluten. Auch ein Pass ist vorhanden, der auf den Namen »Jean Trews, geboren am 3. Januar 1912 in Rotterdam« lautet und mit dem Passbild desjenigen ausgestattet ist, der mit einem Grinsen den Safe verschließt und beschlossen hat, Inge Grotius wiederzusehen.

Auf dem Heuberg geht der Drill nach dem Motto weiter: »Es ist so schön, Soldat zu sein …« Die Strafsoldaten plärren den Text bei jeder Gelegenheit, und dabei wird das Sieb kräftig geschüttelt und Spreu vom Weizen getrennt. Es gilt für die Ehrlosen, angesichts der brutalen Gesetze dieses Berges zu bestehen.

Die paar Schwachsinnigen, die wie irrtümlich mitgeliefert wurden, sind bald verschwunden. Auch der Xaver Bunser: zu dumm, um Soldat zu sein, zu dämlich, um die Uniform tragen zu dürfen. Zurück ins Zuchthaus mit euch Banausen!

Verschwunden ist auch Alfons Schnittgen. Man hat ihn nicht erschossen, nein! Der Gerichtsoffizier war gnädig und hat ihn zur O. T. gejagt.

»Dort kommt ihr alle hin, wenn ihr euch zu dämlich anstellt!«, schreien die Ausbilder den Jammerhaufen an, wenn er nicht spuren will.

Zur O. T.! Auch das ist eine Art, sich für das Vaterland zu verschleißen! Beim Minenbuddeln geht man schnell hops, wenn man keine fachgerechte Ausbildung hat, und die Partisanen schießen auch haargenau zwischen die Augen, oder sie schneiden dir den Kopf ab, ohne dass du dazukommst, auch nur einen Schrei auszustoßen!

»Es ist so schön, Soldat zu sein …!«

Was von den ausgemergelten Zuchthausgestalten übrigbleibt und so widerstandsfähig ist, die Schikanen und den wüsten Drill zu überstehen, gilt als ausgebildet und verschwindet in kürzester Zeit. Niemand weiß, wohin so ein Transportzug rollt. Meistens geht es in den sicheren Tod!

Bald haben die Strafsoldaten Erkennungsmarken um die mageren Hälse hängen. Man liest darauf, dass sie jetzt zum 1. Festungsbataillon 999 gehören, und das wiegt diesen oder jenen in der trügerische Illusion, jetzt Soldat zu sein, ein Kämpfer für Großdeutschland.

Seit ein paar Tagen macht sich beim Exerzierdienst ein gemäßigterer Ton bemerkbar. Das Ausbildungsgebrüll lässt nach, das »Hinlegen, ihr Banausen!« ist verschwunden, das »Zum Zaun marsch-marsch!« ertönt nur noch selten. Feldwebel Helm lobt seinen Haufen sogar: »Langsam kommt ihr Brüder doch auf Zack!«

Die Einfältigen grinsen geschmeichelt und reißen sich noch mehr am Riemen, die Intellektuellen werden misstrauisch.

»Pfäfflein, da ist etwas faul im Staate Dänemark«, sagt Kalmeder zu Kranz.

Der Pfarrer lächelt. »Ganz einfach, mein Junge – wir entwickeln uns doch zu strammen Vaterlandsverteidigern, man erkennt unseren guten Willen.«

»Hast du ihn wirklich?«

»Gewiss. Und du auch! Wir alle, die wir übriggeblieben sind.«

Kalmeder grinst hämisch. »Wir alle, ja. Aber ich traue uns allen nicht. Sobald wir Morgenluft wittern, fallen wir alle wieder in den stinkenden Haufen unserer defätistischen Meinungen zurück.«

Spieß Schimanek lässt zum Antreten herauspfeifen. Mit Getrampel und Geschiebe formiert sich die Schar.

»Vordermann, Leute … ausrichten!«, rufen die Ausbilder. Dann: »Stillgestanden! Rührt euch! Augeen geradeee-aus! Die Augeeen-links!«

Feldwebel Helm meldet den Haufen. Schimanek dankt und lässt rühren.

»Herhören, ihr Sauköppe! Ihr seid wieder einen Schritt weiter vorangekommen! Habt euch ganz ordentlich entpuppt! Aber es fehlt noch einiges!« Er räuspert sich, seine heisere Stimme droht zu versagen. Er setzt von Neuem an. »Heute ist ein besonderer Tag! Wir vertrauen euch Waffen an!«

Helmut stößt seinem Freund in die Seite und zischelt ihm zu. »Peng! Da hast du's!«

Der Pfarrer schaut stur geradeaus. Um seinen schmalen Mund irrt ein Zucken. Auch dies gehört zur großen Prüfung, denkt er.

Und vor der Front ruft Spieß Schimanek mit heiserer Stimme: »Von heute an seid ihr Soldaten des Führers. Erweist euch dieser Ehre würdig und zeigt bei jeder Gelegenheit, dass ihr willens seid, etwas gutzumachen!«

Und nun tragen sie lange französische Beutegewehre, lernen den Umgang damit, stehen in der Kälte am Zielgerät und spähen angestrengt über Kimme und Korn, dem Kameraden zurufend: »Höher! … Mehr nach links! … Mehr rechts! … Guttt!«

Jeder bekommt einen Rahmen mit fünf Exerzierpatronen. Man lernt das schnelle Laden. Die Gewehrschlösser klappern. Da und dort fällt eines in den Dreck.

»Gewehr in Vorhalte, du Heini!«, brüllt dann der Ausbilder. »Hüpfen! Schööön hüpfen!«

Ein paar Tage später empfangen sie zum erstenmal Platzpatronen. Es knallt lustig am Heuberg. Am Stacheldrahtzaun stehen die »Pappkameraden« und werden mit Gebrüll angegriffen. Hinter dem Stacheldraht, auf dem morastigen Wag, ziehen Gestalten in schlottrig sitzenden Mänteln und über die Ohren hängenden Feldmützen ein leichtes Infanteriegeschütz 18 im Mannschaftszug – wie Wolgaschiffer einen Transportkahn. Wütendes Gebrüll peitscht den Haufen voran.

Die ehemaligen Zuchthäusler und KZler gewöhnen sich langsam daran, Soldaten zu sein. So etwas wie Disziplin kommt in die Mannschaft. Die Gruppe, in der Helmut Kalmeder und Josef Kranz unter dem Kommando des bulligen Unteroffiziers Hermann Senftleben gedrillt werden, entpuppt sich als die zackigste.

An einem Freitagmorgen wird im Stabsgebäude wieder einmal über Tod und Leben entschieden. »Wir müssen ein Exempel statuieren«, sagt der Oberst. »Es ist schon der zweite Fall, dass jemand zu desertieren versucht.«

Der Gerichtsoffizier nickt bestätigend. Im Anschluss findet die Sitzung des Kriegsgerichts statt. Vor dem Richtertisch steht ein vor Angst bleicher Mensch. Er gibt auf Befragen zu, dass er versucht habe, zu desertieren und die Schweizer Grenze zu erreichen.

»Ich dachte, ich käme durch«, stammelt er mit hängendem Kopf.

»Sie wissen, was auf Fahnenflucht steht?«, fragt der Gerichtsoffizier.

»Jawohl«, murmelt der Todeskandidat.

Es geht schnell wie immer. Das Urteil ist schon gefällt. Kalt wird es ausgesprochen. Eine halbe Stunde später setzt das Erschießungskommando, diesmal unter dem Kommando eines anderen Leutnants, die Stahlhelme auf.

In den Baracken, wo gerade Waffenreinigen abgehalten wird, gellt die Pfeife des U. v. D.

»Kompanie im Dienstanzug antreten!«

Die Strafsoldaten schauen sich an.

»Was'n jetzt wieder los?«

Schon beim Antreten weiß man: Jemand wird vor den Augen des gesamten Bataillons erschossen. Ein Deserteur. Einer von der zweiten Kompanie.

»O Gott«, stammelt Kranz, »schon wieder einer.«

Die Truppe steht stumm in Reih und Glied. Das Stammpersonal ist auch stumm. Spieß Schimanek kommt mit mürrischem Gesicht aus der Schreibstubenbaracke.

»Da hat wieder so ein Saukopp eine Schweinerei verübt«, erklärt er der Kompanie. »Jetzt werdet ihr sehen, wie so etwas bestraft wird!«

Oberleutnant Greiner, der Chef, ist an diesem Morgen nicht da. Hauptfeldwebel Wenzel Schimanek führt die Kompanie zum Schießplatz hinaus. Ohne Lied. Mit versteinerten Gesichtern marschieren sie zum Richtplatz.

Der Pfahl ist am Rande des mageren Fichtenwäldchens in den feuchten Boden gerammt, ein sorgfältig entrindeter, matt schimmernder Pfahl, der sich vom dunklen Hintergrund abhebt.

Rasch hintereinander treffen nun die anderen Kompanien ein. Die Kommandos ertönen gedämpft – unheimlich gedämpft, als wolle man die Nähe des Todes respektieren.

Man tritt im offenen Viereck an. Die Kompaniechefs melden dem Oberst, und der nickt jedesmal und tippt dabei kurz an die Schirmmütze.

Irgendwo im Lager marschiert jetzt das Erschießungskommando heran, den in Drillichzeug gekleideten Delinquenten in der Mitte.

Der Oberst spricht leise mit dem schlanken Adjutanten. Über dem Schießplatz kreist ein Schwarm Krähen. Auch sie schweigen, kreisen nur, als seien sie neugierig.

»Beiß die Zähne zusammen, Pfäfflein«, raunt Kalmeder dem Pfarrer zu. »Schließ die Augen, wenn du's nicht sehen kannst.«

Das Gesicht des anderen wirkt leer, verkrampft. Er schüttelt unmerklich den Kopf.

Vom linken Flügel her kommt im Gleichschritt das Erschießungskommando. Die Schritte der Henker mahlen hörbar. Alles starrt auf den mageren Mann in der Mitte.

»Er kriegt nicht mal geistlichen Beistand«, raunt jemand neben Kranz. »Det ist doch 'ne Sauerei.«

Nein, es kommt kein Pfarrer mit. Vielleicht ist er krank, oder er hat irgendwo etwas zu tun, wie Oberleutnant Greiner.

Jetzt geht alles vorgeschrieben rasch vonstatten. Zwei Mann vom Erschießungskommando binden den Verurteilten am Pfahl fest. Sie machen dies sorgfältig, schnüren den Strick mehrmals um Brust, Leib und Unterschenkel.

Der Verurteilte lässt alles mit sich geschehen; er scheint vor Todesangst schon halb ohnmächtig zu sein.

Jetzt tritt der Gerichtsoffizier vor: »Der Soldat Hans Ebersmann vom zweiten Festungsbataillon 999 wurde vom hiesigen Kriegsgericht wegen Fahnenflucht zum Tode verurteilt. Das Urteil ist bestätigt. Es ist durch das zweite Festungsbataillon 999 zu vollstrecken. Vollzugsmeldung bis ...« Der Rest geht in einem Gemurmel unter.

Der Delinquent hört nichts mehr. Zwei Mann verbinden ihm von hinten die Augen mit einem weißen Tuch.

»Vater unser, der Du bist im Himmel ...«, betet Josef Kranz in sich hinein und hält die Augen geschlossen. »Geheiligt werde Dein Name, zu uns komme Dein Reich ...«

»Legt an!«, kommandiert der Leutnant.

»Dein Wille geschehe ...«, betet Josef Kranz.

»Feuer!« Der Säbel des Leutnants zuckt nieder.

Der WU-Soldat Hans Ebersmann knickt in die Knie, sein Kopf wackelt noch.

Mit weit aufgerissenen Augen sieht Helmut Kalmeder, wie der Leutnant die Pistole zieht, auf den Mann am Pfahl losgeht und die Pistole hebt.

Da muss auch Kalmeder die Augen schließen. Er hört den kurzen, trockenen Knall wie aus weiter Ferne. Dann ist alles vorbei.

»Abrücken in die Unterkünfte!«, befiehlt der Adjutant.

»Kompanie – stillgestanden! Reeechts um! Im Gleichschritt – maaarsch!«

Die Kompanien rücken ab, stumm, wie sie gekommen sind. Über dem schwäbischen Forst kreisen keine Krähenschwärme mehr.

Wieder ein Ausbildungstag. Von vier bis fünf Uhr ist Putz- und Flickstunde. Anschließend wird Kleiderappell abgehalten. Die Stube zehn ist eifrig dabei, die Klamotten zu reinigen. Man schweigt. Die Exekution von heute Morgen liegt noch allen im Magen. Sogar Emil Schlegels loses Mundwerk bleibt stumm.

Da fliegt die Tür auf. Polternd springen die Stubeninsassen hoch. Kalmeder macht dem Gefreiten vom Dienst Meldung.

Der G. v. D. winkt ab. »Los, Kalmeder – sofort auf die Schreibstube kommen.«

Verdammt, dass man immer gleich zittert, wenn so etwas befohlen wird.

Kalmeder fängt einen besorgten Blick von Kranz auf.

Der Berliner grinst hämisch und witzelt: »Brust freimachen zum Erschießen, Kalmeder.«

Kalmeder überhört es. Er ist sich keiner Schuld bewusst. Trotzdem wird er das Zittern in den Knien nicht los, als er über den Platz zur Schreibstubenbaracke geht. Was wollen sie von mir? Hat mich jemand denunziert? Hab ich irgendetwas gesagt?

»Schütze Kalmeder wie befohlen zur Stelle!«

Die Schreibstube ist mit Zigarettenqualm vernebelt. Hirtz, der Schreiber, kommt an die Barriere, macht den Durchgang auf und mustert Kalmeder rasch.

»Mensch, komm nicht halbnackt daher! Obersten Knopf zu!«

Kalmeder nestelt am obersten Knopf des Drillichanzugs. Der Schreibstubengefreite winkt mit dem Kopf zur Tür, hinter der Spieß Schimanek sitzt.

»Schütze Kalmeder zur Stelle!«, meldet sich Kalmeder zum zweiten Mal – laut, militärisch, ganz gegen den eigenen Willen. Komisch, dass man sich immer wieder zusammenreißt, wenn man gerufen wird.

Schimanek sitzt hinter dem Schreibtisch. Die Halbglatze mit dem Kranz rötlicher Haare schimmert fettig. Er hat einen Akt vor sich liegen, nickt, beachtet den Mann eine Weile überhaupt nicht. Endlich hebt er das grobe Gesicht.

»Rühren.«

Es poltert kurz.

»Tja …« Schimanek lehnt sich zurück und schaukelt auf dem Stuhl. »Kalmeder, das ist Ihre Strafakte« Er deutet mit dem kantigen Kinn auf den Tisch. »Ich entnehme daraus, dass Sie so etwas wie ein Salonbolschewist sind … oder waren. Marotte oder Überzeugung?«

Kalmeders Handflächen schwitzen. Es ist Angst, nackte Angst, die ihm so einheizt. Sein Hirn sucht krampfhaft die passende Antwort. Spiel nicht den starken Mann, hört er Kranz' Ermahnung.

»Na?«, ertönt es lauernd hinter dem Schreibtisch.

»Das kann man nicht erklären, Herr Hauptfeld!«, [im Sprachgebrauch der Wehrmacht Abkürzung für Hauptfeldwebel] sagt Kalmeder heiser und schluckt.

»Sie waren sogar schon in Moskau?« Schimaneks Stimme klingt mehr neugierig als vorwurfsvoll.

»Jawohl! Zu Studienzwecken. Es ist lange her.«

»Vier Jahre haben Sie inzwischen abgesessen, Kalmeder. Mittlerweile haben Sie wohl eingesehen, dass wir die Stärkeren sind, wie?«

»Jawohl, Herr Hauptfeld.« Kalmeder ist leichenblass. Auf seiner Stirn perlt der Schweiß. Es ist verdammt schwer, so etwas sagen zu müssen – aus Angst vor weiteren Schikanen. Vielleicht ist auch die Exekution von heute Morgen daran schuld, dass Kalmeder jetzt keinen Mut zum Aufmucken, zu einer spitzen Antwort hat.

Schimanek lässt sich nach vorn kippen und vollführt eine knappe Handbewegung.

»Na schön. Was war, ist vorbei, Kalmeder. Ich wollte Ihnen etwas anderes sagen. Ihre Gruppe ist die beste vom ganzen Sauhaufen. Das freut mich, Kalmeder. Ich sagte Ihnen unlängst ... Sie wissen doch noch? ... Ich sagte Ihnen, dass ich mich eines Tages daran erinnern werde. Jetzt ist es soweit, Kalmeder.« Schimanek grinst zuvorkommend. »Ich setze Sie ab sofort als Hilfsausbilder ein.«

Kalmeder spürt, wie die Angst weicht. Ein unmerkliches Aufatmen geht durch seine hagere Gestalt.

»Das ist eine Anerkennung!«, setzt Schimanek hinzu, »Das verpflichtet Sie noch mehr, sich für Führer und Vaterland, für die Kompanie einzusetzen. Ist Ihnen das klar, Kalmeder?«

»Jawohl«, murmelt er.

Schimaneks Grinsen wird breit und behaglich. »Na also, das freut mich. Ich erwarte von Ihnen, dass Sie...«

Er bricht ab und schaut zur Tür. Felix Haslach ist nach flüchtigem Anklopfen eingetreten.

»Was ist los, Haslach?«

Haslach wirft einen raschen Blick auf Kalmeder.

»Expressgut eingetroffen, Herr Hauptfeld. Brauche ein Fahrzeug und einen Mann, der mit zum Bahnhof fährt.«

Schimanek strahlt und reibt sich die großen Hände. »Fein, Haslach, fein! Nehmen Sie den Laster und fahren Sie gleich los. Kalmeder fährt mit!« Und zu Kalmeder: »Dienstanzug und umgeschnallt, verstanden?«

»Jawohl, Herr Hauptfeld«, quetscht Kalmeder hervor. Ihm ist zumute, als wäre er aus einer finsteren Zelle ins grelle Sonnenlicht getreten. Er begreift noch gar nicht, dass er eine Stufe höher stehen soll als die anderen.

Draußen sagt Haslach zu Kalmeder: »Du bist doch der, den sie unlängst aus 'm Bett geholt und die Schnapsflasche auf 'n Kopp gestellt haben, was?«

»Der bin ich, jawohl«, murmelt Kalmeder.

Haslach lacht und klopft ihm auf die Schulter. »Na siehste, da hat die Schweinerei doch etwas Gutes gehabt. Beeil dich jetzt, zieh andere Klamotten an und komm dann zum Fourier rüber. Ich warte auf dich.«

Benommen kehrt Kalmeder in die Stube zehn zurück. Alle Blicke richten sich auf ihn. Kranz kommt heran und fragt: »Was war los, Helmut?«

Kalmeder geht an den Spind und holt den Dienstanzug heraus. »Der Spieß hat mich als Hilfsausbilder eingesetzt, und jetzt fahr ich mit Haslach zum Bahnhof.«

Schlegel pfeift verwundert und neidisch durch die Zähne. Da sieht man's wieder, denkt er giftig. Die Intellektuellen! Wenn's drauf ankommt, sind sie doch vorne dran, und unsereins ist 'n Dreck!

»Da kannst uns gleich paar Mädle mitbringe!«, ruft Hansi Weiß, der Taschendieb, herüber.

Die ganze Stube freut sich, dass ein Mann aus ihrer Mitte ein Stüfchen höher geklommen ist, einen Millimeter aus der grauen Anonymität der Masse herausragt. Das ist ein Vorzug, der vielleicht allen zugutekommt!

»Grüße die Freiheit«, murmelt Kranz dem Freund zu, als er diesen aus der Stube lässt.

Mit langen Schritten geht Kalmeder über den Platz. Vor der Küchenbaracke steht bereits der Lkw. Haslach unterhält sich mit Unteroffizier Pratsch.

»Was ist es denn diesmal, Felix?«

»'ne Weinsendung aus Neustadt.«

»Du bist ein toller Hecht! Wo hast du bloß die Verbindungen her, Mensch?« Pratsch pufft dem Organisationsgenie grob in die Seite und lacht.

Inzwischen ist Kalmeder herangekommen. Pratsch misst ihn verächtlich und kehrt in die Baracke zurück.

»Na los, hauen wir ab«, sagt Haslach, klettert in den Wagen, startet den Motor und fährt ab.

Der Schlagbaum hebt sich automatisch. Keine Frage. Kein Vorzeigen von Ausweisen. Wenn Felix Haslach mit dem Lkw fortfährt, weiß man, dass er ihn vollbeladen wiederbringt.

Kalmeder wird es ganz eigenartig zumute, als der Wagen die Waldstraße hinunterfährt, Kurve um Kurve nimmt, dann in die Gerade rollt, die nach Stetten hinunterführt. Es ist das erste Mal seit langer, sehr langer Zeit, dass man sich frei fühlt. Wirklich frei. Ohne Bewacher! Ohne Gewehre!

Mit trunkenem Blick genießt Kalmeder die Fahrt. Der Mann am Steuer schweigt, als fühle er das, was der andere in diesem Augenblick erlebt.

»Mach mir bloß keine Zicken, hörst du!«, sagt Haslach vorsorglich.

Kalmeder schüttelt den Kopf.

Dann wieder Haslach: »Hier kommt keiner weg. Sie erwischen jeden. Nimm dir an dem ein Beispiel, was du heute Morgen gesehen hast. Der Ebersmann, ich kannte ihn gut, wurde innerhalb von 25 Stunden erwischt. Hätte man ihn zwei Stunden früher geschnappt, wäre er mit einem blauen Auge davongekommen. Zwei Stunden drüber – und du hängst am Pfahl, und keiner bindet dich wieder los.«

Haslach schaltet das Abblendlicht ein. Es ist dämmerig geworden. Der Forst steht still und dunkel zu beiden Seiten der Straße. Dann kommt freies Gelände. In einiger Entfernung liegt Stetten.

»Warum haben sie dich geholt?«, fragt Haslach.

Kalmeder erzählt kurz sein Schicksal, worauf Haslach nickt und das seine skizziert. »Bin schon über zwei Jahre auf dem Heuberg«, schließt er. »Hab mir alles so eingerichtet, wie ich's brauche. Du siehst ja, es geht mir gut, weil ich die anderen gut leben lasse.«

Kalmeder findet Haslach sympathisch. Er ist einer von jenen seltenen Typen, die zugeben, dass sie Gauner sind und kein Geheimnis aus ihrem Lebenstalent machen.

Als Kalmeder erzählt, dass er schon vier Jahre lang hinter Gitter säße, erwidert Haslach: »Alles im Leben geht vorbei, Kumpel. Heute hast du mal frei. Wenn wir die Kisten verladen haben, setzen wir uns bei meinem Bekannten hin und köpfen 'ne Flasche vom Besten!«

Es ist schon dunkel geworden, als die neun Kisten verladen sind. Jetzt fährt Haslach nach Stetten zurück. In einem der Gasthöfe wohnt sein »Bekannter«, ein Gastwirt.

Der Lkw rumpelt in den Hof. Eine Kiste wird abgeladen. Der Wirt flüstert mit Haslach, und Kalmeder schaut taktvoll zur Seite, als er Geldscheine rascheln hört. Es müssen etliche Hunderter sein, die Haslach in die Manteltasche schiebt.

»Sind welche drin?«, hört Kalmeder Haslach fragen.

»Noi, koine. Kannst reinkommen, Felix. Mei Frau macht dir gleich a Portion Bratkartoffeln mit Hausmachersülze.«

»Zwei Portionen!«, korrigiert Haslach und nimmt Kalmeders Arm.

»Natürlich – zwoi Portione«, kichert der Wirt.

Sie begeben sich in den nach abgestandenem Bier und Speisen riechenden Gasthof, den normalerweise kein Strafsoldat betreten darf – es sei denn, er heißt Felix Haslach und liefert Hamsterware.

»Im Nebenzimmer sitzen wir gut«, sagt Haslach zu Kalmeder, »da kommt kein Bulle 'rein. Wir sind ganz unter uns.«

Das Nebenzimmer ist mollig warm, an den holzgetäfelten Wänden hängen die Bilder der verstorbenen Wirtshausbesitzer zwischen altersschwarzen Hirschgeweihen, Elchschaufeln und Rehkrickeln. Auch ein ausgestopfter Keilerkopf gehört zu den Trophäen. In der Ecke, an der Rückwand des Kachelofens, der auch das Hauptlokal heizt, steht ein Tisch mit einer weißblaukarierten Tischdecke und einem Väschen mit vier staubtrockenen Strohblumen.

Der Wirt, ein schwammiger Sechziger mit Hamsterbacken und einem unnatürlich roten Gesicht, hilft Haslach zuvorkommend aus dem Mantel. Auch Kalmeder zieht den Mantel aus und hängt ihn an den Haken.

»Zigarette?« Haslach bietet Zigaretten an. *Atika*. Großpackung. Er hat eben alles!

»Danke.«

»'s Essen kommt gleich«, sagt der Wirt und geht.

Die beiden Soldaten sind allein. Haslach streckt die Knobelbecher von sich und raucht genussvoll; dabei mustert er Kalmeder.

»Der Schimanek ist ein verrückter Hund«, sagt Haslach dann, »aber er bellt nur, weißt du.«

»Ziemlich viele bellen, aber etliche beißen auch«, gibt Kalmeder zur Antwort. »Du merkst das wohl nicht mehr, du wirst gebraucht.«

»Ich merk's wohl, Kalmeder, aber mich beißen sie nicht mehr. Wenn ich mal auspacken würde, was meinst du wohl, was dann fällig wär'?« Er beugt sich vor und zwinkert ihm mit seinen braunen, frechen Augen zu. Dann schiebt er die offene Hand über den Tisch und klappt die Finger zu. »So hab ich sie alle in der Hand, Kalmeder, und das wissen sie genau, die Brüder.«

»Es ist nicht jeder so geschickt wie du, Haslach.«

»Sag einfach Felix zu mir, und du bist für mich … äh … wie heißt du mit Vornamen?«

»Helmut.«

Sie reichen sich kurz die Hände. Kalmeder kommt es vor, als habe er einen wirklichen Freund gewonnen.

»Tja«, bemerkt Felix dann, »du nennst es ›geschickt‹, ich sage aber, es ist eine ziemliche Schweinerei von mir. Ich kann die Brüder alle nicht riechen, ich könnte sie alle der Reihe nach aufhängen … den Schimanek ausgenommen, den mag ich irgendwie. Er gefällt mir, weißt du – er ist so 'n richtiger Kommisskopp. Wirst mal schau'n, wie der ihn hängen lassen wird, wenn's mal anders kommt. So kleen wird er dann, der gute Wenzel!« Haslach zeigt die künftige Größe des Hauptfeldwebels zwischen Daumen und Zeigefinger an.

Helmut ist zu vorsichtig, als dass er jetzt ins gleiche Horn stoßen würde. Er schaut Felix eine Weile abwägend in die Augen.

Da fragt Felix: »Du hast Jura studiert?«

»Ja.«

»Fertig?«

»Ich war im letzten Semester, als sie mich holten.«

»Hm«, nickt Felix. »Hast die große Klappe geführt, was?«

»Ich erinnere mich, dass es so war«, erwiderte Helmut mit einem schwachen Grinsen.

»Und jetzt sitzte da und hast 'n geschorenen Kopp«, nickt der andere mit gutmütigem Spott. »Deine Ideale sind in den Dreck getreten worden, und sie haben dich, wie man bei uns so schön sagt, zur Schnecke gemacht. Tja, und die Moral von der Geschicht, Helmut? Klappe halten! Zu allem laut und deutlich ›Jawoll‹ brüllen, das mögen die Bullen, das hören sie gerne, und das wollen sie hören. Du darfst die nie merken lassen, dass du mehr Grips im Kopp hast als sie. Kriegen sie das spitz, bist du geliefert. Und ich sage dir noch was, Helmut …«

Feilix kommt nicht dazu, es zu sagen. Der Wirt taucht wieder auf, bringt die entkorkte Flasche Wein und zwei Gläser, schenkt ein und schmunzelt Felix zu: »Hano, 's ist a gut's Tröpfle, wasch d' hergeschafft haschst, Felixle. – Wohl bekomm dir's und deinem Kameraden.«

»Hast schon eine Kostprobe genommen, wa?«

»Mit Verlaub – 's gehört sich so«, grinst der Wirt. Dann wird er ernst, beugt sich vor und flüstert: »Redet net so laut. Man hört's durch das Ofenloch da. Draußen im Lokal, neben dem Ofen, sitzt jetzt a Gast. Eine Dame!« Er vollführt mit den fleischigen Händen eine Illustration der Dame, woraus ersichtlich wird, dass es sich um eine sehr gut gewachsene handeln muss.

»Blond«, fügt er noch hinzu, »'s wär was für dich, Felixle.«

»Blond?« Felix spitzt die Lippen. »Ich werde sie mir dann mal aus der Nähe anschauen.«

»Sie ist heute Nachmittag angekommen«, verrät der Wirt. »Sie bleibt ein paar Tage und hat ein Zimmer gemietet.«

Jetzt entschlüpft Felix ein freudiger Pfiff.

»Los, beeile dich, Stefan«, sagt er rasch, »schaff das Essen her.«

Der Wirt humpelt davon und schließt die Tür. Felix schaut durch das Wärmeloch des Kachelofens, kann aber den Gast nicht sehen, der in der Nähe sitzen soll.

»Wo waren wir stehengeblieben?«, fragt er und wendet sich wieder Kalmeder zu. »Ach so – trinken wir erst mal, Helmut! Prost!«

Sie heben die Gläser, stoßen an und trinken. Kalmeder genießt den Wein, nimmt kleine Schlucke in den Mund, kostet und findet ihn wundervoll. Wann habe ich den letzten Wein getrunken? Auch eine Ewigkeit her … eine kleine Ewigkeit!

Felix hat das Glas auf einen Zug ausgetrunken. Er denkt an den Gast nebenan. Blond soll er sein, gut gewachsen! Ob man da nicht mal probieren soll? – Erst nach dem Essen, hat Felix beschlossen, erst noch ein paar Gläschen Wein. Der feuert besser an.

Die beiden Soldaten unterhalten sich. Felix will wissen, dass die Ausbildung nur noch vierzehn Tage dauert und dass man dann abgeschoben würde. »Meistens runter auf den Balkan«, sagt er – dorthin seien jedenfalls die letzten Transporte gegangen.

Inzwischen bringt der Wirt das Essen. Bratkartoffeln und Hausmachersülze. Schmeichelhaft große Portionen. Kalmeder fällt heißhungrig über die appetitlich aussehende Speise her. Auch Felix isst. Ein Gespräch ist jetzt überflüssig.

Im Lokal ertönt Musik. Marschmusik. Der Wirt hat das Radio angeschaltet. Jetzt bricht die Musik ab. Die Stimme des Rundfunksprechers tönt durch den Raum.

»Das Oberkommando der Wehrmacht gibt bekannt.« Nachrichten. Man hört sie deutlich durch die Tür und das Wärmeloch des Kachelofens: »Im Osten werden die erbitterten Abwehrkämpfe fortgesetzt. Die katastrophalen Ausfälle der Roten Armee kennzeichnet ein NKWD-Befehl, der einem SS-Stoßtruppunternehmen bei einem erfolgreichen Überfall im Mittelabschnitt der Front in die Hände gefallen ist. Darin werden die NKWD-Offiziere und Politruks der Bataillone darauf vorbereitet, dass die als Reserven herangeführten Einheiten zum überwiegenden Teil aus arbeitsscheuen Elementen und Sträflingen bestehen. Auch die amerikanischen Invasionstruppen bedienen sich bekanntlich in ihren Fallschirm- und Luftlande-Einheiten langjähriger Sing-Sing-Insassen – ein deutliches Zeichen für den moralischen Verfall der alliierten Stoßkeile ...«

Felix bricht in ein prustendes Lachen aus. Er verschluckt sich, hustet, wird krebsrot.

Helmut drischt ihm auf den Rücken. »Arme hoch, Felix!«

Endlich beruhigt er sich. Mit Tränen in den Augen sagt er: »Mensch, jetzt kochen die anderen auch mit Wasser. Stell dir vor, Helmut: Wir treffen, wenn sie uns an die Front schicken, lauter ›Kollegen‹ aus Sing-Sing oder Sibirien!«

Helmuts Lachen ist gezwungen. Dann essen sie weiter und unterhalten sich über das Gehörte.

Als der Wirt wieder hereinkommt, verlangt Felix eine zweite Flasche Wein.

»Betrinkt euch bloß net«, ermahnt der Wirt. Er will gehen, aber Felix hält ihn am Rockärmel zurück. »Ist die Blonde noch draußen?«

»Wohl, wohl«, schmunzelt der Wirt.

»Stell ihr eine Flasche hin, Stefan. Sag ihr, dass ich ihr einen guten Appetit wünsche.«

»Hano, so geht's noch besser«, feixt der Wirt und schlurft davon, um sich den Kuppelpelz zu verdienen.

Inge Grotius war, aus Berlin kommend, schon am Nachmittag in Stetten eingetroffen. Nach dem brüsken Abgang bei Dr. Rolf Kalmeder hatte sie ursprünglich beschlossen, diesen schleimigen Juristen nie mehr wiederzusehen und eigene Wege in Sachen Helmut Kalmeder zu gehen. Nach einiger Überlegung kam sie jedoch zu dem Entschluss, erneut die Brücke zu beschreiten, die sie eigentlich hatte abbrechen wollen. Keiner freute sich mehr darüber als Dr. Rolf Kalmeder.

Indessen, es war nicht leicht, ihn dazu zu bewegen, den derzeitigen Aufenthalt seines Bruders herauszufinden. Es bedurfte bei Inge schon einiger listiger und echt weiblicher Kniffe, ehe sie Rolf Kalmeder soweit hatte, dass er in der Prinz-Albrecht-Straße Erkundigungen über den Verbleib seines abtrünnigen Bruders einzog. Wie und unter welchem Vorwand er Helmut Kalmeders Adresse herbeischaffte, darüber ließ sich Rolf Kalmeder nur am Rande aus. Jedenfalls nannte er Inge die Adresse und hatte im Prinzip auch nichts dagegen einzuwenden, als sie ihn mit der Absicht konfrontierte, mit Helmut sprechen zu wollen.

»Na gut«, hatte Rolf Kalmeder geantwortet und die Brille von der Nase gerissen, »dann tun Sie das, was Sie nicht lassen können. Ich werde mir jedenfalls größte Mühe geben, Ihnen amtliche Scherereien zu ersparen.«

»Wie meinen Sie das?«, hatte sie ihn gefragt.

Er hatte sie mit einem dünnen Lächeln angeblinzelt und gesagt: »Wer ein heißes Eisen anfasst, darf sich nicht wundern, wenn er sich die Finger verbrennt.«

Sie hatte mit dem glatten Lächeln der klugen Frau geantwortet: »Und Sie werden dann die Salbe bereithalten, Herr Doktor?«

»In jedem Fall.«

Dann war sie abgereist, und nun sitzt sie mit dem Rücken an den Kachelofen gelehnt und schaut verwundert auf, als der Wirt hereinkommt und ihr eine Flasche Wein auf den Tisch stellt.

»Ich habe doch keinen bestellt!«

Stefan Scheuchelreuther grinst wie ein Honigkuchenpferd und erwidert so höflich wie nur möglich: »Höherer Befehl von nebenan, mein gnädiges Fräulein!«

Sie mustert die Flasche. Gimmeldinger, liest sie und denkt daran, dass sie schon lange keinen Wein mehr getrunken hat, und einen Gimmeldinger schon gar nicht.

»Ich möchte den Herrn kennenlernen«, sagt sie lächelnd, »um mich persönlich bei ihm zu bedanken.«

Scheuchelreuther verbeugt sich devot: »Aber gern, gnädiges Fräulein. Ich hol ihn gleich! Ein Momentchen!«

Inge findet das alles erheiternd und originell. Man sollte sich ein bisschen ablenken. Vielleicht, so denkt sie, während drinnen im Nebenzimmer geflüstert wird, vielleicht kann mir der edle Spender auch einen Hinweis geben, wie ich am besten auf den Heuberg komme. Der Heuberg. Sie hat nichts Gutes von ihm gehört.

Schritte kommen. Inge schaut auf und blickt in ein funkelndes Augenpaar, in ein schmales, freches, hübsches Gesicht.

»Ich wünsche Ihnen einen recht schönen guten Abend, gnädiges Fräulein«, hört Helmut Kalmeder nebenan Felix sagen und schmunzelt amüsiert. Ein toller Hecht, dieser Felix! Prima Kerl! Soll er doch das Vergnügen haben!

Inge hat mit einem raschen Blick festgestellt, dass der Mann vor ihr ein einfacher Soldat ist. Das ist ihr eigentlich lieber, als wenn es ein Offizier wäre.

Sie erwidert den Gruß mit einem Neigen des Kopfes.

»Wie kommen Sie dazu, mein Herr?«, fragt sie ihn und lädt ihn mit einer Handbewegung ein, Platz zu nehmen.

Er setzt sich ihr gegenüber und ist begeistert. Sie ist viel hübscher, als er gehofft hat!

»Eine Laune von mir, gnädiges Fräulein«, sagt er glatt, wie er in allen Situationen ist. »Ein prächtiger Einfall von mir. Ich bitte um Verzeihung, falls ich Ihnen zu … äh … wie soll ich sagen? … zu … «

»… frech vorkommen sollte«, ergänzt sie lächelnd.

»So ist es.«

»Mal sehen«, erwidert sie.

Felix scheucht den Wirt an den Tisch: »Mach die Flasche auf, Stefan, und zwei Gläser her!« Und zu Inge: »Haben Sie schon gespeist?«

Sie sagt, sie habe schon gegessen.

»Bratkartoffeln mit Hausmachersülze?«, lacht er. Sie nickt. Sie findet ihn amüsant und sympathisch. Der Abend scheint also doch nicht so trist zu verlaufen, wie zunächst anzunehmen war.

Fünf Minuten später ist man in eine angeregte Unterhaltung vertieft. Der Wein glänzt golden im Glas. Tief über den Tisch gezogen, spendet die Lampe ein warmes Licht. Im Hintergrund des Lokals spielt leise Radiomusik. Der Wirt sitzt bei Helmut im Nebenzimmer und stellt Fragen, will vieles wissen, was ihn nichts angeht, und bleibt nur, um dem anderen draußen den Spaß zu lassen ... den Spaß, den Felix so schwungvoll begonnen hat, ohne zu ahnen, dass sich die Situation bald ändern wird.

»Sie sind zu Besuch hier?«, erkundigt sich Felix.

»Jjaa«, lautet die zögernde Antwort, »das kann man so sagen.«

»Und Sie bleiben voraussichtlich länger?«

»Das hängt von vielen Dingen ab.«

»Verraten Sie mir nur eines«, bittet er, während er ihr Zigaretten anbietet.

Sie bedient sich mit spitzen Fingern und sagt erstaunt: »*Atika?* ... jetzt noch *Atika?*«

Felix' braunes Gesicht lächelt selbstbewusst. »Man hat so seine Beziehungen.«

Er reicht ihr das Feuerzeug hinüber. Über die kleine Flamme hinweg treffen sich ihre Blicke.

Inge zündet die Zigarette an, nimmt einen tiefen Zug in die Lunge, stößt den Rauch durch die Zähne aus und lehnt sich an die warmen Kacheln zurück.

»Ich brauche jemanden, der Beziehungen hat«, sagt sie jetzt.

»Bitte, sprechen Sie.«

»Ich suche jemanden. Er ist als Soldat auf dem Heuberg ... «

»Strafsoldat?«, fragt er schnell.

Sie nickt zustimmend.

»Es sind etwa achthundert Strafsoldaten auf dem Heuberg«, sagt Felix. »Ich bin auch einer.«

Er schaut Inge an und will irgendeine Regung beobachten. Aber er sieht nur ein blasses, ernstes Gesicht und zwei große Augen. Und er fühlt, wie er rettungslos in ihnen versinkt.

»Was haben Sie verbrochen?«, fragt Inge geradeheraus.

Zum ersten Mal wird Felix unsicher, schaut verlegen zur Seite, sucht eine passende Antwort. Er kann ihr doch nicht sagen, dass er erst wegen Zuhälterei, dann wegen Betrugsgeschichten ins Kittchen gewandert ist.

Inge spürt, dass da etwas nicht in Ordnung ist, und schlägt ein anderes Thema an. Warum soll sie jetzt fragen und die Heiterkeit dieses Viertelstündchens verjagen? Vielleicht ist er ein Hoteldieb, denkt sie. Er sieht gut aus, und ich könnte mir vorstellen, dass er …

Felix' Stimme reißt sie aus ihren Überlegungen: »Suchen Sie jemanden? Sagen Sie mir den Namen, ich werde ihn in null-komma-nichts ranschaffen.«

Inges Blick drückt Erstaunen aus.

»Tatsächlich?«, fragt sie.

Er nickt emsig. »Wenn ich's Ihnen sage!«

Inge beugt sich etwas vor. Sie dämpft die Stimme, als sie fragt: »Kennen Sie zufällig einen gewissen Helmut Kalmeder?«

Felix sperrt erst die Augen weit auf, dann klappt der Unterkiefer herunter, dann klappt er wieder hoch. Er fährt sich mit der Hand über die Stirn. Er rückt von ihr ab, beugt sich wieder vor. Endlich stammelt er: »W … wie war der Name?«

»Helmut Kalmeder.«

Felix ist es, als zöge ihm jemand den Boden unter den Füßen weg. Zum Brüllen komisch ist das alles, aber auch zum Heulen! Da trifft man endlich mal eine Frau, die einem auf den ersten Blick gefällt, und dann ...

»Hören Sie«, sagt er heiser und greift nach ihrer Hand. »Es geht verrückt zu in dieser Welt, das weiß ich schon lange, aber dass es so verrückt zugeht, dass ...« Er reißt sich zusammen und steht auf. »Helmut Kalmeder sitzt nebenan. Ich hole ihn.«

Inge erstarrt. Langsam richtet sie sich auf. Ihre geschminkten Lippen beben.

»Warten Sie ...«, stößt sie hervor.

»Bleiben Sie sitzen«, sagt Felix rau, geht auf die Tür des Nebenzimmers zu, öffnet sie und ruft hinein: »Helmut, da ist jemand, der zu dir will.«

Helmut und der Wirt hatten bis jetzt vom Heuberg gesprochen. Der Wirt meinte, es sei eine Schande, was sich dort oben zutrüge, und ganz Stetten sei bekümmert darüber, könne aber nichts dagegen machen.

Jetzt schauen der Wirt und Helmut betroffen auf. Helmut erhebt sich langsam. Sein knochiges Gesicht verrät Bestürzung, Erregung, Ungläubigkeit.

»Mich?«, fragt er unsicher.

»Na, komm schon«, drängt Felix unwirsch.

Drüben am Tisch steht Inge. Sie zittert wie Espenlaub, sie kann es noch nicht begreifen, dass der Gesuchte bislang nebenan saß – ahnungslos wie sie.

Und jetzt ... jetzt kommt er aus dem Nebenzimmer. Doch es ist ein Fremder, er ist ganz anders, als sie ihn in Erinnerung hat. Doch nein! Er ist es noch! Die Augen ... die grauen Augen, die sie jetzt mit starrem Ausdruck anschauen, es sind dieselben! Wie mager er aussieht, wie verhungert, und der Kopf ... das Haar! Weg! Geschoren. Es wächst langsam nach, es legt sich wie eine dunkle Kappe über den knochigen Schädel.

»Helmut!«

Er steht noch am selben Fleck. Er merkt nicht, dass Felix an ihm vorbeigeht, ihm einen Rippenstoß versetzt und im Nebenzimmer verschwindet.

»Verrückt ...«, murmelte Felix, als er sich an den Tisch setzt, »verrückt ist das alles...«

Er fährt sich mit den fünf Fingern durchs Haar und schüttelt den Kopf.

»Was ist verrückt?«, fragt der Wirt.

»Na, das da draußen«, murmelt Felix. »Bring mir einen Schnaps, Stefan ... einen doppelten! Kann auch Spiritus sein.«

Aber der Wirt bleibt hocken, zupft Felix am Ärmel und tuschelt: »Hano, erzähl mal, Felix ...«

Helmut hat ein paar Schritte zum Tisch hin gemacht. Noch immer starrt er Inge an. Auch sie hat sich verändert, sie ist blonder geworden, eleganter, vielleicht auch etwas voller. Er erinnert sich jäh, wie sie damals in seinen Armen lag – damals in der schrägwandigen Mansarde, damals, als sie sich fanden. Zum ersten Mal – und zum letzten Mal. Am nächsten Tag war alles vorbei. Aus! Aus für immer!

Nichts ist geblieben als eine Erinnerung, und auch diese ist allmählich verblasst. Sie ist gestorben, langsam, so langsam wie die Tage, die Wochen, die Monate, die Jahre im Zuchthaus vergangen sind. Und jetzt steht man sich plötzlich gegenüber, als habe das Schicksal selbst diese Begegnung arrangiert.

Die Verwirrung der beiden Menschen ist vollkommen. Ihre Gedanken ordnen sich mühsam. Sie begreifen allmählich, dass sie nicht träumen, dass das alles Wirklichkeit ist.

»Komm«, sagt sie bebend, »setzen wir uns, Helmut … Mir zittern die Beine so sehr …«

Sie sinkt auf den nächstbesten Stuhl, schlägt die Hände vors Gesicht und schluchzt trocken.

Helmut setzt sich ihr gegenüber. Der Tisch trennt sie, nur das milde Lampenlicht ist gnädig, fängt sie beide ein und beleuchtet ihre verstörten Gesichter.

Inge fasst sich endlich. Sie lässt die Hände sinken und schaut Helmut an – mit Augen, die in Tränen schwimmen. So beginnt sie zu sprechen, leise, stockend. Sie sucht einen Anfang, findet ihn. Dann ordnen sich ihre Worte und werden zu verständlichen Sätzen, und schließlich spricht sie wieder ruhig. Die Konfusion ist gewichen, und der Verstand lenkt die Erzählung.

Helmut sitzt steif und stumm am Tisch. Er schaut sie unverwandt an, als fürchte er, sie sei eine Spukgestalt, die sich jeden Augenblick in Nichts auflösen könne. Aber sie bleibt, sie spricht, sie blickt ihn lebendig an.

Der Wirt kommt aus dem Nebenzimmer, geht zur Theke, schenkt zwei Schnapsgläser ein und trägt sie auf dem Tablett ins Nebenzimmer zurück.

»Hano«, sagt er, »jetzt schwätze sie, die zwei.«

»Hoffentlich kommt kein Bulle«, murmelt Felix.

Der Wirt zieht die Taschenuhr aus der Weste. »Ich werd mei Lokal zumache«, murmelt er. »'s ist an der Zeit.«

Felix schüttet den zweiten Schnaps in den Hals und überlegt, ob er die beiden beisammenlassen oder ob er

Helmut jetzt daran erinnern soll, dass man ins Lager zurück muss.

»Was wirst mache, Felix?«, fragt dar Wirt.

Felix starrt in das leere Schnapsglas.

»Kannscht leicht in Teufels Küch komme, Felixle«, hört er die warnende Stimme des Wirtes.

Felix schaut auf und schüttelt den Kopf. »Ich nicht. Er bleibt bei ihr über Nacht, hörst du! Und du wirst das Maul halten, verstanden?«

Stefan Scheuchelreuther nickt zustimmend, blinzelt aber etwas ängstlich, als Felix seine Brieftasche hervorsucht, ihr mit spitzen Fingern eine Blanko-Urlaubskarte herausnimmt und sie auf den Tisch legt.

»Wozu hat man das Zeug denn?«, murmelt er, und dann erhebt er sich, geht zur Tür, horcht und kommt wieder an den Tisch zurück.

»Junge, Junge«, murmelt er, »so was Verrücktes … neee!« Und zum Wirt: »Ich wart noch, bis sie sich ausgesprochen haben.«

Inges Stimme ist verstummt. Sie hat Helmut alles erzählt, sie hat ein paar Jahre übersprungen und ihm eingestanden, dass sie jetzt da sei, um etwas für ihn zu tun.

Helmuts Kopf ist nach vorn gesunken. Inge streicht sich über die blasse Stirn.

»Rolf hat mir versprochen, dir zu helfen«, sagt sie jetzt. »Er hat gute Verbindungen, Helmut.«

Da hebt Helmut das Gesicht und schaut Inge an. Um seinen dünnlippigen Mund liegt ein ungläubiges Lächeln.

»Rolf …? Er hat sich vier Jahre Zeit gelassen, Inge.«

»Ja, schon«, gibt sie zu, »aber jetzt soll alles anders werden. Rolf wird ein Gnadengesuch schreiben.«

Lange schaut Helmut Inge an, als grüble er vor sich hin. Dann fragt er leise: »Und du? Wie stehst du zu ihm?«

Sie hält seinem Blick stand, als sie sagt: »Ich habe ihn aufgesucht, um mit ihm über dich zu sprechen, Helmut. Wir sind übereingekommen, dass wir dir helfen wollen.«

Er nickt. Und dann: »Du hast meine Frage nicht ganz beantwortet, Inge. Ich habe dich gefragt, wie du zu Rolf stehst.«

»Er hat … er hat mir einen Heiratsantrag gemacht.«

Helmut nickt ein zweites Mal. »Ich verstehe vollkommen, Inge. Mein Bruder macht seine Hilfe – wenn er sie überhaupt leisten will – davon abhängig, dass du ihn heiratest?«

Inge senkt beschämt die Augen. Er kennt seinen Bruder genau, denkt sie. Er wird sich nicht überreden lassen, sich dem Teufel zu verschreiben und den Nacken zu beugen.

Ruckartig blickt sie auf. »Hör zu, Helmut. Es geht jetzt einzig und allein um dich. Ich will nicht, dass du als Strafsoldat herumläufst. Du hast schließlich lange genug gebüßt und nun ein Recht darauf, eine anständige Uniform zu tragen … keine … keine solche! Ohne Hoheitsadler, ohne Schulterklappen!«

Sein Lächeln wird ironisch, und so klingt auch seine Stimme, als er sagt: »Man hat mir diese Uniform an den Kopf geworfen. Man hat mich nicht gefragt, ob ich sie tragen will. Einfach zugeworfen hat man sie mir, und ich habe sie angezogen. Und jetzt trage ich sie … ich trage sie … bis alles in Scherben fällt!«

»Helmut«, flüstert sie erschreckt. »Ist das dein Ernst? So bedenke doch: Du kannst durch eine Intervention von Rolf, wenn schon nicht frei, so doch in die reguläre Wehrmacht oder sonstwo aufgenommen werden!«

»Und was hätte ich davon, Inge? Uniform bleibt Uniform. Man krepiert in der ehrenhaften Uniform genauso wie in dieser hier ...« Er zupft verächtlich an seiner Feldbluse – »man kämpft so oder so vergebens, meine Gute. Letztlich ist es also völlig egal, ob man ein Hoheitsabzeichen am Rock oder Schulterklappen trägt.« Er beugt sich zu ihr hinüber und flüstert erregt: »Noch nie hab ich es so klar gesehen wie jetzt, Inge. Seit man die Zuchthaustore aufgemacht hat, um uns diffamiertes Gesindel in Uniform zu stecken, seit ich weiß, dass Diebe, Mörder, Betrüger und sonstiges Gesindel gut genug ist, für Herrn Hitler zu kämpfen, weiß ich, dass wir bankrott sind – wir alle!«

Inge blickt ihn unverwandt an. Er hat seine Ansichten nicht um ein Jota geändert; er ist der Gleiche geblieben, der er damals war. Die vier Jahre Zuchthaus und KZ haben ihn nicht gewandelt.

Es ist etwas wie Bewunderung, das Inge wieder für ihn empfindet. Dies drückt sich jetzt in ihrem Blick aus, den sie auf ihn richtet.

»Helmut«, flüstert sie, als fürchte sie fremde Ohren an den Wänden, »du bist klug, du hast Charakter, aber wäre es nicht besser, du würdest – wenigstens nach außenhin – so tun, als seist du ...«

»Nein«, fällt er ihr leidenschaftslos ins Wort. »Nein, Inge. Ich käme mir ehrlos vor, dreckig, charakterlos ... Ich hätte dann vier Jahre meines Lebens umsonst geopfert. Nein, Inge, so human und ehrlich dein Vorschlag auch ist, ich kann ihn nicht annehmen, ich bleibe da, wo ich bin: in dieser Uniform hier, in diesem Tuchfetzen, der aus Verbrechern ehrenvolle Vaterlandsverteidiger machen soll, der einen zwingt, auf etwas zu schwören, an das man nicht glauben kann! Nein, Inge, es bleibt alles so, wie ich es mir eingebrockt habe. Sprechen wir von etwas anderem. Wie geht es dir sonst? Wo arbeitest du zur Zeit?«

Sie gibt verwirrt Antwort, sie weiß, dass alles zwecklos ist, was sie angefangen hat. Ihre Augen schimmern feucht, als sie erzählt, dass sie in einer Baufirma tätig sei, und dann richtet sie plötzlich die Frage an ihn: »Kann ich dir wirklich nicht helfen, Helmut?«

»Nein«, erwidert er freundlich, aber entschieden, steht auf, setzt sich neben sie, legt seine Hand über die ihre und streichelt sie mit den Worten: »Inge, ich freue mich jetzt, dass du da bist. Ich bin dir dankbar, aus tiefstem Herzen dankbar. Ich hatte bisher immer das Empfinden, allein zu sein mit meiner vielleicht falschen Meinung, mit meiner ›verbohrten‹ Idee. Ich ahnte wirklich nicht, dass sich noch jemand die Mühe machen könnte, mir das alles auszureden. Es freut mich ehrlich, Inge.«

Er nimmt ihre Hand und führt sie an die Lippen.

In diesem Augenblick ertönt von der Tür des Nebenzimmers herüber Felix' Stimme: »'tschuldigung, Herrschaften, aber wär's jetzt nicht an der Zeit, über was anderes zu reden?«

Helmut schaut auf; er lacht und ruft: »Komm her, Felix. Ich stelle dir hier Fräulein Inge Grotius vor – eine alte Bekannte von mir.«

Eine alte Bekannte nennt er sie, und sie weiß, dass er an seiner Anschauung festhält, sie weiß, dass er tausendmal mehr Charakter hat als sein Bruder. Geschunden und entehrt, hält er dennoch an dem fest, was er für richtig erkannt hatte.

»Angenehm«, sagt Felix und hockt sich mit an den Tisch. Er schaut erst Inge an, dann Helmut und sagt halblaut: »Wie ist's nu mit euch zwei? Wollt ihr Wiedersehen feiern?«

Inge wird rot, und Helmut runzelt ärgerlich die Stirn.

»Wir müssen ins Lager zurück«, sagt er rau.

»Quatsch«, lässt sich Felix vernehmen, »du bleibst hier.« Er greift in die Brusttasche und schlenkert die Urlaubskarte auf den Tisch. »Komm aber, wenn's geht, noch vor dem Wecken, hörst du!«

Helmut starrt die Urlaubskarte an, nimmt sie, dreht sie zwischen den Fingern, gibt sie dann Felix zurück, steht auf und sagt entschlossen: »Wir fahren jetzt.« Und zu Inge: »Es ist besser so. Jeder soll auf dem Weg bleiben, den er sich gebaut hat.« Er streckt ihr die Hand hin. »Inge, leb wohl. Würde ich an Gott glauben, würde ich ›geh mit Gott‹ sagen. Aber Gott schläft, er lässt sich in seiner Ruhe nicht stören.«

Da geschieht etwas Unerwartetes – etwas, worüber auch Felix erschrickt: Mit einer ungestümen Bewegung hat sich Inge an Helmut geworfen. Ihre Arme schlingen sich um seinen Nacken, und sie ruft mit verzweifelter Stimme: »Bleib noch, du … Lass mit dir reden, Helmut! Sei doch vernünftig!«

Sie wirft sich an seine Brust und beginnt hemmungslos zu weinen. Mein Gott, warum versteht er sie denn nicht? Warum begreift er nicht, weswegen sie gekommen ist?

Er aber steht stocksteif und rührt sich nicht. Über Inges Kopf hinweg fängt er einen vorwurfsvollen Blick von Felix auf. Felix hätte schon längst gewusst, was jetzt zu tun wäre! Nimm sie dir, sagt sein Blick. Sie mag dich doch! Sie hat Mitleid mit dir, du Trottel!

Helmut streichelt mit einer unbeholfenen Bewegung über den blonden Kopf und murmelt verlegen: »Aber Inge ... aber Mädchen ...«

Genauso plötzlich, wie der Anfall gekommen ist, ist er vorüber. Inge löst sich von Helmut, fährt sich mit einer zittrigen Bewegung über Stirn und Augen, lächelt wehmütig und sagt dann: »Also, Helmut – dann alles Gute. Leb wohl! Geh jetzt, sonst bekommst du noch Schwierigkeiten.«

»Quatsch!«, ruft da Felix. Und noch einmal, sehr böse: »Blödsinn ist das!« Er packt Helmuts Schulter und rüttelt ihn. »Du bleibst bei ihr, hörst du! Du kommst erst morgen früh heim, verstanden?«

Helmut schüttelt den Kopf. Sie hat Mitleid, mehr nicht, denkt er. Sie ist Rolfs Geliebte. Ich wäre ein Schwein, würde ich jetzt bei ihr bleiben.

»Komm«, sagt er knapp zu Felix und verlässt das Lokal. Die Tür bleibt offen. Seine schweren Schritte verlieren sich im Hausflur.

Inge lächelt versteinert. Dann nickt sie, als wäre alles recht und gut.

»Bitte gehen Sie, Herr ...«

Sie weiß nicht einmal, wie der Mann heißt, der unschlüssig vor ihr steht und sie stumm und verwundert anstarrt.

Da fragt Felix: »Lieben Sie ihn eigentlich noch, oder was ist sonst los ...?«

»Ich ... ich liebe ihn, ja«, gibt sie zu und sinkt geschlagen auf die Ofenbank nieder, faltet die Hände im

Schoß, schließt die Augen und wiederholt leise: »Ja, so ist es: Ich liebe ihn noch immer.«

Felix hat sich bisher einen Pfifferling um Menschenschicksale gekümmert. Er hat schon viele ähnliche Szenen miterlebt, aber diese hier, die greift ihm irgendwie ans Herz. Er ahnt, dass da etwas vorgeht, das größer ist als Liebe und Zusammengehörigkeitsgefühl.

»Hören Sie, Fräulein«, stößt er hervor, »Sie müssen ihn verstehen. Er ist … wie soll ich sagen …? Er ist anders als der große Misthaufen droben auf dem Heuberg. Helmut ist ein Idealist … Ja, solche gibt's noch, verdammt! Und er ist einer!«

»Er ist einer«, wiederholt sie abwesend.

Felix stellt sich dicht vor sie hin und legt ihr die Hand auf die Schulter.

»Soll ich ihn zurückholen, Fräulein … Fräulein Inge?«

Sie schüttelt den Kopf. Sie weint jetzt. Es ist ein stilles Weinen, das Felix zornig macht.

»Sie wollen ihn doch haben, was?«, fragt er ungehalten.

»Gehen Sie endlich«, wimmert sie und schlägt die Hände vors Gesicht.

Felix nagt an der Unterlippe. Dann macht er kehrt und verlässt das Lokal. Harte, rasche Schritte verhallen im Hausflur.

Die Uhr in der Ecke tickt in der Stille. Unter der Tür, die ins Nebenzimmer führt, steht der schwammige Wirt und guckt dümmlich auf die Frau.

»Hano, Fräulein«, sagt er jetzt, »'s ischt mal so. Hier gibt's wenig Freud, hier in Stetten isch scho viel g'weint worde.«

Plump kommt er heran und murmelt: »Gehn S' halt schlafe jetzt. Morge schaut vielleicht all's anders aus, Mädle.«

Inge erhebt sich und verlässt die Gaststube. Langsam und müde geht sie in den ersten Stock hinauf, schleppt sich in ihr Zimmer, zu ihrem Bett hin und wirft sich hinein. Sie weint nicht mehr. Die Hände an die Ohren gepresst, liegt sie da und beißt in das kühle Leinen.

Es ist alles zwecklos, denkt sie verzweifelt, ich kann ihn nicht mehr zurückholen ... er geht seine eigenen Wege, und ich muss die meinen gehen.

Die Tür steht einen Spalt weit offen. Auf dem Bett liegt die verkrümmte Gestalt des Mädchens. Draußen knistert der Regen auf das Fensterblech. Wie aus weiter Ferne hört Inge das Anspringen eines Lastwagenmotors, das mahlende Abfahrtsgeräusch. Dann verstummt allmählich das Summen, und es wird wieder still.

Er ist fort, denkt sie. Ich habe ihn zum letzten Mal gesehen ... ich weiß es genau, ich spür' ...

Da ertönen schleppende Schritte im Flur. Jemand kommt langsam die Holztreppe herauf ... kommt auf die Zimmertür zu. Als Inge den Kopf hebt, steht Helmut auf der Schwelle.

Inges Gesicht ist verheult, verwischt die Schminke, in Tränen schwimmen die ungläubig aufgerissenen Augen. Langsam erhebt sie sich, streckt eine Hand nach ihm aus.

»Helmut!«

Er kommt heran, beugt sich über sie – beugt sich tiefer und tiefer.

»Ich bleibe bei dir«, murmelt er.

Da schlingen sich ihre Arme um seinen Hals, und sie zieht ihn mit einem kleinen, erstickten Laut an sich.

Es regnet. Das Wasser trommelt auf das Fensterblech. Unten im Haus poltert etwas. Stefan Scheuchelreuther hat sein Haus abgesperrt und geht dann mit schlurfenden Schritten in die Küche.

4

Vorbei ist diese eine Nacht, in der Helmut Kalmeder Vergangenes getroffen und gegenwärtig gemacht hat. Ein paar Stunden nur, dann haben sie sich wieder getrennt. Sie hat ihm ihre Adresse gegeben und er ihr das Versprechen, sein Leben nicht unnütz aufs Spiel zu setzen.

Dann ist er auf den Heuberg zurückgekehrt, ist durch das Tor gegangen, hat die Karte vorgewiesen, ist durchgelassen worden und hat wieder das Lager betreten, das ihm zum Schicksal geworden ist.

Jetzt hat der Student Helmut Kalmeder wieder Zeit und Gelegenheit, über die Definitionen »wehrwürdig«, »bedingt wehrwürdig« und »unehrlich«, »bedingt ehrlich« nachzudenken. Und während ein neuer Trauerzug ausgemergelter Zuchthausgestalten herangekarrt wird, geht die Ausbildung der dritten Kompanie weiter.

Felix Haslach ist Helmuts Freund geworden. Man trifft sich täglich, hockt beisammen, spricht über die Lage. An einem Donnerstagabend bringt Felix die Nachricht, dass morgen die Soldbücher ausgegeben werden.

»Jetzt geht's bald ab durch die Mitte, Kumpels!«, verkündet er.

Acht Tage vor dem Abtransport zum Bewährungseinsatz zeigt es sich, dass der Heuberg den Strafsoldaten auch kleine Freundlichkeiten bieten kann: Es gibt offiziellen Urlaub im Standortbereich. Weiß der Himmel, woher es die plötzlich auftauchenden Mädchen, Bräute und Ehefrauen mit ihren Kindern erfahren haben. Jedenfalls sind sie da und lungern vor dem Stacheldraht herum, winken und rufen.

»Schert euch weg, sonst schießen wir!«, rufen die Posten von den Wachtürmen herunter. Da laufen, rennen, stolpern sie zurück und robben bäuchlings wieder heran durchs welke Gras und Kraut, umarmen ihre Männer unterm Stacheldraht und fragen und fragen und weinen und weinen.

»Morgen komm ich raus«, verspricht Karl Zenker, der Postdieb. Seine Frau ist da mit der kleinen Dorle. Das Kind glaubt es nicht, dass der magere Mann jenseits des Stacheldrahtes wirklich der Vater ist. Dorle war ja noch sehr klein, als Vater das Feldpostpäckchen stahl und Schokolade und Bonbons herausnahm.

»Wirklich morgen, Karle?«, fragt die blasse Frau.

Karl Zenker und die vielen anderen haben keine leeren Versprechungen gemacht. Mit den Soldbüchern werden endlich auch die Schulterklappen ausgegeben. Dann sieht man die ausgemergelten Gestalten aus dem Tor gehen – zu den Frauen und Kindern, Mädchen und Bräuten. Irgendwo im Wald lässt man sich nieder und fängt zu erzählen an.

Während sie sich der kurzfristigen Freiheit erfreuen und gierig ein paar Daseinsfreuden genießen, herrscht in den Schreibstuben der Kompanien bedrückte, um nicht zu sagen miese Stimmung. Die Marschbefehle sind da.

Spieß Schimanek hat sich schon den speckigen Nacken wundgekratzt, aber er kratzt sich ihn immer noch und murmelt verstört: »Sauerei, verdammte ... Mist, elender ... Der Himmler ist ein Schweinehund! Die Krätze soll er kriegen ...«

Natürlich hört es keiner, dass der Spieß Schimanek einen der maßgeblichen braunen Kriegsherren beleidigt. Wenzel Schimanek ist nicht nur wütend, sondern auch todunglücklich. Er muss nämlich mit, er und das ganze Stammpersonal.

Vorhin war Oberleutnant Greiner da und hat es gesagt: »Meine Herren«, hat er gesagt, »die schönen Tage von Aranjuez sind zu Ende. Wir kommen in den Einsatz!«

Das hat vielleicht lange Gesichter gegeben! Der Pratsch hat sogar Tränen in den Augen gehabt und so aufgeregt geschluckt, dass er dabei geschielt hat. Und die anderen, die dabeigestanden haben, haben sich besorgte Blicke zugeworfen oder einander heimlich in die Seiten gestoßen. Offen darf man ja nicht zeigen, wie betroffen man ist über diese Mitteilung, an der die Maus keinen Faden mehr abbeißt!

Emil Schlegel weiß nun auch, dass er zum Bewährungseinsatz kommen soll. Er stellt sich darunter ein Abenteuer mit tödlichem Ausgang vor und nimmt natürlich nur sehr ungern daran teil, obwohl er sich während der Ausbildung sehr beflissen gezeigt hat, das gutzumachen, was in seiner Strafakte nachzulesen ist, und das ist eine ganze Latte!

Gestern ist es dann soweit gewesen, dass Emil Schlegel in die Schreibstubenbaracke gegangen ist und sich bei Spieß Schimanek zum Rapport gemeldet hat.

»Ick weeß wat, Herr Hauptfeld«, hat er geheimnisvoll gesagt.

»Was weißt du, du Wanze?«, hat der Spieß geknurrt.

»Der Kalmeder is vorige Woche erst um fünfe in der Früh heimgekommen, Herr Hauptfeld. Weg war er die janze Nacht. Wat sagen Se nu, Herr Hauptfeld?«

»Raus, du Mistbiene!«, hat Schimanek gebrüllt und mit der Hand auf den Tisch gehauen, dass die Bleistifte und Radiergummis aus der Schale gesprungen sind.

»Aber Herr Hauptfeld haben mir doch jesacht …«

»Raus, du Aasknochen, du stinkiger!«, hat Schimanek getobt, und Emil Schlegel ist schleunigst verschwunden.

Seither versteht der Ganove die Welt nicht mehr und verhält sich still. Kann sein, dass er schon darüber nachdenkt, wie er dem Heldentod am besten aus dem Wege gehen kann.

Helmut ist seit jener Nacht merkwürdig nachdenklich und in sich gekehrt. Er hat mit Kranz ganz offen über das gesprochen, was sich im Gasthof zugetragen hat. Kranz hat gemeint, es sei Gottes Fügung, und Helmut möge daraus entnehmen, dass noch immer Menschen da seien, die sich um ihn Sorgen machen.

»Sie ist nur aus Mitleid zu mir gekommen«, hat Helmut gesagt. »Ich kann mich nicht dazu entschließen, den Mantel andersrum anzuziehen.«

Lange haben sich die beiden Freunde beraten und sind dann übereingekommen, den Dingen ihren Lauf zu lassen.

»Kommst du mit nach Stetten, mein Junge?«, fragt Kranz heute, als sich die ganze Stube zehn zum Ausfliegen bereitmacht.

»Nein, Pfäfflein«, lehnt Helmut ab, »ich habe keine Lust. Geh allein.«

Da geht Kranz allein nach Stetten hinunter. Er will erst in die Kirche und beten und dann den Amtsbruder aufsuchen, um ein bisschen mit ihm zu plaudern und sich Trost zu holen, Trost oder stille Vorwürfe.

Es ist ein grauer, kalter Dezembertag. Über dem Heuberg hängen dicke Wolken. Manchmal setzt dünner Schneefall ein, aus dem bald Regen wird. Auf der geteerten Lagerstraße sind die hastenden Schritte und die lachenden Stimmen der Urlauber verklungen. In den fast leeren Baracken herrscht sonntägliche Ruhe und Stille. Nur in der Stube vier am untersten Korridorende wird Skat gespielt. Ein paar Schwerkriminelle, unter ihnen Emil Schlegel, halten es für besser, hinter dem heimischen Stacheldraht zu bleiben. Der Mensch gewöhnt sich eben an alles …

Helmut hat ein Blatt Papier vor sich auf dem Tisch liegen und will Inge schreiben. Lange denkt er nach, findet aber keinen rechten Anfang. Dabei ist ihm das Herz übervoll.

»Liebe Inge«, fängt er mit großen, steilen Buchstaben an, hält inne und überlegt eine bessere Anrede. Du lieber Himmel, er hat ja schon jahrelang keinen Brief mehr geschrieben!

»Mein Mädchen«, fängt er auf einem neuen Blatt an, und dann gleitet der sorgfältig gespitzte Stift über das Papier und schreibt und schreibt…

»… ich weiß, dass Du allein hinter Deinem Wollen stehst. Rolf wird Dir seine Bedingungen gemacht haben. Du hast sie angenommen, weil Du mich liebst, Inge. Dieses Wissen macht mich glücklich und traurig zugleich. Du zahlst einen zu hohen Preis für mich. Ich bin es vielleicht gar nicht wert. Und dennoch – ob wert oder unwert: Du hast mir ein paar unvergesslich schöne Stunden geschenkt. Ich will sie Dir nicht schuldig bleiben, Liebste, ich will sie Dir einst vergelten … dann, wenn die große Wende in und um uns eintritt, wenn die Morgenröte der neuen Freiheit aufsteigt wie Phönix aus der Asche. Unsere neue Freiheit müssen wir mit dem erkaufen, was jetzt geschieht …«

Ein Geräusch an der Tür lässt den Schreiber innehalten. Hauptfeldwebel Wenzel Schimanek kommt in die Stube.

Helmut erhebt sich und macht die vorgeschriebene Meldung: »Stube zehn, belegt mit neun Mann. Stubenältester Schütze Kalmeder. Acht Mann auf Standorturlaub. Schütze Kalmeder beim …«

»Danke. Weitermachen, Kalmeder!« Es klingt durchaus freundlich.

Schimaneks helle Augen gleiten forschend durch die aufgeräumte Stube; er merkt nicht, dass Helmut das Blatt Papier vom Tisch wischt und in der Hand zerknüllt.

Ich werde ihm den Brief nicht zeigen, denkt Helmut. Ich darf ihn nicht lesen lassen.

Wieder ist Helmut das Zittern in die Beine gerutscht, wieder droht der Angstschweiß auszubrechen.

Kommissstiefel knarren durch die Stube. Schimanek prüft den tadellosen Bettenbau, streichelt mit dem Finger über die Fensterrahmen, wirft einen Blick auf den leeren Exerzierplatz hinaus, deht sich um und mustert den Mann im Drillich.

»Na ja, die Stube ist ausnahmsweise mal in Ordnung«, grinst er und schiebt die Schirmmütze ins Genick.

Helmut traut dem freundlichen Tonfall nicht. Immer dann, wenn man besonders freundlich tut, ist etwas faul und kommt der Pferdefuß nach.

»Warum sind Sie nicht weg, Kalmeder?«, erkundigt sich Schimanak und setzt sich.

Helmut steht stramm, wie es sich gehört. Er sagt, dass er keine Lust gehabt habe, den Standorturlaub auszunützen.

»Hm …«, brummt Schimanek und knöpft die linke obere Brusttasche auf, holt eine zerdrückte Packung »Juno« hervor. »Alles ist ausgeflogen – bloß Sie nicht, Kalmeder. Sie sind 'n komischer Kauz.«

»Mir passt auch das Wetter nicht«, erwidert Helmut. Seine Stimme klingt etwas heiser.

»Scheußliches Wetter, ja …« murmelt Schimanek. Jetzt nimmt er die Mütze ab und streicht sich mit der flachen Hand über die Halbglatze. »Setzen Sie sich doch, Kalmeder«, sagt er dann.

Helmut setzt sich. Das Zittern in den Beinen ist noch immer da.

Schimanek spielt mit der Zigarettenpackung. »Und an wen haben Sie eben geschrieben, als ich hereinkam?«

Helmuts Gesicht schimmert blass aus dem Halbdunkel der Stube. Seine Augen flackern.

»An … an ein Mädchen«, sagt er.

Jetzt huscht ein Grinsen über das grobgeschnittene Gesicht des anderen, »'n Mädchen haben Sie also auch?«

Helmut schweigt. Ihn regt das plumpe Gespräch mehr auf, als er es wahrhaben will.

»Na ja«, lässt sich Schimanek vernehmen, »warum auch nicht!« Er lehnt sich zurück und mustert Helmut halb verlegen, halb neugierig. Dann die plötzliche Frage: »Sind Sie denn trotz allem noch immer nicht kuriert, Kalmeder?«

»Wie meinen Sie das?«

»Ich meine, ob Sie Ihre politischen Anschauungen inzwischen geändert haben? Sie sind doch, wie ich aus Ihrem Akt entnehmen konnte, Kommunist?«

»Deswegen bin ich verhaftet worden, jawohl.«

Helmuts Faust umkrampft das Stück Papier. Was will er von mir, fragt er sich beunruhigt.

»Fünf Jahre Zuchthaus, Kalmeder«, sagt Schimanek im Tonfall eines besorgten Vaters. »Fünf Jahre wegen nix, nur wegen einer falschen Idee! Mir wäre das 'n bisschen zu viel.«

Schweigen. Der Sägespäne-Ofen blubbert. Es ist sehr warm in der Stube. Vielleicht schwitzt der Mann im Drillich auch deswegen und nicht aus Angst, weil der Spieß ihn angrinst und zu beabsichtigen scheint, ihn auszuhorchen.

»Wie wird man überhaupt Kommunist, Kalmeder?«, fährt Schimanek fort und nimmt eine Zigarette aus der Schachtel. »Erzählen Sie mir doch 'n bisschen. Wir haben Zeit, und es interessiert mich.«

Schimanek zündet sich die Zigarette an und beobachtet dabei Helmut.

»Das lässt sich schlecht sagen, Herr Hauptfeld«, erwidert dieser und versucht, seiner Stimme Festigkeit zu geben. »Und hier … hier kann man schon gar nicht darüber reden.«

Schimanek stößt den Rauch durch die Zähne zu Helmut hinüber. »Man kann's, Kalmeder! Ich bin jetzt nicht Ihr Vorgesetzter. Wir sind ganz unter uns. Sie können reden, wie es Ihnen passt – für Deutschland, gegen Deutschland. Erzählen Sie mir 'n bisschen vom Kommunismus, auf den Sie so schwören und wegen dem Sie ins Zuchthaus gesteckt wurden.«

Schimanek lehnt sich zurück, stößt mit dem Stiefel gegen das Tischbein, behält die brennende Zigarette zwischen den Zähnen. So sieht er wie ein biederer Frager, ein Menschenfreund aus, und Helmut weiß nicht recht, was er mit diesem Mann anfangen soll. Ist ihm zu trauen? Stellt er eine Falle, in der man sich – zu guter Letzt – doch noch verstrickt und endet?

»Na los, Kalmeder«, sagt Schimanek, »reden Sie schon. Freiweg! Was ist an dem Kommunismus so Herrliches dran, dass Sie sich seinetwegen so kujonieren lassen?«

Helmuts blasses Gesicht hat sich erhitzt. In den grauen Augen stehen Misstrauen und Vorsicht. Ein abwägendes Schauen ist es, das sich Schimanek ruhig gefallen lässt.

»Reden Sie schon«, drängt Schimanek noch einmal. »Sie sind doch eine Intelligenzbestie, Sie müssen doch erklären können, warum Sie Kommunist sind und … und bleiben wollen? – Sie wollen es doch weiter bleiben, oder …?«

»Ein wahrer Idealist bleibt das, was er sein will«, erwidert Helmut endlich.

»Prima«, grinst Schimanek. »Und weiter?«

»Sie wollen mich aushorchen, nicht wahr?«

»Ich will das hören, was ich Sie gefragt habe«, entgegnet Schimanek ungeduldig. »Von ›Aushorchen‹ kann keine Rede sein.«

Helmut sitzt steif auf dem Stuhl, als er sagt: »Die Lehre, für die ich einmal gesprochen und gekämpft habe, erscheint mir als die einzig richtige. Sie gestaltet alle bestehenden Verhältnisse um und schafft einen neuen Menschentypus, neue Kunst, neue Lebensverhältnisse.«

Schimanek nimmt die Mütze ab, legt sie auf den Tisch und fährt sich mit der großen Hand über die Halbglatze. Dabei wiegt er den runden Kopf.

»Und weiter, Kalmeder? Was will dieser Lenin und wie sie alle heißen? Worauf wollen sie hinaus?«

Helmut lehnt sich vor. »Sie wissen es wirklich nicht?«

»Nee«, verneint Schimanek kopfschüttelnd, »wirklich nicht. Ich bin Berufssoldat und habe mich bisher nicht um diesen Käse gekümmert. Jetzt möchte ich wissen, warum ihr Kommunisten eigentlich den Buckel hinhaltet. Das interessiert mich, Kalmeder.«

»Die Zukunft der Menschheit wird im Osten geschmiedet«, sagt Helmut halblaut, als befürchte er, von jemandem belauscht zu werden. »Gleichheit, Freiheit, Brüderlichkeit, das sind die drei Grundpfeiler, auf denen sich das aufbaut, für das ich einmal gesprochen habe, Herr Hauptfeldwebel. Wladimir Iljitsch Lenin hat die Lehre von Karl Marx für die Verhältnisse in Russland eingerichtet. Dort ist diese Lehre groß geworden, und von dort aus wird sie sich über die ganze Welt verbreiten und die Proletarier aller Länder zu einem mächtigen Ganzen zusammenschmieden. Die marxistisch-proletarische Revolution ist nicht mehr aufzuhalten. Sie wird den Faschismus besiegen, sie wird das sogenannte ›Dritte Reich‹ überleben und dessen augenblickliche Machthaber vernichten; sie wird eine internationale Macht werden, sich ausbreiten und die Schicksale aller Völker zu einem machen.«

Schimaneks Unterkiefer ist herabgesunken; er guckt dümmlich, als versuche er, das Gehörte zu begreifen. Dann schüttelt er leise den runden Kopf und murmelt nur ein Wort: »Verrückt …«

Helmut sitzt wieder steif auf dem Stuhl. Er lässt Schimanek nicht aus den Augen und spürt, dass dieser Mann überhaupt keine politische Überzeugung hat – weder die, die hier gültig ist, noch eine andere.

»Es würde zu weit führen, jetzt die Details zu erklären«, sagt Helmut lächelnd. »Man kann den Kommunismus nicht in einem Satz schildern. Man muss die Idee langsam aufnehmen und in sich wirken lassen, Herr Hauptfeldwebel.«

Schimanek sucht den Aschenbecher. Helmut schiebt die Büchse hin. Schimanek zerdrückt die Zigarette und murmelt:

»'n bisschen dämmert's, Kalmeder – aber ich versteh's trotzdem nicht, wie man sich für so 'ne Idee kujonieren lassen kann. In Deutschland ist's ja auch ganz ordentlich, nich?«

Er grinst, es soll ein Spaß sein.

Der andere bleibt ernst, antwortet langsam: »In Deutschland sind vernichtende Kräfte am Werk. Eine Lawine hat sich in Bewegung gesetzt … und Lawinen poltern bekanntlich in die Tiefe und nicht …« Er bricht ab, weil er spürt, dass er schon zu viel gesagt hat. Schimanek könnte ihn jetzt leicht vernichten – mit einem einzigen Wort. Er könnte aufstehen, die Zähne fletschen und »Verräter!« rufen.

Aber Wenzel Schimanek tut es nicht; er bleibt sitzen und spielt mit der Zigarettenschachtel.

»Hören Sie mal, Kalmeder«, sagt er plötzlich, ohne aufzublicken. »Es kann sein, dass wir vieles falsch machen. Wir dürfen aber nicht fragen, wir müssen das machen, was man von uns verlangt.« Er blickt auf. »Soldaten sollen wir aus euch machen. Kapiert?«

Helmut ist mit einem Male versöhnlich gestimmt.

»Kapiert«, sagt er und lächelt. »Schon längst kapiert, Herr Hauptfeld. Für Sie ist es besser, einer falschen Idee als gar keiner zu dienen.«

»Eben«, murmelt Schimanek, erschrickt aber im nächsten Augenblick und blickt unsicher auf.

»Quatsch«, sagt er ruppig. »Ich diene Deutschland, und Sie, Kalmeder, Sie werden es auch tun!«

»Um etwas gutzumachen, Herr Hauptfeld«, erwidert Helmut spöttisch.

»Genau«, sagt Schimanek, setzt die Mütze auf, erhebt sich und wölbt den Brustkasten. »Übrigens, Sie brauchen keine Bange zu haben, dass ich diese Unterhaltung zu Ihren Ungunsten verwenden würde. Ich wollte nur mal 'n bisschen mit Ihnen reden, Kalmeder. Sie machen mir nämlich 'n ganz ordentlichen Eindruck.«

Helmut hat sich ebenfalls erhoben und nimmt so etwas Ähnliches wie eine militärische Haltung an.

»Danke, Herr Hauptfeld.«

Schimanek bleibt unschlüssig stehen. Er will noch etwas fragen, lässt es aber sein, da im Barackenflur Stimmen laut werden und Schritte näherkommen. Er will sich nicht bei Vertraulichkeiten mit einem Strafsoldaten erwischen lassen.

»Warum gehen Sie nicht aus?«, fragt er, während er sich zur Tür wendet. »Sie können es doch. Wenn Sie wollen, gebe ich Ihnen eine Urlaubskarte bis zum Wecken.« Er dreht sich um und grinst. »Wer weiß, wann Sie wieder mal ausgehen können, Kalmeder.«

»Danke, Herr Hauptfeld – ich bleibe lieber hier.«

Schimanek grinst. »Ihnen ist diese Freiheit wohl zu kurz, was? Sie wollen die ganz große?«

»Kann sein«, lacht Helmut.

Schimanek öffnet die Tür und geht hinaus, ruft dann noch einmal zurück: »Ähm ... ich sagte Ihnen doch damals – Sie wissen, wann? – dass Sie bei mir eine Nummer haben werden?«

»Ich kann mich undeutlich daran erinnern, Herr Hauptfeld.«

»Gut so«, grinst Schimanek, »das gilt jetzt, Kalmeder. Wenn Sie etwas auf dem Herzen haben, kommen Sie zu mir.«

Die Tür schließt sich. Schwere Schritte entfernen sich im Barackenflur.

Helmut lässt sich auf den Stuhl sinken, starrt die vergessene Zigarettenpackung an, nimmt einen Glimmstengel heraus, geht zum Ofen, steckt einen Span ins Feuerloch und zündet sich die Zigarette an. Tief saugt er den blauen Dunst in die Lungen, stößt ihn aus und geht zum Fenster.

Über dem öden Exerzierplatz hängen graue Wolken. Es schneit dünn. Eine schmutzigweiße Decke liegt über dem weiten Platz, und drüben, wo der Stacheldrahtzaun sich entlangzieht, steht der viereckige Wachtturm im Grau des Spätnachmittagslichtes.

Helmut schaut gedankenvoll auf dieses trostlose Bild; er denkt an das, was er soeben erlebt hat. Hat er sich in Schimanek getäuscht? Ist dieser Mensch besser, als er sich gibt? Was hatte das Gerede zu bedeuten, was hatte es für einen Zweck?

»Ich glaube, ich durchschaue dich«, murmelt Helmut vor sich hin. »Angst hast du, weil wir dich jetzt in die Mitte nehmen müssen und du mitmarschieren musst mit unserem Sauhaufen.«

Helmut Kalmeder verbringt den Rest des Nachmittags in eigenartig heiterer Stimmung. Er schreibt den Brief an Inge Grotius noch einmal – ein Brief, in dem nichts von Liebe steht, der aber auch seine politischen Überzeugungen nur in sehr verklausulierter Form zum Ausdruck bringt – zu groß ist die Gefahr, dass die Post zensiert wird und Inge in Gefahr gerät. So ist es ein Abschiedsbrief geworden, den Helmut gegen Abend in den Kasten wirft.

Helmut Kalmeder kommt in den nächsten Tagen nicht mehr dazu, an Inge oder das Gespräch mit Wenzel Schimanek zu denken. Denn jetzt rüstet das Bataillon zum allgemeinen Aufbruch.

Von nun an wird die Behandlung der Strafsoldaten spürbar freundlich. Kein Brüllen, kein Scheuchen mehr. Doch dies schließt nicht aus, dass Emil Schlegel seufzend feststellt: »Nu ist's soweit, Kumpels – jetzt werd'n wir bald in die Pfanne gehauen!«

Eigentlich hat Helmut erwartet, dass auch Felix Haslach mit in Marsch gesetzt wird.

»Nee, ich bleibe hier«, sagt Felix an diesem Abend zu Helmut. »Ich bin als Furier zum Regimentsstab versetzt worden. Die Bullen brauchen mich und lassen mich nicht den Heldentod sterben.«

In Felix' Stube trinkt Helmut zwei Flaschen Dortmunder Bier, in das Felix Kognak mischt. Es ist eine Art Abschiedsfeier, die man zelebriert.

»Bleibst du mit Inge in Verbindung?«, fragt Felix vorsichtig.

Helmut schüttelt den Kopf. »Ich halte es für besser, wenn wir uns nicht mehr wiedersehen.«

»Hättest du was dagegen, wenn ich der Inge mal schreibe?«, forscht Felix weiter.

Helmut starrt in das Bierglas und schweigt. Dann murmelt er: »Es wird wenig Zweck haben, Felix – sie ist mit meinem Bruder zusammen.«

»Mit diesem Schwein?«, regt sich Felix auf, der inzwischen die Geschichte kennengelernt hat. »Ich glaub's nicht, Helmut! Die Inge liebt dich zu sehr.«

»Reden wir nicht mehr davon«, wehrt Helmut ab. »Trinken wir lieber!«

Helmut braucht nicht viel zu trinken. Sein von Hunger und Zuchthausstrapazen geschwächter Organismus verträgt nicht viel Alkohol, und so kommt es, dass Helmut an diesem Abend von Felix zur Unterkunft geschleppt wird.

Helmut lallt unverständliches Zeug vor sich hin, als man ihn aufs Bett legt. Dann fällt Inges Name. Felix nickt nur, und als er anschließend mit Josef Kranz vor der Barackentür steht, sagt er leise zu dem Pfarrer: »Der Helmut markiert den starken Mann, aber das ist er nicht. Sie haben ihn schön fertiggemacht, diese Schweine. Pass du 'n bisschen auf ihn auf, Pfäfflein, hörst du.«

»Ich bleibe bei ihm, solange es geht«, erwidert der Pfarrer. Dann fragt er leise: »Weißt du schon, wohin sie uns schicken werden?«

»Das weiß niemand«, sagt Felix. »Ich denke aber, dass ihr nach Griechenland kommt. An die Ostfront schicken sie euch bestimmt nicht. Der Südosten ist die Domäne für uns Strafsoldaten.« Felix beugt sich vor und flüstert: »Hau bei der erstbesten Gelegenheit ab. Zu den Partisanen. Dort könnt ihr den ganzen Zinnober in Ruhe abwarten.«

Mit diesem Ratschlag geht Felix. Seine schlanke Gestalt verschwindet im Dunkel.

Am nächsten Tag empfängt das Bataillon Waffen und Munition. Nachmittags will der Kommandeur, Oberst Wolf, Ritterkreuzträger, eine Besichtigung abhalten.

Auf dem Papier befehligt Oberst Wolf nur ein Bataillon. In Wirklichkeit ist er Befehlshaber eines ganzen Regiments, das stets »in die Pfanne gehauen« und immer wieder aufgefrischt wird. Der Oberst gibt sich redliche Mühe, seinen Haufen so gut wie möglich in den Kampf ziehen zu lassen. Die Kompanien eins bis drei eines jeden Bataillons sind Schützenkompanien, die vierte Kompanie nennt sich Pionierkompanie und wird mit einem Pakzug sowie schweren und leichten Granatwerfern ausgestattet. Der Oberst hat nicht früher Ruhe gegeben, bis man ihm auch eine eigene Artillerieabteilung zur Verfügung stellte.

Hinter der Baracke der vierten Kompanie stellt sich diese Abteilung auf. Sie besteht nur aus sechs statt zwölf 10,5-cm-Geschützen, die man während der Ausbildungszeit im Mannschaftszug durchs Gelände gezogen hat.

Die Truppeninspektion findet statt. Es schneit so dicht, dass man kaum hundert Meter weit sieht. Dennoch sind sich die Strafsoldaten der großen Ehre bewusst und marschieren in leidlicher Ordnung an ihrem Kommandeur vorbei. Der nickt zufrieden, und dieses Nicken setzt sich der Rangordnung nach fort bis zum Leutnant.

Anschließend erfolgt eine kurze Ansprache, die im dichten Schneegestöber noch etwas kürzer gehalten wird: »Seid euch der Ehre bewusst, Männer! Der Führer ist großmütig. Ihr könnt endlich beweisen, dass ihr etwas gutmachen wollt. An der Seite der besten Söhne Deutschlands werdet ihr gegen unsere Feinde kämpfen! In diesem Sinne: Sieg ...«

»Heil!«, brüllt der Haufen aus vollen Kehlen. Er brüllt es dreimal, dann ertönte das Kommando: »Stillgestanden! Weggetreten!«

Der Marschbefehl kommt am Abend. Der Abtransport vollzieht sich rasch. In einer Stärke von 850 Mann wird das Bataillon am Bahnhof Tiergarten verladen. Diesmal stehen keine Viehwagen da, diesmal sind es ordentliche Personenwagen, die geheizt werden, und in denen die Reise ins Ungewisse angenehmer zu ertragen ist.

Trotz des dichten Schneetreibens und der Kälte sind ein paar Frauen da, die von ihren Männern Abschied nehmen. Kein Posten brüllt. Man duldet die Abschiedsszenen großmütig – so großmütig, wie jener Mann sein soll, der Verbrechern die Chance, wieder Mensch zu werden, eingeräumt hat.

»Komm mir gesund wieder, Karle«, stammelt Frau Zenker und küsst ihren Mann immer wieder.

»Pass mir nur gut aufs Dorle auf«, würgt der Mann im langen, schlottrig sitzenden Mantel hervor und hält die zitternde Frau umfangen.

Die Straßenlaternen beleuchten mit kaltem Licht das Geschehnis.

»Los, einsteigen, meine Herren – einsteigen!«, drängen die Gruppen- und Zugführer.

Kurz vor zehn Uhr abends hebt der Bahnvorstand die Blinklampe und lässt den langen Transport anrollen.

»In der Heimat, in der Heimat, da gibt's ein Wiederseh'n …« ertönt es in den Wagen. Dann rumpeln die Räder schneller und schneller.

»Tschüss, Karle«, seufzt Frau Zenker und schleicht mit gesenktem Kopf davon.

In der Ferne gellt noch einmal ein Pfiff, dann verlöschen die Bahnlichter. Ein Bataillon fährt ins Ungewisse, 850 mehr oder weniger entehrte Menschen dürfen sich bewähren, weil der Führer großmütig ist. Ehemalige Diebe, Mörder, Betrüger, Hoch- und Landesverräter haben den Heuberg überstanden und dürfen sich den Feinden Deutschlands stellen.

Inge geht wieder ihrer Beschäftigung nach und gibt sich alle Mühe, das zu vergessen, was sie damals nachts in dem kleinen, kalten Fremdenzimmer eines Wirtshauses erlebt hat.

Es ist ihr nicht gelungen, Helmut dazu zu überreden, den Nacken zu beugen; es ist ihr auch nicht gelungen, seine Seele, seine im Zuchthaus gleichgültig gewordene Seele zu erwärmen, sein Herz nachgiebig zu machen. Sie sind nur eine Nacht beieinander gewesen, dann ist er wieder gegangen.

Es ist vorbei, weiß Inge, ich hole ihn nie mehr ein, er ist schon zu weit weg von mir, er verschwindet in jener Richtung, die er sich selbst gewählt hat.

Still und wortkarg ist Inge Grotius geworden. Um zu vergessen, dass sie in Stetten nicht einmal als Frau einen Sieg errungen hat, stürzt sie sich in die Arbeit. Herr Wendt ist sehr zufrieden mit seiner Sekretärin; er geizt nicht mit Anerkennung; er merkt auch nicht, dass das blonde Mädchen weniger Schminke als sonst auflegt.

Gleichgültig ist Inge geworden, seit sie bei Helmut eine Niederlage erlitten hat. Sie hat einsehen müssen, dass er von allem, was einmal gewesen ist, Abstand genommen hat.

Sie denkt auch nicht mehr an den anderen, der ihr geholfen hat, Helmuts Adresse ausfindig zu machen. Dr. Rolf Kalmeder lässt nichts mehr von sich hören. Auch er scheint sie vergessen zu haben. So nimmt Inge wenigstens an, und deshalb erschrickt sie, als an diesem Tag das Telefon rasselt und Rolf Kalmeders ungeliebte Stimme ertönt.

»Inge, ich habe lange nichts mehr von Ihnen gehört. Ich möchte wissen, was Sie in Stetten ausgerichtet haben. Wann können wir uns treffen?«

»Wann Sie wollen«, erwidert sie gleichgültig.

Er schweigt betroffen. Dann wieder seine Stimme: »Heute Abend bei mir, Inge?«

»Ich komme.«

»Um neun?«, fragt er hastig.

»Meinetwegen um neun«, sagt sie. Dann legt sie auf und starrt auf die Tasten der Schreibmaschine. Warum gehe ich zu diesem hinkenden Scheusal, denkt Inge. Er wird wieder von Helmut zu reden anfangen, er wird mich hinter den abscheulichen Brillengläsern kalt und spöttisch mustern und sagen: Sehen Sie, ich hab's ja gewusst! Ihm ist nicht zu raten, und deshalb kann man ihm auch nicht helfen.

Kurz vor neun fährt ein Taxi nach Wannsee. Die Hausfront, an der Inge entlangschaut, erscheint lichtlos. Die Fenster sind sorgfältig verdunkelt.

»Zwei Mark fuffzig, Froilleinchen«, berlinert der Taxifahrer. »Weil's Sie sind!«

Sie gibt ihm fünf Mark und geht auf die Haustür zu, aus der jemand heraustritt. Brillengläser funkeln. Eine feucht-warme Hand berührt die ihre. Eine hastige Stimme spricht:

»Guten Abend, Inge. Ich bin glücklich, dass Sie gekommen sind. Bitte treten Sie näher.«

Als sie im Flur den Mantel ablegt, ist ihr, als müsse sie auf dem Absatz kehrtmachen und davonlaufen. Aber sie bleibt, sie betritt das Wohnzimmer, sieht gedämpftes Licht, einen reizend gedeckten Tisch, darauf der Sektkübel, aus dem zwei Flaschenhälse ragen. In der dunklen Zimmerecke spielt das Radio. Sanfte Tanzmusik schmeichelt den Sinnen.

Rolf Kalmeder – sie merkt es erst jetzt – trägt einen dunklen Anzug und weiße Wäsche. Schneeweiße. Er duftet nach irgendeinem herben Männerparfüm.

»Nehmen Sie Platz, Inge. Haben Sie schon gegessen? Nein? Ich habe einen kleinen Imbiss vorbereitet.« Er hinkt geschäftig hinaus und kommt mit einer Silberplatte zurück, auf der Sandwiches gestapelt sind.

Während sie isst, plaudert er von beruflichen Dingen. »Ich werde demnächst nach Spanien reisen, Inge.«

»Nach Spanien«, erwidert sie abwesend. »Es muss schön dort sein ... warm ... kein Schnee.«

Er plaudert von Spanien und öffnet dabei die Sektflasche. Er schwatzt von Geschäften. Er macht ihr das Angebot, mit ihm zu reisen.

»Ich hätte dann jemanden, der mir meine Schreibsachen erledigt. Hätten Sie Lust dazu, Inge?«

Sie schweigt, greift nach dem Sektglas, das er herüberschiebt, hebt es an die Lippen und trinkt – trinkt das Glas in einem Zug leer.

Die Wirkung stellt sich fast sofort ein. Inge wird gesprächig.

»Was zahlen Sie mir, wenn ich bei Ihnen als Sekretärin anfange?«, fragt sie. Sie schlägt die schlanken Beine übereinander und richtet den Blick herausfordernd auf ihn.

Er reißt die Brille von den Augen und blinzelt betroffen und kurzsichtig herüber.

»Sie wollen wirklich, Inge?«

»Was zahlen Sie?«, fragt sie noch einmal. »Ich bin nicht billig!«

Er setzt die Brille wieder auf, räuspert sich erregt, sagt: »Was Sie wollen. Nennen Sie eine Summe in beliebiger Höhe, Inge.«

Seine Stimme bebt vor Erregung; er wittert Erfolg, er ahnt bereits, dass er das Tonband im Geheimsafe nicht benötigt, um sie zur Räson zu bringen.

Inge schweigt. Ihr blonder Kopf sinkt plötzlich auf die Brust. Ein weher Seufzer ertönt.

Rolf Kalmeder sitzt unbeweglich. Die Brillengläser funkeln. Der schmale Mund lächelt verständnisvoll. Dann sagt er leise: »Sie haben eingesehen, dass Helmut nicht mehr zu helfen ist?«

Sie nickt.

»Ich wusste, dass es so kommen würde«, hört sie den Mann sprechen. »Er ist und bleibt ein Außenseiter. Vergessen Sie ihn, Inge – vergessen Sie ihn, wie ich ihn vergessen halbe. Er ist es nicht wert, dass man für ihn auch nur einen Finger krümmt.«

Langsam schaut sie auf. In ihren Augen stehen Tränen. Ihr blasser Mund bewegt sich, und dann sagte sie: »Ich liebe ihn doch, Rolf ... ich liebe ihn noch immer.«

Rolf Kalmeder steht langsam auf, kommt zu ihr, legt ihr die Hände auf die Schultern, beugt sich zu ihr hinab und flüstert: »Ich danke Ihnen für dieses Geständnis, Inge. Sie sind unglücklich... Sie könnten aber alles bald vergessen. Sie müssen es nur wollen. Ich halte mein Angebot von damals noch immer aufrecht, Inge ... Ich warte noch immer.«

Inge rührt sich nicht. Mit geschlossenen Augen sitzt sie da und spürt nichts als eine gähnende Leere im Herzen.

»Geben Sie mir noch ein Glas Sekt, Rolf« flüstert sie, nur um die streichelnden Hände auf ihren Schultern loszuwerden.

Er schenkt das Glas voll und reicht es ihr; er nimmt das seine und stößt mit ihr an.

»Vergessen, Inge«, sagt er leise und eindringlich. »Vergessen. Um hundertachtzig Grad kehrtmachen und in die Zukunft schauen, nicht in die Vergangenheit, Inge! Die Zukunft gehört Ihnen – gehört uns, wenn Sie wollen!«

»Die Zukunft«, murmelt sie, und dann nickt sie und trinkt.

Sie trinkt an diesem Abend, um die Vergangenheit zu vergessen. Sie lässt den Alkohol auf sich wirken und duldet es gleichgültig, dass sie Rolf Kalmeder entgegentreibt. Er ist ein Stück von Helmut! Sie wird ihn formen, sie wird ihn erziehen, sie wird ... Ach, sie weiß es bald nicht mehr, was sie mit ihm vorhat, sie duldet es, dass er sie küsst, sie schiebt ihn nicht fort, und als draußen das Geheul der Luftschutzsirenen ertönt, bleibt sie mit ihm im Zimmer und lässt sich das Kleid von den Schultern streifen.

»Ich liebe dich«, stammelt der Mann, und sie liegt in seinen Armen und weint.

Der Transport rollt und rollt. Der Tag löst die Nacht ab, die Nacht den Tag.

In Wien hat es Marketenderwaren gegeben: Zigaretten, Kekse, Schokolade, Schnaps. Die Heuberger singen jetzt mit überzeugter Lautstärke das Lied vom schönen Soldatenleben.

Weiter geht die Fahrt. Fünfkirchen. Belgrad. Mitrowica. Die ersten Minarette und Moscheen werden gesichtet. Sie huschen vorbei. Dann fährt der lange Transportzug durch das Tal der Ibar. Die Geleise zwängen sich durch das enge, zerklüftete Flusstal. Die Uferstraße springt über schmale Holz- und Steinbrücken.

Die Bewährungssoldaten starren nicht mehr auf Zuchthausmauern oder Heubergstacheldraht, dafür auf ausgebrannte Eisenbahnwagen, die am Fuße der Bahnböschung liegen. Zu Hunderten! Im Fluss! Im Felsschutt! Die ganze Strecke entlang.

Alle 100 Meter steht ein schwerbewaffneter Posten an der Bahnstrecke, alle 1000 Meter bewacht ein Betonbunker den gefährdeten Schienenweg. Russengesichter schauen gleichgültig aus den Bunkertüren – es sind Wlassowsoldaten.

An einer winzigen Station hält der Transportzug.

»Was ist los?«, wird gefragt.

»Partisanen! Höchste Alarmbereitschaft!«

Hauptmann Bernbacher, der Bataillonsführer, lässt vorsorglich eine mit Sand beladene Lore vor die Lokomotive rangieren. Die Strecke soll von den Partisanen vermint sein.

Nach knapp einer Stunde geht die Fahrt im Schneckentempo weiter. Auf den Waggondächern sind MG postiert. Aus Türen und Fenster ragen Gewehrläufe. Alle Mann erwarten die Partisanen. Kein Wort wird gesprochen. Ächzend und polternd fährt der Zug weiter. Doch es passiert nichts.

Über die Wasserscheide Donau – Ägäisches Meer zuckelt der Transport durch das Tal der wilden Wardar. Sie durchfließt Mazedonien und stürzt sich bei Saloniki ins Ägäische Meer.

Saloniki!

»Fertigmachen zum Aussteigen!«, heißt es. »In Marschformation antreten! Waffen und Geräte aufnehmen! Ohne Tritt – Maarsch!«

Singend marschieren sie durch die Stadt, vorbei an regulären Truppenteilen, vorbei an weißen Häusern und Kirchen zur Griechenkaserne hinaus.

Warm ist es geworden. In Deutschland schneit es, und hier blühen die Zitronenbäume, strahlt die Sonne vom wolkenlosen Himmel.

In der Kaserne wimmelt es von Landsern. Die dritte Kompanie bezieht Quartier in einem Nebentrakt der Kaserne. Die Stuben sind unordentlich und müssen erst gesäubert werden. Endlich gibt es wieder einmal warmes Essen!

»Mensch, haste die Weiber in der Stadt gesehen? Todschick! Hoffentlich kriegen wir Ausgang!«

Der Wunsch der ehemaligen Sträflinge erfüllt sich nicht. Es herrscht Ausgangsverbot. Keiner darf die Kaserne verlassen!

Helmut und Josef Kranz haben eine billige Landkarte ergattert und studieren sie gemeinsam.

»Wo werden sie uns jetzt hinschicken?«, fragen sie sich bang.

»Vielleicht nach Lemnos, Leros oder Kos«, vermutet Helmut. »Der letzte Schub soll auf die Insel Rhodos gekommen sein.«

Kranz' Gesicht verklärt sich. »Rhodos«, lächelt er, »dort war ich im Frühjahr 1933. Ich kenne den Prior des Klosters Moni Thari. O Helmut – wenn wir doch nach Rhodos kämen! Es ist eine wunderbare Insel.«

Und er schwärmt weiter, schildert die Kathedrale San Giovanni, Porto di Mattinata und berichtet von einem romantischen Eselritt.

Drüben, in der anderen Stubenecke, tuschelt Emil Schlegel mit Hansi Weiß und noch ein paar anderen. Die Mädchen, die man heute in der Stadt gesehen hat, bilden den Inhalt des Gesprächs.

»Wir holen uns welche auf die Bude«, flüstert Hansi Weiß und bekommt hitzige Augen.

Emil Schlegel nickt bekräftigend und meint: »Det fummel ick schon. Rückt bloß Geld raus, dann schaff ick janz dufte Puppen her.«

Eine Viertelstunde später ist Emil Schlegel verschwunden. Es fällt nicht weiter auf, dass er die Kaserne verlässt und in Richtung Stadt verschwindet.

An diesem Abend geht es in den Unterkünften der Stamm-Mannschaft hoch her. Man trinkt Samoswein, singt und lärmt. Spieß Schimanek lallt etwas vom Kommunismus, wird aber nicht ernst genommen.

»Mensch, Wenzel«, sagt Feldwebel Helm, »seit wann verstehst du was vom Kommunismus? Das ist mir neu!«

Schimaneks rotes Trinkergesicht legt sich in nachdenkliche Falten. »Ich hab mich belehren lassen,

Heinz«, lallt er. »Der Kalmeder ist 'ne Intelligenzbestie! Los, holen wir den Kalmeder her! Er soll uns 'nen Vortrag über Kommunismus halten!«

Sie holen ihn in die verräucherte Stube. Helmut zittert wieder, als er die besoffenen Gestalten sieht. Dann kommt Wenzel Schimanek mit ausgestreckten Armen auf ihn zu und röhrt: »Kalmeder, alter Kommunistenhengst – nu halt uns mal 'ne feine Rede übern Kommunismus!«

Helmut muss auf einen Stuhl steigen, muss eine Rede halten, obwohl ihm ein Kloß in der Kehle klemmt.

»Der Kommunismus ist der Kampf des Proletariats gegen den internationalen Kapitalismus und den Imperialismus ...«

Zurufe. Lachen. Fragen. Man nimmt den Vortrag nicht ernst, und Helmut ist froh, als er endlich vom Stuhl gezerrt wird und eine Flasche gereicht bekommt.

»Kalmeder, du bist ein Urvieh, du bist mein Freund!«, lallt Schimanek. Er umarmt Helmut, nötigt ihn zum Trinken und behauptet immer wieder, dass Helmut eine »Nummer« bei ihm habe.

Das Treiben in der erstickend heißen Stube ist widerlich wie der süße Wein, den sie in sich hineinschütten. Bei einer passenden Gelegenheit schlüpft Helmut aus der Stube und läuft in die laue Nacht hinaus – über den weiten, menschenleeren Kasernenplatz, über dem das Meer der Sterne schimmert, zur Mauer hinüber.

Eine dunkle Gestalt sitzt auf einem Mauersockel und erhebt sich, als Helmut kommt.

Es ist Josef Kranz.

»Komm, setze dich zu mir, Helmut«, sagt er sanft und zieht Helmut auf die noch sonnenwarmen Mauersteine.

»Schau dir den Prachthimmel an, mein Junge. Man vergisst, was man ist und wo man ist.«

»Ich nicht«, murmelt Helmut, »ich werde immer wieder daran erinnert, dass wir Dreck sind.«

Und er erzählt angewidert von dem, was er eben erlebt hat.

»Sie wissen nicht, was sie tun«, antwortet Josef Kranz. »Sie treten auf und treten wieder ab, und nichts bleibt von ihnen übrig als ein Häufchen Staub.«

»Sie schwitzen vor Schuld, Pfäfflein, sie saufen, brüllen und benehmen sich schlechter als wir. Trotz meiner Niederlage komme ich mir immer wie ein Sieger vor, wenn ich sie sehe. In meinen Augen sind sie Seiltänzer, die sich eines Tages das Genick brechen werden.«

Sie schweigen.

Hoch in der sternklaren Nacht summt ein Flugzeug. Vor den Blicken liegt – weit draußen – das flimmernde Meer in ewiger Ruhe. Das matte Licht des Himmels beleuchtet die weiße Stadt.

Da fragt die leise Stimme des Pfarrers beschwörend: »Bist du noch immer gesonnen, die Freiheit zu suchen, Helmut?«

»Welche Frage, Pfäfflein! Ich suche sie immer ... ich warte nur auf den Augenblick, in dem sich das schwarze Tor auftut, vor dem wir stehen.«

Kranz' Hand legt sich auf Helmuts Schulter. Seine Stimme klingt nah an Helmuts Ohr: »Wir sind das letzte Aufgebot, mein Junge. Das schwarze Tor, von dem du redest, wird sich bald auftun. Halten wir uns an den Händen fest, wenn wir hinaustreten in die Freiheit. Gehen wir gemeinsam. Ich denke, es ist bald so weit, mein Junge.«

Helmut versucht, das andere Gesicht zu erkennen, aber er sieht nur zwei mattleuchtende Augen in einer dunklen Fläche, und aus dieser dunklen Fläche kommen die geflüsterten Worte: »Es ist ein christliches Land, in dem wir sind, Helmut. Wir werden Brüder finden, die uns aufnehmen und beherbergen. Nur ein paar Schritte von der Straße ab wohnen diese Brüder. Wollen wir zu ihnen gehen, wenn es an der Zeit ist?«

»Desertieren?«

»Ich sagte, zu ihnen gehen, mein Junge.«

Helmut hat Kranz verstanden. Er schweigt. Er denkt nach. Nein, nicht hier ist das Ziel zu suchen, nach dem er strebt, sondern im Osten – im Osten, wo die Saat aufgehen wird, die Lenin gesät hat.

Davon fängt Helmut zu sprechen an. Der andere hört wortlos zu. Als die Stimme endet, bleibt es eine Weile still zwischen den beiden Männern; dann sagt der Pfarrer: »Ich werde dich noch einmal fragen, wenn wir Genaues wissen. Ich glaube nicht daran, dass sie uns Miesmacher und Landesverräter nach dem Osten schicken. Ich wünsche es mir auch nicht. Ich möchte, dass Gott mich auf jene Insel führt, die ich kenne und liebe: nach Rhodos.«

Schweigend verlassen sie den Platz auf der Mauer und kehren in die Unterkunft zurück. Als sie den trüb erhellten Flur entlanggehen, ertönt von irgendwoher ein ächzender Schrei.

Helmut und Kranz bleiben erschrocken stehen. Kranz packt Helmuts Arm und flüstert: »Eine Frau! Das war eine Frauenstimme!«

Jetzt ertönt wieder dieser unterdrückte, jammernde Schrei.

Helmut läuft den Flur entlang, auf eine Tür zu, hinter der seltsame Geräusche zu hören sind: Flüsterstimmen, ein heiseres Lachen, das dumpfe Stöhnen einer weiblichen Stimme.

Mit einem Ruck reißt Helmut die Tür auf. Im gleichen Moment ist es ihm, als schlüge ihm jemand ins Gesicht. Vier, fünf, ein halbes Dutzend Kerle haben eine Frau in ihrer Gewalt. Sie liegt auf dem Boden, die Arme von sich gestreckt, die Beine gespreizt, mit zerrissenen Kleidern. Ein schwarzer, wirrer Lockenkopf wackelt ächzend hin und her.

Da tritt jemand an Helmut heran und flüstert heiser: »Wennste magst – fünf Mark!«

Es ist Emil Schlegel. Er hat in der Stadt eine Dirne angesprochen und sie in die Kaserne geschleppt. Die sechs Kerle sind zu viel für sie.

»Ihr Schweine!«, brüllt Helmut und drischt mit den Fäusten los. »Ihr Schweine! Raus mit euch! Raus, sonst erschlag ich euch Schweine!«

Tumult bricht los. Helmut hat einen Stuhl gepackt und drischt damit auf erhobene Arme und auf Köpfe los. Er brüllt wie ein Stier. Und an der Tür steht Pfarrer Kranz und versetzt jedem Hinausstürzenden noch einen Fußtritt.

»Ihr Unchristen!«, schreit auch er. »Ihr Unmenschen!«

Die erschöpfte Dirne kauert am Boden und versucht, ihre Blößen zu bedecken. Sie lallt unverständliches Zeug. Helmut reißt sie hoch.

»Geh jetzt«, sagt er. »Lauf fort! Schnell!«

Im Flur hallen laufende Schritte. Der U. v. D. kommt angerannt und fragt, was los sei.

Helmut erwacht aus seinem Prügelrausch, lässt die Reste des zertrümmerten Stuhles fallen und murmelt: »Nichts ist … nichts …«

»Kommen Sie mit!«, grunzt der U. v. D. »Ich muss Meldung machen.«

Als Helmut dem Unteroffizier von dem Vorfall erzählt, schüttelt dieser den Kopf und murmelt: »So eine Sauerei … nee sowas! Ihr seid halt doch Verbrecher, man müsste euch zusammenschießen.«

Sie werden nicht zusammengeschossen. Die Meldung, die Unteroffizier Teppe in der improvisierten Schreibstube abgibt, wandert in den Papierkorb. Der neue Marschbefehl ist nämlich da.

»Kompanien antreten!«, heißt es.

Die Hoffnung, dass man auf eine der sonnigen Inseln im Ägäischen Meer kommt, schwindet angesichts des neuen Verladebefehls. Die Kompanien rücken ab zum Bahnhof. Diesmal werden sie wieder in Güterzüge verladen.

»Es geht den gleichen Wag zurück, den wir gekommen sind«, stellt Helmut fest und beißt sich nervös auf die Lippen.

Josef Kranz nickt ergeben. Der liebe Gott scheint wirklich zu schlafen, taub zu sein für all die vielen Bitten, die er demütig vor ihn gebracht hat.

Wieder rumpeln die Stahlräder über die Schienen. Helmut ist jetzt vollkommen verschlossen geworden; er beachtet weder den verlegen um ihn herumschleichenden Emil Schlegel noch die anderen, die an dem viehischen nächtlichen Exzess beteiligt waren.

»Du musst das doch verstehen, Kalmeder«, sagt Hansi Weiß zu ihm, »wir sind auch bloß Menschen und mussten mal 'ne Frau haben. Sie ist ja schließlich freiwillig gekommen.«

»Jawohl«, bekräftigt Emil Schlegel, »janz freiwillig. Hundert Mark hat sie abkassiert.«

Die Sandlore poltert vor der dampfenden Lokomotive. Es wäre Helmut jetzt fast angenehm, wenn die Partisanen kämen und den Zug überfielen; aber es kommen keine. Die Balkanklüfte bleiben friedlich. Kurz vor Belgrad verschwindet die Sandlore, und der Zug rollt jetzt rascher. Er fährt weiter bis Kistelec.

Kistelec liegt ziemlich im Norden. Die Ebene ist verschneit. Die Landser frieren in den Viehwagen und schauen missvergnügt auf das öde Land, in dem der Zug auf irgendetwas wartet.

Da fahren Lkw vor und laden Klamotten ab. Winterklamotten: Filzstiefel, dicke Mäntel, Fäustlinge, Kopfwärmer.

»Das bedeutet, dass wir nach Russland kommen«, sagt Josef Kranz.

»Nach Russland?« Helmuts Augen beginnen zu leuchten. »Pfäfflein – wenn das stimmt …!«

Sie empfangen die Wintersachen, dann geht die Fahrt weiter, eine endlose Fahrt, die keinen Zweck zu erfüllen scheint. Nordöstlich von Debrezin fährt der lange Transport einen Riesenbogen und klettert dann in die tiefverschneiten Karpathen hinein, poltert in halsbrecherischem Tempo wieder in die Ebene zurück und dampft fauchend durch Galizien.

Kein Zweifel, man wird nach dem Osten gebracht! Die Gerüchte verdichten sich!

»Nu haben wir die Scheiße da«, lamentiert Emil Schlegel. »Zu den Russen kommen wir!«

Es herrscht schneidende Kälte. Die empfangenen Winterklamotten halten nur wenig warm. Die Verpflegung wird schlechter.

Nicht allein diese Umstände sind daran schuld, dass auch in den beiden Personenwagen, in denen das Stammpersonal reist, eine bedrückte, um nicht zu sagen niedergeschlagene Stimmung herrscht. Je weiter der Transport nach Osten rollt und je unübersehbarer das Land wird, desto schweigsamer werden sie. Schimanek verträgt plötzlich keinen Alkohol mehr; dafür raucht er um so gieriger, Zigarette um Zigarette. Dann dreht er Krüllschnitt in Zeitungspapier. Zum Schluss raucht er Machorka, den man während eines kurzen Aufenthaltes von einigen herumlungernden Landesbewohnern eingekauft hat.

Oberleutnant Greiner beauftragt Schimanek, unter den Soldaten Umfrage zu halten, ob einer von ihnen russisch sprechen kann.

»Vielleicht der Kalmeder«, meint Schimanek, »der war doch schon mal in Moskau.«

In Lemberg geschieht es, dass Kalmeder aus dem Waggon geholt wird.

Schimanek, im langen Pelzmantel, eine Pelzmütze auf dem Kopf, in Filzstiefeln, die Hände in den tiefen Taschen vergraben, steht vor dem Waggon und grinst Helmut freundlich an.

»Kalmeder, Sie sprechen doch russisch, wie?«

»Ein wenig.«

»Hätten Sie Lust, zum Kompanietrupp umzusiedeln?«

»Nicht unbedingt, Herr Hauptfeldwebel ... das heißt«, fügt Helmut rasch hinzu, »wenn es sich einrichten ließe, dass auch Schütze Kranz umziehen kann, dann ...«

»Schon gemacht, Kalmeder«, erwidert Schimanek. »Kranz wird zur Feldküche abkommandiert ... He, Kranz!«, ruft er in den Waggon.

Kranz taucht auf und schaut fragend herab.

»Los, packen Sie Ihre Klamotten zusammen und kommen Sie mit!«

»Ich?«

»Du kommst zur Feldküche«, erklärt Helmut und zwinkert Kranz zu.

Seitdem sind die beiden Freunde vorn im ersten Personenwagen. Sie gehören jetzt zum Kompaniestab. Helmut muss dolmetschen, wenn Trinkwasser gebraucht wird und die Polen sich dumm stellen. Kranz ist dem Küchenbullen Pratsch zugestellt worden und versorgt die Feldküche, schält Kartoffeln und kocht Kaffee.

Das Dasein ist erträglicher geworden. In den Abteilen ist es zwar eng, aber dafür angenehm warm. Helmut hat es sich abgewöhnt, die zurückgebliebenen Kameraden zu bedauern. Er ist froh, aus dem ordinären Kreis der Asozialen herausgekommen zu sein.

Niemand unterliegt mehr einem Zweifel, dass es an die Ostfront geht. Entgegen der bisherigen Haltung des OKW, das darauf bestand, 999er seien für den Einsatz gegen die Rote Armee unbrauchbar, ja gefährlich, zumal sie den Lockrufen des Komitees »Freies Deutschland« ausgesetzt waren und ihnen Gehör schenkten, und obwohl es bereits bei anderen Strafeinheiten eine erkleckliche Anzahl Überläufer gab, rollt nunmehr wieder ein Transport ehemaliger Zuchthäusler und KZler an die Ostfront.

Es ist nur wenigen bekannt, dass der tüchtige Oberst Wolf, der Chef vom Heuberg, schon vor Zeiten ein ausführliches Exposé an den Oberbefehlshaber der Wehrmacht geschickt hat, in welchem er vorgeschlagen hat, den ehemaligen Dieben, Mördern, Betrügern, Schwarzhändlern, Hoch- und Landesverrätern das Hoheitsabzeichen auf die feldgraue Brust zu verleihen – wenn sie schon gegen den politischen Gegner antreten sollen.

Die Auswirkung dieses Ersuchens wird erst bemerkbar, als der Transport in Winniza ausgeladen wird und auf wartende Lkw verfrachtet werden soll.

»Antreten!«

Der Steppenwind fegt Schneestaub in die mageren Gesichter und überzuckert die taumelnden Gestalten.

»Stillgestanden! Rührt euch! Augen geradeaus! Zur Meldung an den Herrn Kommandeur – die Augen – links!«

Die vermummten Köpfe fliegen herum. Langbeinig, den Mantelkragen an die Ohren geschlagen, kommt Hauptmann Bernbacher angestelzt und nimmt die Meldung entgegen.

»Danke! Heil, Kameraden!«

Im dritten Glied grinst Emil Schlegel, stößt Hansi Weiß in die Seite, murmelt: »Haste jehört: Kameraden hat er jesacht! Wie ick mir fühle!«

Der Kommandeur muss sich anstrengen, um von allen verstanden zu werden.

»Nun ist es bald so weit, Kameraden«, schreit er in das Winseln des eiskalten Steppenwindes. »Durch eigene Kraft im Kampf gegen den roten Weltfeind! Die Stunde eurer Bewährung hat zu schlagen begonnen! Der Führer war großmütig und verleiht euch, zum Zeichen, dass er euch als Vaterlandsverteidiger anerkennt, das Hoheitsabzeichen! Seid euch dieser besonderen Ehre bewusst, Kameraden – enttäuscht den Obersten Befehlshaber der Wehrmacht nicht und seid bereit, für ihn und unser Volk das Leben zu opfern!«

Vor diesen großen Worten hält selbst der eisige Wind einen Augenblick den Atem an. Es wird still. Man hört in der Ferne die große Trommel des Krieges.

Hauptmann Bernbacher macht es kurz. Nach dem Wegtreten empfängt der Haufen funkelnagelneue Hoheitsabzeichen.

»Seht zu, wie ihr sie drankriegt«, sagen die Zug- und Gruppenführer.

Ein paar Eifrige sind dabei, die mit klammen Fingern die Nähzeugschachtel hervorkramen und den tausendjährigen Raubvogel an die Brust nähen. Der größte Teil steckt ihn einfach in die Tasche.

Auch Helmut verzichtet darauf, sich das Hoheitsabzeichen an die Brust zu heften.

»Der Fetzen rettet die Chose auch nicht mehr«, sagt er zu Kranz, und der nickt dazu und rührt mit der Kelle im dampfenden Suppenkessel.

»Aufsitzen!«

Die Lkw füllen sich. Es dunkelt schon, als sich die mit Menschen vollgepfropften Fahrzeuge schwerfällig in Bewegung setzen und durch das Schneetreiben in die Dämmerung hineinsummen.

In der Ferne paukt das Frontfeuer. Tausende Kilometer von den niedergebrannten Russenkaten und den verschneiten Steppenstraßen entfernt, auf denen ein langer Konvoi Lkw durch den Schnee mahlt, vollzieht sich in dieser Stunde etwas ganz anderes. Inge Grotius und Dr. Rolf Kalmeder wollen Verlobung feiern. Die große Wohnung ist festlich dekoriert, ein kaltes Büfett erwartet die Gäste, unzählige Flaschen Sekt und Wein stehen bereit. Zwei Aushilfskellner im Frack, mit steifer Hemdbrust und schwarzer Fliege am Hals, werden die geladenen Gäste bedienen.

Der Hausherr befindet sich noch in seinem Zimmer. Pfeifend steht er vor dem mannshohen Spiegel, zieht den Smoking straff, zupft an der Halsschleife, greift nach dem Flakon und stäubt eine Duftwolke über sich.

Rolf Kalmeder hat allen Grund, vergnügt zu sein. Nicht nur, dass heute ein paar hohe Herren aus der Prinz-Albrecht-Straße kommen werden, nicht nur, dass man in drei Tagen über Paris nach Madrid reisen wird, um dort ein paar große Geschäfte zu besprechen und abzuschließen – heute bekommt Dr. Rolf Kalmeder auch die offizielle Zusage von Inge, dass sie bereit ist, ihn zu heiraten.

Bei Gott, sie hat sich lange genug dazu drängen lassen. Aber nun ist sie bereit, und das macht Rolf Kalmeder zum glücklichsten Mann in Berlin.

Leise pfeifend geht er hinaus. In diesem Augenblick fährt unten die erste Limousine vor. Der Kellner flitzt zur Tür.

»Heil Hitler, Herr Obersturmführer!«

Dr. Rolf Kalmeder hinkt geschäftig heran und begrüßt den Gast, hinter dem noch mehr Gestalten in schwarzen Uniformen auftauchen.

»Willkommen, Kameraden, willkommen!«

Der zweite Kellner steht bereit, hilft aus den Ledermänteln, hängt sie auf, holt das Silbertablett, auf dem dünnwandige, runde Kognakgläser stehen, und reicht sie herum.

»Wo ist die Braut, Kamerad Kalmeder?«

»Sie macht sich noch schön. Sie muss bald hier sein.«

»Alsdann – auf einen vergnügten Abend, Kamerad Kalmeder!«

Man stößt an, man trinkt, man begibt sich in das angenehm warme Wohnzimmer und wirft sich in die tiefen Sessel.

Der zweite Wagen fährt vor... der dritte. Ein paar Damen im Abendkleid kommen mit. Nicht alle sind Damen, aber sie sehen zumindest so aus.

Man begrüßt sich herzlich, woraus erkenntlich wird, dass Rolf Kalmeder bei der braunen Prominenz in überaus hohem Ansehen steht und auch in der Prinz-Albrecht-Straße gute Bekannte hat.

Gruppen bilden sich; man plaudert angeregt und lässt sich von den Kellnern bedienen. Der Obersturmführer, ein großer Mann mit mensurierter Wange, blickt heimlich auf die Uhr und bemerkt zu Rolf Kalmeder: »Fräulein Grotius lässt lange auf sich warten.«

»Schöne Frauen lassen sich gern Zeit«, erwidert Rolf Kalmeder.

Eine der Damen wünscht Musik. Als Kalmeder den Plattenspieler in Gang setzt, überkommt ihn das Gefühl, als sei mit Inge etwas passiert, als käme sie überhaupt nicht mehr. Sie war in der letzten Zeit recht seltsam – er erinnert sich an die seltsame Starre, die er spürte, wenn er sie in die Arme zog.

Um acht sollte die Feier beginnen. Es ist halb neun, und die Hauptperson fehlt noch. Wo ist sie? Warum kommt sie nicht?

Inge Grotius ist noch daheim in ihrer kleinen Zweizimmerwohnung. Sie liegt auf der Couch und raucht. Sie raucht eine Zigarette nach der anderen und blickt unentwegt zur Zimmerdecke empor.

Inge liegt im Unterkleid da, die schlanken, elegant geformten Beine leicht angewinkelt, einen Arm unter den Nacken geschoben. Mit der rechten Hand führt sie in hektischer Bewegung die Zigarette zum Mund und lässt sie wieder sinken.

Inge ist sich vollkommen bewusst, dass man auf sie wartet, dass die Gäste schon gekommen sein müssen, die Rolf Kalmeder eingeladen hat.

Auf dem Stuhl liegt das dunkle Lamee-Kleid, ein Geschenk Rolfs. »Trage es zur Verlobung. Schwarz steht dir gut. Du wirst die schönste Frau sein! ... Ich liebe dich, Inge... ich liebe dich maßlos.«

Sie verzieht verächtlich den Mund, streift die Zigarettenasche in die am Boden stehende Schale, führt die Hand wieder empor und raucht weiter ...

Inge schließt die Augen. Um ihren Mund huscht ein Zittern, als kämpfe sie Tränen nieder.

»Ich gehe meinen Weg, Inge, ich werde ihn zu Ende gehen. Du kannst mich nicht überzeugen. Ich beuge mich nicht, ich will keine braunen Stiefelspitzen küssen, um wieder gesellschaftsfähig zu werden. Ich bleibe das, was ich bin, ich bleibe es, bis alles in Scherben fällt.«

Das waren Helmut Kalmeders Worte in jener Nacht, in jenem feuchtklammen Fremdenzimmer, in dem man sich gehörte und sich im Morgengrauen wieder trennen musste.

Jetzt weiß sie, dass sie sich hat treiben lassen, dass sie willenlos geworden ist und nicht gegen den Strom hat schwimmen wollen, der sie fortreißen wird ins Ungewisse, Trostlose, Leere. Die Niederlage, die Helmut ihr zugefügt hat, hat sie müde, matt, gleichgültig gemacht. Alles hat sie mit sich geschehen lassen, was der andere will. Seine Liebe hat sie nicht einmal angeekelt, sein Gestammel ist ihr gleichgültig gewesen.

Nun wartet er auf ihr Kommen. Ein glänzendes Fest will er abhalten, zeigen, dass er, der Krüppel, mit Komplexen bis zum Kragen hinauf vollgepfropft, doch noch das bekommen hat, wonach er giert.

Sie richtet sich auf, zerdrückt die Zigarette in der Schale und starrt dann das über dem Stuhl liegende Kleid an, die Lackpumps, die Strümpfe. Alles von ihm! Die schwarzseidene Wäsche, die sie trägt! Die Blumen dort in der Vase! Die leergegessene Bonbonniere! Alles von ihm!

O ja, er gibt sich viel Mühe, sie zu gewinnen! Er wird ihr alles geben, was er hat, und er hat viel! Geld hat er, einflussreiche Freunde, aber er hat kein Herz für den eigenen Bruder!

Sie reibt sich mit beiden Händen die Stirn, als müsse sie die Gedanken verjagen, die hinter dieser hohen, klugen Stirn hämmern und schmerzen.

»Ich muss mich anziehen«, sagt sie laut und bleibt doch sitzen. Und plötzlich überkommt sie das heulende Elend, und sie schlägt die Hände vors Gesicht und wimmert hinein: »Ich kann nicht ... ich kann nicht ... ich will nicht ...!«

Sie wirft sich herum, in den zerwühlten Kissenberg hinein; sie beißt in die Kissen und krallt die Finger in den schilfgrünen Bezug. Hemmungslos weint sie, wimmert sie, lässt sie dem Schmerz der erbärmlichen Ratlosigkeit freien Lauf. Dann wird sie allmählich ruhig und rührt sich nicht mehr.

Die kleine Stutzuhr auf dem Bücherbord tickt emsig und gleichmäßig. Gleich neun Uhr. In Wannsee werden sie jetzt warten und von Inge Grotius reden. Vielleicht besaufen sie sich auch schon. Es ist ja genug da – von allem, was das Herz begehrt! Er hat's ja! Er hat auch sie, Inge!

»Nein!«, schreit sie plötzlich und schnellt wie eine Irre empor. »Nein«, flüstert sie entgeistert, »er hat mich noch nicht ... noch nicht!«

Da schellt im Flur die elektrische Glocke. Inge zuckt wie unter einem Peitschenhieb zusammen. Er kommt mich holen, denkt sie und tastet nach dem himmelblauen Seidenmantel. Auch der ist von ihm. Wie eine Hure hat sie sich beschenken lassen. Vielleicht ist sie auch eine geworden ...

Frau Kalinkes Schritte werden im Flur hörbar. Die Türkette rasselt leise. Stimmen ertönen.

Inge sitzt starr auf der Couchkante und horcht. Eine Männerstimme fragt etwas.

»Ich denke, sie ist noch daheim«, sagt Frau Kalinke. Dann klopft es vorsichtig an der Tür. »Fräulein Inge ... Fräulein Inge! Hören Sie? Es ist jemand da, der Sie sprechen will.«

Die Starre weicht von ihr. Sie schluckt die Kehle feucht, erhebt sich, schlingt den Seidenmantel um den Körper und geht zur Tür.

Frau Kalinkes rundes, gutmütiges Gesicht erscheint im Türspalt.

»'n Herr ist da«, flüstert sie. »'n Soldat. Ich kenn ihn nicht. Soll ich ihn ...?«

An dem grauen Frauenkopf vorbei sieht Inge den Besucher: ein schlanker Soldat im gutsitzenden Militärmantel, Koppel umgeschnallt, die Mütze in der Hand.

»'n Abend, Fräulein Inge. Entschuldigen Sie nur, aber ich bin gerade dienstlich in Berlin, und da dachte ich mir: gehst sie mal besuchen!«

Es ist Felix Haslach. In Treptow draußen hat er etwas zu besorgen. Natürlich Hamsterware. Die beim Regimentsstab haben die gleichen Wünsche wie die abgerückte Kompanie des Strafbataillons.

Inge lächelt unsicher. Sie weiß nicht gleich, wohin sie mit diesem Gesicht soll.

Er kommt heran und sagt: »Na, der Felix bin ich, der Kumpel vom Helmut!«

»Ach ... Sie sind es!«, stammelt sie und nestelt am Seidenmantel. »Herr Haslach ...? Warten Sie einen Augenblick, ich ziehe mich an.«

Sie schließt die Tür und lehnt sich einen Augenblick erschöpft dagegen. Dann eilt sie auf das Kleid zu, streift es über, überpudert das verheulte Gesicht.

»Felix ...«, murmelt sie kopfschüttelnd.

Ein paar Minuten später lümmelt er sich im Sessel und erzählt, warum er in Berlin ist und dass er unbedingt Inge besuchen wollte. Von Helmut habe er die Adresse bekommen, sagt er.

Inge bietet Zigaretten an. Ihre Hand zittert. Das Gerede des Mannes tut ihr wohl und gibt ihr die Sicherheit zurück.

Viertel nach neun. Nun wird Rolf Kalmeder wissen, dass ich nicht mehr komme, denkt sie. Es ist ihr auf einmal alles egal. Sie freut sich, dass Felix Haslach vor ihr sitzt.

»Und wie geht's Ihnen, Inge?«, erkundigt er sich im Ton eines biederen Onkels.

Soll sie ihm alles sagen? Ihm ihr Herz ausschütten? Ist es nicht Schicksal, dass er ausgerechnet jetzt gekommen ist, wo sie an einem Tiefpunkt angekommen war?

Sie beginnt zu erzählen. Ihr Blick ruht auf dem aufmerksamen Gesicht des Soldaten.

»Helmut ist nicht umzustimmen gewesen«, sagt sie jetzt. »Er nimmt keine Hilfe von außen an, er will allein seinen Weg gehen. Wir haben uns daher getrennt ... für immer.«

Schweigen. Felix nagt an der Unterlippe; sein Blick wandert an Inge auf und nieder. Er sieht jetzt, dass sie keine Strümpfe trägt, an den Füßen himmelblaue Hausschuhe, das Haar nur flüchtig geordnet, das Gesicht zu stark gepudert; er erkennt, dass sie geweint hat.

Felix beugt sich vor. »Und jetzt, Inge ...?«

Sie lächelt starr. »Ich wollte mich heute verloben, Herr Haslach ... und wissen Sie, mit wem?«

»Kann es mir denken ... mit Helmuts Bruder?«

Sie bejaht kopfnickend und lässt das Kinn auf die Brust sinken.

Felix Haslach lehnt sich zurück, verschränkt die Arme vor der Brust und schaut Inge unverwandt an. Dann fragt er: »Heute wollten Sie sich mit ihm verloben? Jetzt?«

»Ja, heute. Man wartet auf mich ... es sind Gäste eingeladen worden.«

Felix grinst. »Das heißt also, dass Sie sich nicht verloben werden?«

Schweigen. Felix glaubt ein trockenes Schluchzen zu vernehmen. Inge schlägt die Hände vors Gesicht.

»Ich kann nicht«, stammelt sie.

Das Grinsen verschwindet aus Felix' Gesicht. Er legt die Zigarette weg und beugt sich zu Inge vor.

»Helmut hat mir von seinem Bruder erzählt. Das muss ein Schwein sein. Nicht den Finger hat er krummgemacht für Helmut, nichts ... nichts! Dabei hätte er sicher etwas für ihn tun können.«

Inges Hände sinken in den Schoß. »Er hätte, ja – aber er wollte nicht. Erst als ich ihn drängte, etwas für Helmut zu tun, hat er mir seine Adresse beschafft. Ich fuhr zu Helmut und habe mit ihm ... Ach, Sie wissen es ja schon«, bricht sie ab, »es war zwecklos.«

»Und warum, wenn ich fragen darf«, fügt Felix rasch hinzu, »warum wollten Sie sich mit diesem Schwein verloben?«

Inges Gesicht sieht blass und ratlos aus. Sie hebt die schmalen Schultern, lässt sie wieder sinken und sagt leise: »Ich ... ich weiß es auch nicht, Felix – mir war alles egal.«

Felix beugt sich noch weiter vor und legt ihr die Hand aufs Knie. »Er hat Sie ... gezwungen?«

»Nein, angebettelt hat er mich.«

»Das kann ich mir vorstellen«, murmelt Felix.

Eine Weile bleibt es still zwischen den beiden. Dann fragt Inge, ob er etwas trinken möchte.

»Nee, danke«, lehnt Felix ab, »mir schmeckt jetzt nichts. Ich denke darüber nach, was Kalmeder jetzt machen wird.«

In diesem Augenblick schellt es im Flur zum zweiten Mal.

»Das muss er sein«, stammelt Inge. Sie ist totenblass geworden. In ihren Augen flackert etwas wie Angst.

»Rolf Kalmeder ... er ist sicher gekommen, um mich zu holen.«

Draußen im Flur spricht Frau Kalinke. Kalmeders erregte Stimme ist zu hören.

Felix ist aufgestanden. »Soll ich mit ihm ...?«

Doch Inge springt auf und packt Felix am Arm.

»Gehen Sie in mein Schlafzimmer. Verhalten Sie sich still ... Nun machen Sie schon, Felix«, drängt sie hastig, als er sich sträubt.

Sie schiebt ihn ins Schlafzimmer, schließt die Tür und geht ins Wohnzimmer zurück.

Da stürmt Rolf Kalmeder schon herein, ohne Hut, den Mantel offen, unter dem man den dunklen Anzug sieht. Kalmeder reißt die beschlagenen Brillengläser von der Nase und blinzelt erregt zu Inge herüber.

»Sag mal, was ist los?«, stößt er hervor. »Was fällt dir ein? Die Gäste sind da ... ich warte seit über einer Stunde auf dich ... Was ist los, Inge?«

Er zerrt das Seidentüchlein aus der Brusttasche und putzt mit zitternden Händen die Brillengläser.

Inge steht steinern da und schweigt.

»Inge ...!« Kalmeder setzt die Brille wieder auf. »Inge, so sag doch etwas! Hast du es dir anders überlegt?«

»Ja, Rolf!«

Er starrt sie an, er glaubt nicht recht gehört zu haben und fragt noch einmal: »Du hast es dir anders überlegt?«

»Ja.« Sie setzt sich. »Ich kann nicht, Rolf – es ist mir unmöglich, dich zu heiraten.«

»Bist du wahnsinnig, Inge? Du blamierst mich bis auf die Knochen! Du machst mich in Berlin unmöglich! Die Gäste sind da, sie warten ... Es sind ohnedies schon boshafte Bemerkungen gefallen.« Er steht zitternd vor ihr und streckt die Hand nach ihr aus. »Inge, zwischen uns beiden war doch alles klar. Ich liebe dich … ich habe dir alles angeboten, was ich besitze. Du kannst mich jetzt nicht so vor den Kopf stoßen! Sei vernünftig, Inge! Komm, ich bitte dich um alles in der Welt, komm jetzt, und nimm auf mich Rücksicht!«

Sie schaut sonderbar starr zu ihm auf, blickt in sein erregtes, blasses Gesicht. Sie forscht in seinen Augen. Dann sagt sie kraftlos: »Rücksicht … nur Rücksicht. Und auf wen nimmst du Rücksicht, Rolf? Es geht dir immer nur um dich selbst.«

»Was redest du da«, erwidert er unwirsch. »Bist du betrunken oder was …« Er schaut sich misstrauisch um, dann kehrt sein Blick zu Inge zurück. »Bitte, zieh dich jetzt an. Ich möchte die Gäste nicht mehr länger warten lassen.«

»Ich bleibe, Rolf. Ich mache jetzt Schluss mit dir. Es ist mir unmöglich, dich zu heiraten.«

Er starrt sie an. Sein Mund wird schmal. Die Augen hinter den Gläsern funkeln wütend. Dann stößt er hervor: »Diese Erkenntnis kommt dir etwas spät, meine Liebe.«

»Noch rechtzeitig genug, Rolf. Ich liebe dich nicht, du bist mir vollkommen gleichgültig.«

Er fährt sich mit der Hand über das Gesicht, reißt abermals die Brille herunter und setzt sie wieder auf.

»Hör mal, Inge«, sagt er heiser, »zwischen uns beiden ist schließlich schon eine Menge passiert …«

»Das weiß ich«, unterbricht sie ihn. Steif sitzt sie in ihrem Sessel und presst die Knie aneinander. »Ich will aber alles vergessen, Rolf! Ich will dich nicht mehr sehen. Bitte geh jetzt.«

Kalmeder schüttelt wie benommen den Kopf. Sie ist verrückt, denkt er. Sie ist vollkommen durcheinander. Was ist bloß mit ihr geschehen?

Er versucht es noch einmal und sagt beschwörend: »Bedenke doch, Inge – ich habe unsere Verlobung publik gemacht, ich habe Gäste eingeladen – hohe Gäste, Leute aus der Prinz-Albrecht-Straße. Du kannst mich jetzt nicht sitzen lassen, Inge! Ich beschwöre dich – nimm doch Vernunft an.«

Er setzt sich ihr gegenüber und beugt sich weit vor. Auf seinem schmalen Gesicht erscheinen hektische rote Flecken.

»Inge«, fährt er erregt fort. »Bitte! Nur diesen Abend noch ... diesen einen! Wir verloben uns, und morgen gehen wir wieder auseinander. Ich schäme mich in Grund und Boden, wenn du mich jetzt im Stich lässt und alles zu einer Farce machst!«

Sie blickt ihn gelassen an, und in diesem Augenblick weiß sie ganz klar, dass sie diesen Mann hasst, dass er ihr widerlich ist und dass sie ihn sitzen lassen wird. Wie er bebt vor Angst, er könnte blamiert werden! Wie er bettelt! Ein Egoist, nur auf sich selbst bedacht.

»Bitte geh«, sagt sie leise und fest.

Rolf Kalmeder bleibt sitzen. Langsam lehnt er sich zurück, schlägt ein Bein übers andere, tastet nach der dunklen Halsschleife und zieht sie gerade.

»Meine Liebe«, fängt er halblaut und auffallend ruhig an. »So, wie du es dir vorstellst, geht es nun nicht. Ich bin schließlich kein kleiner Junge, mit dem man machen kann, was man will. Ich bin wer, und ich dulde es nicht, dass du mich vor wichtigen Leuten brüskierst und unmöglich machen willst. Ich vermute, dass du noch immer zu meinem Bruder stehst und ihm die Stange hältst, obwohl er dir eine deutliche Abfuhr erteilt hat. Inge, ich frage dich jetzt zum letzten Mal: Kommst du mit?«

»Nein.«

Eine Weile herrscht gespanntes Schweigen.

Hinter der Zimmertür steht Felix Haslach und hält vor Spannung und Erregung den Atem an. Dann hört er Kalmeders schleppende Stimme: »Ich warne dich, Inge – ich könnte dich zwingen!«

»Du – mich zwingen?«, fragt sie und lächelt. »Ich bitte dich, Rolf, inszeniere jetzt kein Drama. Ich habe dir klipp und klar gesagt, dass ich dich nicht liebe, und deshalb ist auch eine Verlobung – mag sie auch nur vorgeblich sein – ausgeschlossen. Sei nett zu den Gästen, sage ihnen, ich sei unpässlich geworden, und schicke sie wieder heim. Es wird dir bestimmt an guten Ausreden nicht mangeln.«

Kalmeder rührt sich nicht. Er starrt sie nur an. Seine Hände haben sich in die Armstützen des Sessels gekrallt – so fest, dass die Knöchel weiß hervorspringen. Dies ist das einzige Anzeichen, das erkennen lässt, wie zornig, wie wütend er ist. Aber er beherrscht sich glänzend.

»Hör zu, Inge.« Seine Stimme klingt halblaut, aber klar: »Ich sagte vorhin, dass ich meinen Ruf als Anwalt und Parteigenosse aufs Spiel gesetzt habe. Diesen Ruf lasse ich mir von dir nicht ruinieren. Bitte, zwinge mich jetzt nicht, gegen dich Repressalien zu ergreifen.«

Inge wirft den Kopf hoch. »Welcher Art?«

»Ein Tonband, meine Liebe.«

Inge schaut ihn verständnislos an, worauf er lächelnd die Erklärung abgibt: »Du erinnerst dich bestimmt an deinen ersten Besuch bei mir. Wir sprachen ziemlich frei … Das heißt, du hast so gesprochen … von deiner politischen Einstellung, von verbotenen Frequenzen. Kurzum: Ich habe diese Bandaufnahme. Ließe ich sie irgendwo ablaufen, dann …« Er bricht ab.

Inge lächelt noch immer, aber nun ist es ein verächtliches Lächeln.

Plötzlich sagt sie halblaut: »Du bist ein erbärmlicher Schuft, Rolf Kalmeder.«

Damit hat sie den Mann getroffen. Tödlich! Er erhebt sich langsam, er stemmt sich aus dem Sessel hoch, reckt sich und hinkt zur Tür.

»Ein Schuft bist du!«, ruft ihm Inge nach. »Ich habe es ja schon immer gewusst!«

Kalmeder hat schon die Türklinke in der Hand. Er wendet sich noch einmal um und sagt eisig: »Eine Stunde warte ich noch auf dich. Kommst du nicht, vernichte ich dich, wie du meinen Ruf vernichtet hast. Überlege dir das, Inge.«

Er geht. Sein rascher Schritt verliert sich im Flur. Die Tür klirrt leise. Dann wird es still.

Inge steht bewegungslos vor dem niedrigen Tisch. Dann beugt sie sich hinab und nimmt eine Zigarette aus dem kleinen Ebenholzkästchen. Jemand reicht ihr das Feuerzeug.

Inge stößt den Rauch mit einem Zischlaut durch die Zähne und geht zur Couch. Dort lässt sie sich niedersinken. Felix Haslach kommt heran. Sein schmales, braunes Gesicht zuckt erregt.

»Allerhand, was ich da gehört habe«, sagt er und nimmt neben Inge Platz. »Der Kerl wird Sie fertigmachen, Inge, der ist in der Lage und tut das, was er angedroht hat.«

»Das ist mir gleichgültig, Felix«, murmelt Inge. »Ich habe nichts mehr zu verlieren.«

Felix schielt sie von der Seite her an. Dann sagt er leise: »Sie wollen es also drauf ankommen lassen?«

»Ja«, sagt sie und zieht von Neuem an der Zigarette.

Es ist still im Zimmer. Nur die Uhr auf dem Bücherbord tickt. Dann ertönen im Flur leise Schritte. Frau Kalinke hängt die Kette vor die Korridortür.

Felix Haslach studiert das Muster des Teppichs. Dann fragt er plötzlich: »Wo wohnt er?«

»Wannsee«, murmelt Inge abwesend, »Uferstraße 19, zwote Etage.«

Die Gäste sind gegangen. Rolf Kalmeder hat gesagt, Inge sei plötzlich krank geworden, was ironisches Bedauern ausgelöst hat. Die Rotblonde hat gekichert und ihrem Begleiter etwas zugeflüstert.

Natürlich ahnt man, dass der Verlobungsabend schief gegangen und die Hauptperson aus irgendwelchen Gründen ausgeschieden ist. Kalmeder hat versucht, die peinliche Situation so gut wie möglich zu überbrücken.

Nur einer hat sich ganz offen geäußert: der Obersturmführer. Beim Weggehen hat er zu Kalmeder gesagt: »Tut mir leid, Kamerad, tut mir wirklich leid. Sie haben sich so viel Mühe gemacht ... Aber vielleicht renkt sich die Geschichte noch ein, und ich darf ein andermal kommen.«

Es ist eine Blamage, wie sie größer nicht hätte sein können! Rolf Kalmeder hinkt erregt im leergewordenen Wohnzimmer auf und ab. Er vermag es noch immer nicht zu glauben, dass Inge es gewagt hat, ihn so maßlos bloßzustellen.

Mit zitternden Händen gießt er sich ein großes Glas Kognak voll und trinkt es bis zur Hälfte aus.

»So eine Blamage«, murmelt er laut und setzt den Marsch durchs Zimmer fort.

Natürlich lässt sich die Geschichte nicht mehr einrenken. Inge war deutlich genug. Der andere spukt ihr noch im Kopf herum! Nur der! Helmut!

Rolf Kalmeder begreift es noch immer nicht. Es ist ihm unmöglich, sich vorzustellen, dass eine Frau so borniert sein kann und einem Phantom nachrennt! Ins Verderben hinein!

Vor der Bibliothek bleibt er stehen. Ein Druck auf den Knopf, ein zweiter Druck auf einen anderen. Aus dem Lautsprecher ertönt ein Gespräch: »Hier können Sie mich beschimpfen, hier können Sie frei sprechen … Welches Finale meinen Sie?« – »Den großen Paukenschlag, mit dem wir Deutsche vor die Hunde gehen werden …« – »Sie Ketzerin, wie kommen Sie bloß darauf?« – »Ich höre nicht nur gern Musik, sondern auch Nachrichten auf verbotenen Frequenzen …«

Kalmeder starrt die Buchrücken an. Als das ablaufende Band leise zu rauschen beginnt, drückt er wieder auf den Knopf und nimmt das besprochene Band vom Apparat. Er wickelt das lose Ende auf und geht mit der Rolle zum Tisch, nimmt das Kognakglas und leert es in einem Zug.

In diesem Augenblick glüht über der Tür ein Rotlicht auf. Jemand ist gekommen, jemand wartet vor der Haustür. Inge ist da, schießt es Kalmeder durch den Kopf. Sie kommt doch! Sie hat es sich überlegt!

Er wirft die Bandrolle achtlos auf den Tisch, hastet in den Korridor hinaus zur Wohnungstür.

Er öffnet sie und prallt erschrocken zurück. Draußen steht ein fremder Soldat.

»Guten Abend«, sagt er. »Sind Sie Doktor Kalmeder?«

»Jawohl, der bin ich. Was wünschen Sie?«

»Mit Ihnen zu reden«, sagt der Soldat.

Kalmeder blinzelt misstrauisch und will die Tür schließen. Aber der andere stellt rasch den Fuß dazwischen, drückt Kalmeder an der Brust in den Korridor, schließt die Tür und geht auf den langsam zurückweichenden Mann zu.

»W… was wollen Sie?«, stottert Kalmeder. »Wer … wer sind Sie?«

»Mein Name tut nichts zur Sache«, sagt der Fremde und geht unerbittlich weiter.

Sie befinden sich jetzt im Wohnzimmer. Der Soldat schaut sich rasch um, grinst und richtet seinen dunklen Blick auf Kalmeder.

»Los, sag schon, auf welche Weise du Inge fertigmachen willst? Rück die Platte oder das Band heraus! Na, mach schon, guck nicht so dämlich!«

Kalmeder ist aschgrau geworden. Er nimmt die Brille ab, presst Daumen und Zeigefinger in die Augenhöhlen, setzt die Brille mit einem Ruck wieder auf und sagt mit betont schneidender Stimme: »Verlassen Sie augenblicklich meine Wohnung, sonst rufe ich die Polizei!«

Der fremde Soldat grinst jetzt von einem Ohr bis zum anderen.

»Rück die Klamotten 'raus, Doktor«, sagt er freundlich.

»Ich weiß nicht, was Sie meinen!«, kreischt Kalmeder und schaut sich nach einer Waffe um.

»Sie wissen es genau«, erwidert der Soldat. »Na los, ich warte nicht mehr länger!«

Kalmeder starrt den Fremden an, mehrere Sekunden lang. Dann begreift er, dass dieser Mann nicht mit sich spaßen lässt. Er liest es in dem dunklen Gesicht, in den schwarzen, funkelnden Augen.

Wortlos dreht sich Kalmeder um, hinkt zum Tisch, greift nach der Bandrolle, zugleich aber auch nach der Kognakflasche, und schleudert sie gegen den Eindringling.

Der bückt sich blitzschnell. Die Flasche zerklirrt an der Wand.

Das Nächste vollzieht sich in atemberaubender Schnelligkeit. Der Soldat springt auf Kalmeder zu, packt ihn, wirft ihn zu Boden, stürzt sich über ihn. Der kurze Lauf einer Pistole funkelt, schiebt sich an den hin und her rollenden Kopf Kalmeders. Dann kracht ein Schuss.

Rolf Kalmeder zuckt zusammen, streckt sich, ächzt, rollt zur Seite und bleibt bewegungslos liegen.

Der Soldat richtet sich auf. Gelassen nimmt er eine der herumliegenden Servietten, gießt einen Schuss Gin darüber und beginnt, mit der nassen Serviette die Pistole von Fingerabdrücken zu säubern.

Als dies geschehen ist, drückt er dem Toten die Waffe in die Rechte, besieht sich noch einmal das brandige Loch in der rechten Schläfe und erhebt sich. Ohne Hast nimmt er die Tonbandrolle, steckt sie in die Manteltasche und geht zur Tür.

Das Licht verlöscht. Schütze Felix Haslach verlässt ungesehen die Wohnung des Rechtsanwaltes Dr. Rolf Kalmeder, von dem alsbald in der Zeitung zu lesen sein wird, dass er sich das Leben genommen habe.

Es ist nicht mehr gut bestellt mit dem Nachschub an der Ostfront, an allen Fronten. Was von hinten sich durch die morastigen oder verschneiten Straßen entlangmüht und endlich die Hauptkampflinie erreicht, ist nicht viel. Die Agonie des Nachschubs wirkt sich natürlich auf die Kampfgruppen aus.

»Munition!«, schreit die Front.

»Verdammt, wenn wir kämpfen sollen, wollen wir auch zu fressen haben«, murren die Landser.

Der versprochene Sieg bleibt wieder einmal aus. Im Gegenteil. Zum zweiten Male weicht das deutsche Ostheer vor dem anstürmenden Gegner zurück, und während sich in Berlin und in der Wolfsschanze die Generäle mit dem Obersten Kriegsherrn in den Haaren liegen, Bannsprüche ausgesprochen und einige Selbstmorde befohlen werden, versucht der deutsche Landser, den sowjetischen Koloss aufzuhalten.

Bei Nikolajew liegt die 306. Infanteriedivision und versucht krampfhaft, eine Verbindung mit den im Kessel von Nikopol eingeschlossenen Kameraden herzustellen. Die Russen sind überall. Wo gestern noch ein deutscher Gefechtsstand war, ist heute ein roter zu finden, der den Beschuss aus Stalinorgeln lenkt oder frisch aus der Nogaischen Steppe herangeholte Schützenbrigaden in den Kampf wirft. Panzer tauchen plötzlich auf, wie aus dem Boden gestampft, und machen Jagd auf fliehende Landsergruppen.

Da und dort sammelt sich ein Haufen und gräbt sich unter dem Kommando irgendeines fremden, plötzlich aufgetauchten Offiziers in den Schnee und wehrt sich ein paar Stunden oder Tage verzweifelt gegen die rote Übermacht.

Die Männer vom Strafbataillon wissen schon längst, dass sie hier so etwas Ähnliches wie Lückenbüßer sein sollen. Bis dicht hinter die Front sind sie per Lastwagen gekarrt worden. Eine Stunde später beziehen sie eine notdürftig ausgehobene Stellung auf einem verschneiten Hügelrücken. Der Kompaniegefechtsstand befindet sich in einem Ruinendorf.

Als ob die russischen Soldaten schon wüssten, dass ein neuer Gegner auf den Plan getreten ist, empfangen sie die Heuberg-Soldaten mit Wolga- und Stalinorgeln und legen den sich in ihren Schnee- und Erdlöchern zusammenkriechenden Vaterlandsverteidigern einen Feuerzauber vor die Nase, dass ihnen Hören und Sehen vergeht. Dann jaulen die Artilleriegeschosse heran und malen schmutzige Flecken ins Weiß der Landschaft.

Natürlich ist es den als wehrunwürdig gebrandmarkten Menschen aus Zuchthäusern und KZ wenig angenehm, dass sie nun von den eigenen roten Gesinnungsgenossen dort drüben beschossen werden.

Bevor die 999er herankamen, waren die 500er da. Strafsoldaten wurden durch Strafsoldaten ersetzt. Die 500er und mit ihnen alle übrigen Feldstrafabteilungen setzen sich aus bestraften Soldaten zusammen, nicht aus bestraften Zivilisten. Sie haben militärische Verfehlungen abgebüßt, die zum Teil nichts weiter waren als ein allzu bedenkenloses Draufgehen, das Kameraden das Leben kostete.

Unternehmen, gegen den Befehl oder ohne Befehl ausgeführt, brachten unter Maria Theresias und den bayerischen Fahnen den Tod nur bei Misslingen. Gelang der Streich, gab es Beförderung, persönlichen oder erblichen Adel und die Ritterschaft in eigens dafür geschaffenen Orden. Auch das für seine eiserne Disziplin bekannte Preußen kannte in vielen Fällen seine Yorcks von Wartenburg.

In Hitlers Wehrmacht gab es keine geschriebenen Gesetze für solche Fälle. Beförderung oder Erschießung waren dem Gutdünken des Kommandierenden Generals und seines Divisionsgerichtes anheimgestellt.

Bei den 500ern, die von den 999ern abgelöst wurden, marschierten Stabsoffiziere, Hauptleute, Portepeeträger, Unteroffiziere und Gemeine in Reih und Glied, alle zu Schützen geworden, genau wie bei den 999ern. Sie zogen wortlos aneinander vorüber und bedachten sich mit misstrauischen Blicken.

Nun hocken die anderen Sträflinge des Dritten Reiches in den notdürftigen Schützenlöchern und zittern, wenn eine Granate in nächster Nähe einhaut und einen Regen aus Dreck und Steinen auslöst.

»Mensch, det halt ick nich mehr aus«, jammert Emil Schlegel ein übers andere Mal. »Hätten se mich bloß im Zuchthaus gelassen! Dort war mir viel wohler um die Rosette!«

Was Emil Schlegel in seiner Angst um das bisschen vermurkste Leben zum Ausdruck bringt, denken oder beklagen auch die anderen. Der Befehl, die begangenen Sünden durch Tapferkeit gutzumachen, ist nicht leicht durchzuführen. Denn dem verliehenen, aufgenähten oder noch in der Tasche steckenden »Raubvogel« wohnen keine Zauberkräfte inne. Er hält weder herumschwirrende Granatsplitter noch pfeifende Scharfschützenkugeln ab.

Am späten Nachmittag steigert sich der Beschuss von drüben zum Inferno. Ein Granatvolltreffer wischt die zweite Gruppe des ersten Zuges weg. Feldwebel Helm, auf dem Heuberg ein gnadenloser Schleifer und Brüller vor dem Herrn, ist spurlos verschwunden. Der Volltreffer hat ihn in tausend Fetzen gerissen. Vier Verwundete jammern nach dem Sani, ebensoviele Tote liegen im Grabenstück, über dem die schmutziggraue Sprengwolke abzieht.

Helmut Kalmeder ist als Melder eingesetzt. Als die Granate eingeschlagen hat, ist er nur fünfzig Meter von der Einschlagstelle entfernt gewesen. Jetzt rennt er geduckt zum Gefechtsstand.

»Zwote Gruppe vom ersten Zug ausgefallen, Herr Oberleutnant«, meldet er atemlos. »Feldwebel Helm ist tot.«

Oberleutnant Greiner nickt nur. Dann wendet er sich an Wenzel Schimanek, der in der Ecke hockt und ein Paar frische Fußlappen um die Füße wickelt: »Hauptfeldwebel, übernehmen Sie den ersten Zug.«

Schimanek hält in der Bewegung inne und starrt den Chef entgeistert an.

»Ich?«, fragt er entsetzt.

»Ja, Sie!«, schnauzt Greiner. »Oder muss ich Ihnen den Befehl noch schriftlich geben?«

Verdattert schüttelt Schimanek den Kopf, zieht die Stiefel an, schnallt das Pistolenkoppel um die Tarnjacke und sucht den weißgestrichenen Stahlhelm herbei. Als Schimanek den Gefechtsstand verlässt, tauscht er noch einen raschen Blick mit Kalmeder.

Draußen kracht und fetzt das feindliche Artilleriefeuer. Von der morschen Zimmerdecke des Russenhauses herab rieselt feiner Schutt. Das Hindenburglicht auf dem zusammenklappbaren Feldtisch flackert unruhig. In der Ecke hocken zwei Nachrichtenleute und fummeln am Fernsprechgerät herum.

Helmut nimmt den Stahlhelm ab und setzt sich auf eine leere Munitionskiste. Er kramt nach den Zigaretten und zündet sich einen Stummel an.

Da rasselt der Feldfernsprecher. Einer der in der Ecke hockenden Nachrichtenmänner reißt den Hörer ans Ohr. »Hier Schneefuchs.« Er horcht, schaut zum Oberleutnant auf und sagt: »Das Bataillon, Herr Oberleutnant.«

Greiner spricht mit dem Bataillonskommandeur. »Jawohl, habe verstanden, Herr Hauptmann ... Nein, nein, ich glaube, dass mein Haufen in Ordnung ist. Wir halten die Stellung.«

Vom anderen Ende der Leitung kommt noch etwas, worüber Greiner nickt. Dann sagt er »Ende« und legt auf.

Sein Blick huscht zu Helmut und beißt sich an ihm fest. »Kommen Sie mal her, Kalmeder.«

Helmut erhebt sich und nimmt Haltung an. Dieser Greiner ist bisher durch nichts hervorgetreten – weder auf dem Heuberg noch während der langen Reise. Greiner ist kein Scharfmacher. Aber vielleicht kränkt es ihn, dass man ihn als Kompaniechef zu einer Strafeinheit versetzt hat.

»Weswegen sind Sie seinerzeit bestraft worden, Kalmeder?«

Helmut meldet knapp sein Vergehen wider den Staat. Greiner nickt und streicht sich mit der Hand über die silbergrauen Bartstoppeln.

»So, so«, murmelt er, »deswegen also. Vier Jahre haben Sie abgesessen, ehe Sie zu uns kamen?«

»Vier Jahre, jawohl, Herr Oberleutnant.«

»Sind Sie noch das, weswegen Sie bestraft wurden?«

Helmut schweigt und hält dem Blick des Offiziers stand. Da sagt Greiner: »Es ist schon viel geredet worden, Kalmeder – vom Gutmachen, vom Bewähren und so ... Ich will Sie nur noch einmal darauf hinweisen, dass für Sie jetzt tatsächlich die Stunde der Bewährung gekommen ist – für euch alle. Eben wurde mir gemeldet, dass bei der ersten Kompanie drei Mann übergelaufen sind. Desertiert also. Ich will nicht hoffen, dass so etwas auch in meiner Kompanie vorkommt. Letzten Endes bade ich das aus. Mich macht man in vollem Umfang für euch verantwortlich. Sie haben mich verstanden, Kalmeder?«

»Vollkommen, Herr Oberleutnant.«

Greiner nickt. Die beiden Nachrichtenmänner in der Ecke spitzen die Ohren. Es sind ebenfalls ehemalige Sträflinge. Der eine ist Gastwirt und hat ein paar Schweine schwarzgeschlachtet, der andere gibt an, sich mit einem jüdischen Mädchen eingelassen zu haben.

Drei Mann sind also übergelaufen zum roten Freund, dessentwegen man in Unehren geriet und ein Hundeleben führen musste. Vielleicht laufen noch mehr über!

Helmut denkt schon lange daran, die Front zu wechseln. Er spricht ausgezeichnet russisch, er ist von der kommunistischen Idee durchdrungen. Seit er in Russlands Weiten marschiert ist, kommt er sich so ähnlich wie daheim vor. Die Erinnerung an Moskau ist wachgerüttelt worden – alles, was man damals gesehen und gierig in sich aufgenommen hat: die Lehre aus unmittelbarer Nähe, die Menschen, die freundliche, lachende, junge Generation des neuen Russlands.

Es hat sich noch keine Gelegenheit ergeben, das durchzuführen, worauf man so lange gewartet hat. Der rote Genosse feuert auf die anonymen Genossen. Der Lauf nach drüben würde das Ende bedeuten. Also heißt es abwarten!

Helmut ist von den Worten und der Ermahnung des alternden Oberleutnants nicht beeindruckt. Greiner hat mitgeholfen, die Entehrten zu schinden, hat keinen vom Pfahl losbinden lassen, hat Belehrungen abgehalten und in das gleiche Horn gestoßen, in das auch die anderen stoßen.

Nein, Helmut Kalmeder ist nicht beeindruckt von dem, was man ihm vorhin gepredigt hat! Alle sind Egoisten, alle denken nur an sich selbst und das bisschen Leben, das man jetzt mithilfe von Ganoven und Andersgesinnten verteidigen soll!

Als Helmut zu Kranz geht, der weiter unten im Dorf in einem zerschossenen Bauernhof an der Feldküche steht und Kaffee kocht, schweigt plötzlich das feindliche Feuer. Schlagartig wird es still, so still, dass man das Verschmoren der brennenden Katen hört und das Sausen der Flammen.

Da ertönt mit einem Mal Marschmusik. »Alte Kameraden«. Die Musik schmettert in den nach Pulver und Brand stinkenden Abend. Helmut bleibt wie angewurzelt stehen und horcht.

Jäh bricht die Musik ab, und eine gewaltige Stimme beginnt zu sprechen: »Achtung, Kameraden vom Bataillon 999! Hier spricht die Stimme der Front! Wir begrüßen die aus politischen Gründen Vorbestraften unter euch! Wir hoffen, dass ihr euch eurer Aufgaben bewusst seid! Wir haben eine interessante Mitteilung! Euch hat man erzählt, dass die Verpflegung nicht nachgekommen sei. Sie ist nachgekommen, aber sie wurde von euren Offizieren und Ausbildern aufgefressen! Fragt mal den Hauptfeldwebel Semmler vom vierten Bataillon, wohin er die Kisten mit den Zigaretten und euren Lebensmitteln geschickt hat? Fragt eure Offiziere, wo sie die Dinge herhaben, die sie in aller Heimlichkeit fressen?«

Und wieder ertönt die Marschmusik.

Helmut schüttelt den Kopf. Nee, das war denn doch ein bisschen zu dick aufgetragen von den roten Genossen drüben! Aber ganz gut gemacht, o ja! Schmunzelnd setzt Helmut seinen Weg fort.

Kranz steht vor der Feldküche und legt Holz ins Feuerloch, als Helmut ankommt und ihm auf die Schulter schlägt.

»Hast du das gehört, Pfäfflein?«

»Natürlich«, brummt Kranz. »Deine Genossen hätten sich was Besseres ausdenken sollen. Mir ist jedenfalls nicht bekannt, dass wir Zigaretten und Lebensmittel bekommen haben.«

Die Musik bricht von Neuem ab, und die Donnerstimme erhebt sich: »Kameraden vom Bataillon 999! Ihr kämpft vergebens! Opfert euer Leben nicht für Hitler, der euch geschunden hat! Kommt zu uns herüber! Wir garantieren euch, dass es euch gut gehen wird! Ihr braucht keine Waffe mehr anzurühren, ihr bekommt reichlich zu essen, ihr werdet ein schönes Leben bei uns führen! Der Krieg ist aus für euch! Hitler hat ihn schon verloren! Also, Kameraden! Von sechs bis sieben Uhr heute Abend ist Feuerpause. Nützt sie und kommt zu uns herüber! Zwischen sechs und sieben Uhr! Wir warten auf euch!«

Wieder dröhnt Musik. Mitten hinein knattert MG-Feuer. Irgendwo weiter hinten ploppen schwere Granatwerfer. Dann bricht die Musik ab, und nur das Geratter der Maschinengewehre ist noch zu hören.

Helmut schlürft den Trinkbecher leer. Kranz wärmt sich die Hände am Kochkessel.

»Kommst du mit ... zwischen sechs und sieben, Pfäfflein?«

Kranz schaut an Helmut vorbei – irgendwohin in die düstere Ferne. Dann sagt er gedankenvoll: »Dort drüben finde ich meinen Herrgott auch nicht, mein Junge. Deshalb bleibe ich lieber hier, bei unseren Gottlosen ... und warte. Es macht mir mittlerweile nichts mehr aus, mein Junge.«

Helmut hält den heißen Trinkbecher zwischen den Händen. »Pfäfflein, dein Herrgott hat dich ebenso verlassen wie all die anderen. Sei endlich ein Mann, reiß dich los von dem, was dir keinen Nutzen, nur Schaden gebracht hat! Fang mit mir ein neues Leben an ... drüben, auf der anderen Seite. Ein mannhaftes Leben, Pfäfflein! Weg mit der Soutane, weg mit dem Rosenkranz – das Werkzeug des Geistes neu schärfen und arbeiten lassen! Das lohnt sich, Pfäfflein, und nicht das Beten und Warten und die Demut in Gott!«

Kranz schüttelt den Kopf. »Ich lasse mich von dir genauso wenig überzeugen, wie du dich von Inge hast überzeugen lassen, Helmut.«

Helmut blickt zu Boden und schweigt. Dann sagt er heiser: »Mein Glauben will die Welt verbessern – der deine sieht sein Ziel im Jenseits! Ich möchte wissen, worauf du wartest!«

»Auf den Frieden, mein Junge.«

Helmut lacht trocken. »Nach diesem Krieg kommt kein Friede, Pfäfflein. Es kommt ein neuer Kampf, eine nochmalige Revolution – eine Revolution des Geistes. Gott, den du bei jeder Gelegenheit im Munde führst, wird weiterhin schweigen und es den Menschen überlassen, sich eine neue Welt aufzubauen. Und an dieser Welt will ich mitbauen, Pfäfflein, mitbauen, bis sie unerschütterlich geworden ist.«

»Ohne Gott, von dem du mich loslösen willst?«, fragt der andere.

»Mit oder ohne«, erwidert Helmut, »aber die neue Welt wird durch die Menschen erstehen.«

Das Gespräch muss beendet werden. Unteroffizier Pratsch kommt aus dem Haus und blökt herüber: »Kranz, wetz mal schnell zum Bataillon rüber und gib die Verpflegungsliste ab!«

Für Emil Schlegel war die verstummte Stentorstimme Schalmeienmusik. Er lässt die lautstarke Aufforderung auf sich wirken und schaut angestrengt auf die andere Seite hinüber, wo ein paar vereinzelte Einschläge tanzen und Rauchpilze erzeugen. Dann wendet sich Emil an seinen Nebenmann.

»Du«, sagt er halblaut, »det war bestimmt eener von die 999er!«

Der schmale Bursche mit dem flaumigen Kinn und den abstehenden Verbrecherohren – er hat in Dessau jahrelang Fahrräder geklaut und gewinnbringend verscheuert – nickt emsig: »Der ist schon drüben, Emil, dem geht's besser als uns.«

»Wenn ma noch länga hierbleiben, Hansi, kneifen wir ooch noch den Arsch zusammen.«

Der Dessauer Fahrraddieb guckt sich um und flüstert dann Emil ins Ohr: »Hauen wir ab?«

»Ick bin sehr dafür«, raunt Emil zurück. »Ick hab det Leben hier satt. Hier sin und bleiben wir Blechnapf-Fresser, bis wir kaputt sin.«

»Ist ganz meine Meinung. Dann also – kurz nach sechse?«

Emil Schlegel nickt nur und gibt Hansi Weiß einen Stoß in die Seite, denn Hauptfeldwebel Schimanek schleicht geduckt den Graben entlang.

»Alles in Ordnung?«, fragt er und rückt den verrutschen Stahlhelm gerade.

Emil Schlegel grinst: »Bis uff det viele heiße Eisen, wat hier rumzuflattern pflecht – alles in Ordnung, Herr Hauptfeld.«

Schimanek verschwindet um das Grabeneck. Die beiden verdächtigen Helden werfen sich einen Blick der vollkommenen Übereinstimmung zu und stellen sich an die Grabenbrüstung, um zum Feind hinüberzupeilen.

Das MG-Feuer ist verstummt. In nördlicher Richtung, weit hinter dem verschneiten Wald, rummelt Artilleriefeuer. Der Himmel hängt tief und ist konturenlos grau. Dort, wo der Feind sich eingegraben hat, etwa dreihundert Meter von der deutschen Verteidigungslinie entfernt, rührt sich nichts. Es ist ja sechs Uhr abends. Die Russen halten ihr Versprechen. Kein Schuss fällt.

Es ist ein wartendes Schweigen, ein herausforderndes. Die weißen Hügelrücken, die der Feind besetzt hält, verfärben sich allmählich blau. Es sind die Schatten der Nacht. Sie begünstigen Überläufer, sie gewähren ein bisschen Schutz gegen nachpfeifende MG-Garben oder Schützenkugeln.

Nicht Emil Schlegel und sein Kumpan allein starren unentwegt auf die andere Seite hinüber. Noch jemand steht an der Grabenbrüstung und starrt hinüber: Wenzel Schimanek. Er ist sich völlig darüber im Klaren, dass sich das deutsche Kampfgeschehen ungünstig entwickelt hat. Er hat es überall gehört und sich daraus eine eigene Meinung gebildet.

Neben Schimanek stehen noch zwei Gestalten, bewegungslos, die Blicke geradeaus gerichtet. Zwei Strafsoldaten. Der eine nagt an der Unterlippe, der andere wischt sich immerfort mit dem vereisten Fäustling unter der Nase entlang und gibt ab und zu einen brummigen Ton von sich.

Da sagt der eine, mehr für sich: »Wieder kein Fressen da. Zum Kotzen.«

Der andere nickt nur.

Schimanek wendet den Kopf. Sein Gesicht ist nicht zu erkennen unter dem Stahlhelm.

»Wenn ihr fressen wollt, braucht ihr nur rüberzurennen.«

»… und Sie knallen uns von hinten eine drauf!«, ergänzt einer der beiden Landser.

Schimanek fletscht die Zähne. »Wer sagt das?«

Erschrockenes Schweigen. Dann flüstert der Größere der beiden: »Sie schießen wirklich nicht, Herr Hauptfeld?«

»Wenn's bei den Roten drüben was Anständiges zu fressen gäbe … nee. Aber man weiß nichts Genaues.«

Da sagt der andere, der kleinere rasch: »Probieren wir's halt mal.«

Schimanek lässt ein paar Sekunden verstreichen, ehe er zischt: »Denn man los, Kameraden! Ich mache mit!«

Gerade in dem Augenblick, da Oberleutnant Greiner mit Leutnant Thann die Stellung entlanggeht und sich bemüßigt fühlt, diesem oder jenem ehemaligen Sträfling ein nettes Wort zu schenken, bewegen sich erst drei, dann fünf, dann acht dunkle Punkte über die weiße Fläche. Die Überläufer!

Von irgendwo ertönen Rufe. Ein paar Schüsse krachen. Die dunklen Punkte im Niemandsland hasten weiter. Von drüben ertönt das phlegmatische Getacker eines Russen-MGs: Feuerschutz für die Überläufer. Dann tackert noch ein MG, dann ein drittes.

Helmut kommt in den Graben gestürzt und prallt auf Oberleutnant Greiner.

»Schießen!«, brüllt der Chef. »Verdammt nochmal, schießen hab ich befohlen!«

Er versetzt dem MG-Schützen einen Fußtritt. Und jetzt beginnt das erste deutsche MG zu rattern, nervös, ungenau, ins Leere.

Links drüben bewegen sich wieder dunkle Punkte im Schnee. Heiseres Geschrei dringt herüber. Jetzt patscht einzelnes Schützenfeuer.

»Feuer frei!«, brüllt der Leutnant.

»Diese Hunde«, knirscht Oberleutnant Greiner, »diese Verbrecher!« Dann stößt er den MG-Schützen zur Seite, reißt den Kolben an die Wange und feuert den ganzen Gurt leer.

Helmut lehnt an der Grabenwand und blickt sich gehetzt um. Es ist zu spät, um das zu tun, was die anderen schon getan haben. Jetzt kommt keiner mehr mit heiler Haut drüben an. Die Chance ist verpasst. Endgültig!

Er ballt die Hände zu Fäusten und knirscht mit den Zähnen. Verpasst! Aus! Kranz ist schuld! … Oder soll ich es trotzdem noch wagen? Nein, es wäre Irrsinn, reiner Selbstmord. Es geht nicht mehr. Die ganze Verteidigungslinie ist in Aufregung geraten! Die ganze deutsche Front feuert, als seien die Russen zum Sturm angetreten!

Greiner hat das MG sinken lassen und dreht sich um. Er wischt sich mit dem Mantelärmel über das Gesicht und murmelt: »Schweine, elende …« Dann brüllt er: »Meldung der Namen, die übergelaufen sind! Wehe, wenn es noch einer wagt!«

Das Geschieße wird zu einem Kleckern. Dann verstummt es ganz. Zu viel wertvolle Munition wurde bereits für ein paar elende Überläufer vergeudet, Munition, die im Ernstfall fehlt.

Als die Namen durchgesagt werden, ist auch der des Hauptfeldwebels Wenzel Schimanek dabei.

Helmut Kalmeder ist zugegen, als Oberleutnant Greiner mit bebender Stimme das Vorkommnis dem Bataillon meldet: »Elf Mann übergelaufen, darunter ein Portepeeträger …«

Zehn Mann der dritten Kompanie haben die große Probe nicht bestanden, ein elfter ist mitgelaufen. Ob freiwillig oder nicht, das weiß keiner.

Die Gegenmaßnahme lässt nicht lange auf sich warten. Mit einer solchen Kompanie kann man den Krieg nicht gewinnen, ja nicht einmal verlängern!

Es ist dunkel und es schneit, als hinter der Stellung klirrende Geräusche laut werden und eine lange Schlange Gestalten angestapft kommt.

Die Ablösung. Nur eine halbe Kompanie Regulärer. In der Finsternis kann man nicht sehen, was für welche es sind, die den Verteidigungsabschnitt der Strafsoldaten übernehmen.

84 Mann der dritten Kompanie sind es, die aus den Stellungen gescheucht werden und hinter dem Dorf antreten müssen.

»Sie gehen auch mit!«, brüllt Greiner Helmut an. »Alle kommt ihr an die Wand, ihr Schweine!«

Das Stammpersonal ist plötzlich wieder scharf. Mit eingelegter MP, mit Fußtritten wird die bisher so pfleglich behandelte Restkompanie zusammengetrieben, angebrüllt, mit Kolbenhieben auf Vordermann gebracht.

»Ohne Tritt – marsch, ihr Schweine!«

Kranz marschiert neben Helmut.

»Warum bist du nicht weg?«, raunt Kranz.

»Warum bist du nicht mitgekommen?«, erwidert der andere ebenso leise.

»Meinetwegen bist du noch da?« Kranz' Hand tastet nach der Helmuts, findet sie, drückt sie innig.

»Ja, deinetwegen«, murrt Helmut. »Oder denkst du, ich lasse dich allein zurück? Außerdem war es schon zu spät«, fügt er hinzu.

»Schneller, ihr Ganoven ... lauft!«, brüllt es vorne. Man hört Hiebe und Gejammer, als die Unteroffiziere ihren Zorn an den Zurückgebliebenen auslassen.

Ohne Waffen stolpern sie durch die Nacht. Als einer nach links ins endlose Weiß ausbrechen will, patschen ein paar Schüsse.

»Karl Zenker haben sie umgelegt«, geht es von Mund zu Mund.

Karl Zenker, der Feldpostdieb – der Vater der kleinen Dorle. Er liegt verkrümmt im Schnee, und keiner wird ihn eingraben und keiner wird ein letztes Gebet für ihn sprechen. Lange wird es dauern, bis Frau Zenker weiß, dass ihr »Karle« nicht mehr wiederkommt und in Russland geblieben ist. Für immer.

Die Wut der Stammleute treibt vielfältige Blüten. Es regnet Kolbenhiebe und Ohrfeigen, es regnet Püffe und Fußtritte. Vorneweg stapft Oberleutnant Greiner, neben ihm der Leutnant, der in Saloniki zu diesem Jammerhaufen abkommandiert wurde.

»Das gibt ein schlimmes Nachspiel, Thann«, sagt Greiner, »das baden alles wir aus! Ich war nie dafür, dass dieser Verbrecherhaufen im Osten eingesetzt wird, aber man hat mir ja nicht geglaubt!«

»Wenn wir noch länger dort geblieben wären, wäre uns der ganze Sauhaufen übergelaufen«, meint der junge Leutnant.

Der Morgen graut. Sie stolpern noch immer, angetrieben von heiseren Rufen, vorangedroschen mit Gewehrkolben und Fußtritten.

Kranz geht aufrecht, als schreite er einem Amt entgegen.

»Mein Junge«, sagt er mit fast heiterer Stimme, »dies alles müssen wir erleben, um die volle Wahrheit zu erkennen. Sie ist schauderhaft, aber sie läutert uns, sie macht uns reif für den Herrn.«

»Hör auf!«

»Es ist so, Helmut, es ist so. Ich glaube jetzt mehr denn je an das, was uns die Bibel lehrt. Wir sind die Männer im Feuerofen …« Er redet weiter, er nimmt Fußtritte entgegen und missachtet sie. »Gott liebt uns, deshalb lässt er uns leiden.«

Dann singt er und er schweigt erst, als Pratsch wütend heranspringt und ihm mit der Handkante über den Mund schlägt.

Ein Dorf taucht auf, eine größere Ortschaft. Truppenreste wimmeln herum. Am Weg stecken Hinweisschilder und Fähnchen im Schnee.

Josef Kranz hebt den langen Arm und weist voran, lallt mit geschwollenem Mund: »Der Feuerofen, mein Junge ... der Feuerofen!«

Es ist kein Feuerofen, es ist irgendein Gefechtstand im Hof einer Schule. Vor dem Portal stehen zwei Bronzefiguren: Kinder, die sehnsüchtig zum Himmel aufschauen. Und neben diesen Figuren stehen Posten und halten mit grimmigen Mienen die Maschinenpistolen gesenkt und schussbereit.

Feldpolizei. Eine Befehlsstelle des Sicherheitsdienstes muss es sein. Eine Menge SS läuft herum.

Die zitternden Gestalten, die auf dem Hof antreten, überkommt eine grausige Ahnung vom Ausgang dieses nächtlichen Ereignisses.

Was nun geschieht, davon schweigt die Kriegsgeschichte vor Scham.

»Antreten! Ausziehen! Stillgestanden! Mit dem Gesicht zur Mauer.«

Bedächtig langsam visitiert die Feldpolizei unter der Assistenz finster blickender SS-Männer die herumliegenden Klamotten. Eine Stunde vergeht. Eine zweite. Wer umfällt, wird verprügelt und wieder mit dem Gesicht zur Wand gestellt.

Währenddessen treffen weitere 999er ein. Der Hof füllt sich. Mit angstvoll aufgerissenen Augen starren die Neuangekommenen auf die anderen, die splitternackt in der Kälte mit dem Gesicht zur Wand stehen. Hungergestalten, knochige, zitternde. Ein paar hocken stumpfsinnig auf dem vereisten Boden und sind auch durch die viehischsten Hiebe nicht zum Aufstehen und Stillstehen zu bewegen.

Bjelaja heißt die Ortschaft! Ihr, die ihr diesen Hof, diese Schule erlebt habt, werdet Bjelaja nie vergessen! Bjelaja!

Das Stammpersonal ist verschwunden. Irgendwo in einem Schulraum wird der Oberleutnant stehen und Rechenschaft ablegen für seinen miesen Haufen, den er nicht straff genug in den Kampf geführt hat.

»Anziehen, ihr Schweine!«

Hiebe, wieder Hiebe. Durch eine Prügelgasse taumeln sie in einen Keller – hinuntergestoßen die schlüpfrigen Treppen, ins Dunkle, muffig Stinkende. In ein großes Grab.

Schreie. Ächzen. Flüche.

Immer mehr kommen die lange Kellertreppe heruntergekollert, mit kraftlosen Gliedern, mit Geschrei.

Tür zu!

Es ist stockfinster. Mann steht neben Mann. Hinlegen ist unmöglich. Im Nu ist die Luft verpestet und stickig.

Sie hocken sich nieder, sie starren in die entsetzliche Finsternis.

»Josef! Josef!«

»Hier bin ich, Helmut! … Hier!«

Sie finden sich wieder und klammern sich aneinander.

»Josef, gehört das auch zu dem, woran du glaubst?«, fragt Helmut. Er fragt es ohne Häme.

Der Pfarrer kann nur mühsam sprechen. Ein paar Zähne sind ihm ausgeschlagen worden. Das Genick ist steif von den vielen Hieben.

»Helmut … hilf mir … ich beginne zu schwanken.«

Da schweigt Helmut. Er will Kranz nicht noch mehr quälen. Nicht die Hiebe, nicht die Tortur schmerzt ihn, sondern das Wanken seiner bisher so standhaft gebliebenen Seele.

»Komm, setzen wir uns, Josef ... hierher.«

Sie rutschen an der feuchten Kellermauer nieder, halten einander an den Händen fest und lassen die Köpfe hängen.

Flüche hallen durch das stickige Dunkel. Schreie. Dort hinten irgendwo lacht einer irr.

Sie haben keinen Hunger, keinen Durst – sie haben nur Angst, dass jetzt das Ende kommt. Nur diese schreckliche Angst!

Oben patschen Schüsse. Erst einzeln. Dann rasch hintereinander. Die Zeit steht still. Das Leben hat aufgehört.

Helmut hat geschlafen. Ein irres Gelächter schreckt ihn auf. Eine besänftigende Hand legt sich auf seinen Arm, eine lallende Stimme ertönt: »Der Erste ... bald werden es mehr sein.«

Die Tür am oberen Ende der mit Gestalten belagerten Treppe bleibt geschlossen. Einen Tag lang, einen zweiten.

»Hunger!«, brüllt jemand. »Gebt uns zu fressen!«

Heiser brüllen die Rufe durcheinander. Der kalte Schweiß bricht aus. Die Lungen japsen krampfhaft in der verpesteten Luft.

Der Keller von Bjelaja! Nach etwa sechzig Stunden wird die Kellertür aufgerissen. Licht quillt herein, frische Luft.

»Schmidt, Rudolf!«, brüllt eine Stimme.

»Hier!«, ächzt es zwischen den Leibern. »Lasst mich

raus, Kameraden! ... Hier ist Rudolf Schmidt, Kameraden ... hier!«

Über muffige Menschenklumpen hinweg klettert Schmidt, greift in offene Münder hinein, in bärtige Gesichter und windet sich die steile Treppe hinan. »Hier ist Schmidt ... hier ...«

»Abel!«, ruft die Stimme, während Fäuste den Schmidt ins Freie ziehen. »Dengler ...«

Zehn Namen.

Sie kriechen hinauf, werden hinausgezerrt. Dann kracht die Tür wieder zu. Minuten später prasseln MP-Garben, und jeder im Keller von Bjelaja weiß, was das zu bedeuten hat.

Jetzt muss man das Aufgehen der Tür fürchten, jetzt muss man ein Brüllen unterdrücken, wenn das Licht von oben herabquillt. Es bedeutet das Ende.

»Hast du Angst, mein Junge?«, fragt die lallende Stimme neben Helmut.

»Nein. Ich wünsche mir, dass sie mich aufrufen. Je kürzer der Weg, desto besser.«

»Du hast ihn nicht geschafft«, sagt der Pfarrer. »So sehr hast du daran geglaubt, mein Junge ... und jetzt war alles vergebens.«

»Und du, Pfäfflein ... und du?«

»Es ist mein Amt, allen zu verzeihen, Helmut.«

Sie schweigen. Das Reden verbraucht Kräfte. Bis zur Mauer will man noch aufrecht gehen, bis zur Mauer. Nur nicht am Kragen hinauszerren lassen und die Pistole ins Genick gesetzt bekommen! Aufrecht sterben, ohne zu wanken!

Das hat Helmut Kalmeder beschlossen. Viele andere sind mehr tot als lebendig. In der Ecke singt jemand.

Irgendwo im Finstern erzählt einer von seiner Frau und den Kindern.

Helmut muss an Emil Schlegel denken und an Hansi Weiß und Wenzel Schimanek. Gut gemacht haben sie's! Hut ab! Respekt! Die Dummen sind wieder wir! Wir alle! Weiß Gott, man täte besser daran, einander die Kehlen durchzubeißen!

Das Grauen stumpft ab und erstickt im Brodem des Kellers. Manchmal jammert noch einer, da und dort flattert ein Seufzer durchs Dunkel, ertönt ein unverständliches Lallen.

»Mich friert ...«, flüstert Kranz. »Mich ... mich friert im Feuerofen ... es ist komisch, nicht wahr?«

Helmut tastet nach Kranz, berührt ein fieberheißes Gesicht, trockene Haut, ein glühendes, bartstoppeliges Gesicht.

»Mach mir keine Sorgen, Pfäfflein.«

»Nein, nein«, flüstert die Stimme, »bestimmt nicht, Helmut. Ich bin noch nicht abgehärtet genug«, kichert er. »Das Stehen im Freien ... und ganz nackt ... das war ein bisschen zu viel ...«

Er hüstelt trocken. Helmut legt den Arm um Kranz, und so hocken sie beide im Dunkel und schweigen.

Da ist es Helmut plötzlich, als sei er weit weg von hier. Mit geschlossenen Augen sieht er Inge auf sich zukommen: blond, lächelnd, die Hände nach ihm ausgestreckt. Er hört ihre Stimme: »Warum kommst du nicht mit mir, Lieber? Ich helfe dir. Der Weg in die Gesellschaft zurück kann dir freigemacht werden.

Es sind seltsame Gedanken, die von Helmut Besitz ergreifen – wärmende, kraftspendende. Er will sie festhalten und auf sich wirken lassen.

Inge! Sie hat es ehrlich gemeint, ja – sie hat sich dennoch seiner erinnert. Was muss sie in den vier Jahren erlebt haben, ehe sie sich entschlossen hat, zu ihm zu kommen? Er hat nicht danach gefragt, er hat nicht fragen wollen. Hätte sie den Namen des Bruders nicht ausgesprochen – er wäre vielleicht zu ihr zurückgekehrt. Doch als sie Rolfs Namen nannte, da wusste er, da redete er sich ein, sie wäre nur aus Mitleid gekommen, und Mitleid wollte er nicht. Deshalb ist er bei ihr geblieben, weil sie es wollte, und ist gegangen, als der Morgen graute. Vorbei.

Und jetzt – hier in dieser finsteren Hölle, in dieser Gruft, wo Menschen lebenden Leibes vermodern, hierher kommt sie plötzlich und steht vor ihm.

Alles Elend ringsum löst sich in Nichts auf. Weit entrückt ist Helmut der Not dieser Stunde und wandert durch die Gefilde der Vergangenheit. Noch einmal erlebt er alles von Anfang an – mit Inge. Er hält sie an der Hand, geht mit ihr durch den Park. Die Blätter taumeln zu Boden und breiten einen bunten Teppich aus ...

Da zerreißt die Vision. Die Tür fliegt auf. Licht prallt in die Finsternis. Eine metallische Stimme trommelt an die Ohren: »Herhören, ihr Verbrecher! Eigentlich solltet ihr alle exekutiert werden. Wäre nicht schade um euch Gesindel gewesen. Aber ihr habt Schwein gehabt!« Der Rufer hebt die Stimme zu proklamatischer Eindringlichkeit: »Ein Fernschreiben des OKH ist eingetroffen. Die Exekution ist aufgehoben! Noch einmal, ein letztes Mal!«

Aber kein Jubel bricht nach dieser Meldung los. Stumm und starr schauen fahle Gesichter in die Helle des Tages.

Sie begreifen es noch nicht, dass sie weiterleben dürfen, weiterleben müssen.

Das OKH hat am Ende die Konsequenz gezogen aus dem verunglückten Versuch, Verbrecher, Hoch- und Landesverräter und weltanschauliche Gegner Hitlers gegen die Rote Armee einzusetzen, und schaltet um auf eine andere Verwendung.

Etwa vierhundert geschundene Gestalten werden mit barschen Worten zusammengetrieben und in ein Gefangenenlager geknüppelt. Die ukrainischen Lagerwachen, die in der russischen Abteilung auf ihre besondere Art mit Ochsenziemern das aufrechterhalten, was sie Ordnung nennen, gucken verwirrt auf den zerlumpten Haufen Feldgrauer, der das deutsche Hoheitsabzeichen auf der zerknitterten Uniform trägt. Sie kümmern sich nicht weiter darum.

Das Lager wimmelt von gefangenen Russen. Stacheldraht trennt die Parteien. Die Fenster der Baracken sind vergittert, und am Zaun entlang patrouillieren Wlassowleute und Hiwis.

Wie nach der Hausordnung im Zuchthaus gibt es auch hier eine Art Freistunde nach dem Straßen- oder Stellungsbau. Da geschieht es dann, dass sich die deutschen Strafsoldaten und die gefangenen Russen und Kalmücken verlegen grinsend in die Gesichter schauen und so etwas Ähnliches wie eine Freundschaft unterm Galgen schließen. Heute sind sie noch gleichgeschaltet, morgen werden sie vielleicht schon unter General Wlassow für »Chitler« kämpfen. Übermorgen werden sie vielleicht schon auf die übergelaufenen 999er schießen, die drüben an den Lautsprechern hocken oder in roten Panzern auf die Jagd gehen.

Josef Kranz fiebert, aber er hält sich wacker auf den Beinen, repariert die Latrinen, schüttet Kalk in die Grube und taumelt mit gläsernem Fieberblick in die Unterkunft zurück, wenn die Trillerpfeife des Aufpassers den Dienstschluss anordnet. Eine Krankmeldung hat wenig Zweck. Wer nicht mehr auf den Beinen stehen kann, verschwindet spurlos.

»Nein, nein«, sagt Kranz zu Helmut, »ich halte es schon durch … es wird schon besser werden.«

Helmut hätte nun Gelegenheit, sich mit russischen Gefangenen zu besprechen, er lässt es aber sein. Irgendwie kommt er sich zu gut vor, um mit einem schlitzäugigen, grinsenden Kalmücken ein Gespräch anzufangen, bei dem doch nichts herauskäme.

Drei Tage nur bleibt der Haufen verdächtiger Helden im Gefangenenlager, dann wird es Hals über Kopf geräumt.

»Antreten, ihr Ganoven! Rechtsum – ohne Tritt marsch!«

Zum Bahnhof geht es. Es ist ein seltsamer Zug, der sich voranbewegt: deutsche Soldaten ohne Waffen, verprügelt, misshandelt, gedemütigt, auf die unterste Stufe des Menschseins hinabgestoßen. Und warum? Nur weil zwei Dutzend von achthundert übergelaufen sind und die mühsam gewonnene gute Meinung des OKH erschüttert haben.

Der Güterzug steht auf offener Strecke. Je vierzig Mann klettern in einen Waggon. Die Hiwis passen scharf auf, dass ja keiner auskneift oder sonstige Sperenzchen macht. Mit Ochsenziemern und Gewehrkolben beschleunigen sie das Einsteigen. Türen zu! Riegel davor!

»Heim ins Reich«, liest man auf einem der Waggons. Mit Kreide geschrieben. Aus den mit Stacheldraht versponnenen Gucklöchern schauen struppige Gesichter – Gesichter, die weder lachen noch weinen können. Tote Gesichter.

5

Dr. Rolf Kalmeders Selbstmord, von dem die Berliner Tageblätter nur eine kurze Notiz auf der dritten oder vierten Seite gebracht haben, hat Inge doch in Bestürzung versetzt. Sie hat davon erst erfahren, als zwei Beamte der Kriminalpolizei bei ihr erschienen sind und ein kurzes Verhör angestellt haben, in welchem Inge zugegeben hat, dass sie sich am Vorabend des Geschehnisses von Rolf Kalmeder getrennt habe. Er sei, so hat sie ausgesagt, in äußerst erregtem Zustand von ihr gegangen; an einen Selbstmord habe sie nicht im Entferntesten gedacht.

Die beiden Beamten haben das Vorkommnis ziemlich gleichgültig behandelt und keine weiteren Fragen an Inge gestellt, und Inge sieht auch keinerlei Grund, von Felix Haslachs Besuch zu sprechen.

So bleibt alles dabei, wie es die Zeitungsnotiz verkündet hat: Selbstmord eines Juristen wegen Liebeskummers. Der Gerichtsmediziner kann diesen augenscheinlichen Sachverhalt nur bestätigen.

An jenem Abend ist Felix Haslach gegangen, ohne dass Inge geahnt hätte, dass sie einen Mörder zur Tür hinausgelassen hat. Inge ist zu verzweifelt und durcheinander, als dass sie sich deutlich daran erinnern würde, Felix Haslach, dem der Auftritt anscheinend wenig behagt hat, Rolf Kalmeders Adresse gegeben zu haben. Schon gar nicht hat sie gedacht, dass Felix sich spornstreichs zu Kalmeder begeben würde, um ihn zu ermorden.

Inge ist ahnungslos. Felix Haslach hat sich seit jenem Abend auch nicht mehr sehen lassen. Sie erwartete ihn auch nicht mehr. Ihre anfängliche Bestürzung weicht allmählich, und sie gibt sich Mühe, alles zu vergessen, was mit Rolf Kalmeder zusammenhängt. Es war aus und vorbei! Sie hat ihn nicht geliebt – nie geliebt und sie hätte ihn – dies weiß sie jetzt – auch nie lieben können. Sein tragischer Tod berührt sie kaum noch, nachdem eine Woche verstrichen ist.

Inge hat sich wieder in den Trott des grauen Kriegsalltags eingeordnet und fährt jeden Morgen Punkt halb sieben mit der S-Bahn bis zum Treptower Park, geht das letzte Stück zum Büro zu Fuß und verrichtete ihre Arbeit. Beim Geklapper der Schreibmaschine fällt das Vergessen leichter, und das Büro und alles, was damit zusammenhängt, wird zu einer Art Endstation Sehnsucht. Die Leere des Herzens füllt sie mit Pflichtbewusstsein auf, das düstere Geschehnis verflüchtigt sich.

Auch heute ist wieder ein arbeitsreicher Tag zu Ende gegangen. Inge verlässt das Büro und tritt, den Mantelkragen an die Ohren klappend, auf die dämmerige Straße.

Die Luft ist feucht und riecht nach Rauch. Es sind wieder Bomben gefallen, und irgendwo schwelen die Trümmerstätten. Aber auch ein Hauch von frühlingsschwangerer Erde liegt in der Luft an diesem trüben Abend, der die Stadt einzuhüllen begonnen hat. Er weht von der anderen Straßenseite herüber, wo die ersten Goldregenbüsche zaghaft zu blühen beginnen. Eine Amsel pfeift ihr melancholisches Lied.

In Inges Kopf summt noch das letzte Diktat des Herrn Wendt. Sie geht langsam und gemächlich. Der

Zug fährt erst in zwanzig Minuten, und die S-Bahnstation ist nicht weit.

Ein paar vornübergeneigte Passanten hasten vorüber. Jemand grüßt. Es ist der einarmige Bürovorsteher der Firma Rainer & Co.

Als Inge um das Straßeneck biegt, steht ein Taxi am Gehsteig. Im Vorbeigehen hört Inge einen Zuruf, der ihr gilt: »Hallo – 'n schönen guten Abend!«

Inge bleibt stehen. Aus dem heruntergelassenen Wagenfenster schaut ein schmales, dunkles Gesicht, ein bekanntes. Felix Haslach.

»Ich habe auf Sie gewartet«, sagt er mit frischer Stimme. »Steigen Sie ein, Fräulein Inge.«

Sie zögert. Irgendetwas in ihr sträubt sich. Sie spürt Abwehr, einen gewissen Ärger in sich aufsteigen. Was will dieser Mann hier?

Der Wagenschlag wird geöffnet. Der Fahrer, ein breitschultriger alter Mann in dunkler Lederjacke, grinst auffordernd und sagt: »Bitte, Frolleinchen!«

»Ich bringe Sie nach Hause«, lässt sich Felix Haslach vernehmen.

Er trägt zivile Kleidung, einen gutsitzenden Anzug. Den hellen Trenchcoat hat er lose über die Schultern gehängt.

Inge lässt sich neben Felix ins verschlissene Sitzkissen des alten Taxis fallen.

»Wieder dienstlich in Berlin?«, fragt sie, während sie Felix kurz von der Seite mustert.

»Ja, 'n bisschen«, sagt er fröhlich, während der Wagen langsam anrollt. Dann ruft er dem Fahrer zu: »Lass dir ruhig ein bisschen Zeit, Onkel. Breitenbach vierzehn wollen wir.«

»Breitenbach vierzehn«, echot der Mann in der Lederjacke.

Inge sitzt schief in der Wagenecke und betrachtet Felix Haslach. Er ist ihr ein Rätsel, ein Phänomen der Zeit. Was war er, ehe er Soldat wurde? Er sieht aus wie ein Gentleman und redet im Jargon des Ganoven.

»Wie ist nun die Sache mit Kalmeder ausgegangen?«, fragt er sie.

»Er hat Selbstmord begangen. Wissen Sie es noch nicht?«

»Nee.« Felix schüttelt betroffen den Kopf. »Selbstmord?«

»Erschossen.«

»Nu guck mal einer an«, murmelt Felix, kramt in seinen Taschen, holt eine Schachtel Zigaretten hervor und reicht sie Inge. »Sehr traurig scheinen Sie darüber aber nicht zu sein, wie?«

Inge bedient sich wortlos. Sie lässt sich auch Feuer reichen. Es ist wieder eine *Atika*, deren aromatischen Rauch sie tief in die Lungen saugt.

Zurückgelehnt ins Kissen sagt Inge mit nachdenklicher Stimme: »Ich habe es zwei Tage später erfahren. Die Kriminalpolizei war bei mir und hat mich allerhand gefragt.«

»Haben Sie auch meinen Namen erwähnt?«

Inge schaut ihm ins Gesicht – in ein gespannt forschendes Gesicht.

»Waren Sie denn damals bei ihm?«, fragt sie.

»Ja«, nickt er. »Ganz kurz nur. Er gab mir das Tonband sofort heraus. Ich habe es bei mir, ich bin gekommen, um es Ihnen zurückzugeben, Inge.«

»Das Tonband?«

»Na ja, auf dem Sie ziemlich kritische Sachen geäußert haben.«

»Er hat es Ihnen gegeben?«, fragt sie ungläubig.

Felix grinst vielsagend. »Hat er, jawohl … nicht gern, aber dann doch.«

Sie legt ihre Hand auf seinen Arm und sagt gerade so laut, dass er es hören kann: »Und … und sonst ist nichts passiert, Felix?«

»Was soll passiert sein?«, fragt er gelassen. »Denken Sie etwa, ich …«

Er bricht ab. Ruhig erträgt er ihren forschenden Blick. Und dann greift er vorsichtig nach ihrer Hand und sagt mit gleichmütiger Stimme: »Aber Inge – an so etwas, wie der Kalmeder war, mach ich mir die Finger nicht dreckig.«

Es ist nur ein blitzartig aufsteigender Verdacht gewesen, und Inge schiebt ihn sofort wieder beiseite.

»Ich kann mir nur nicht gut vorstellen, dass er das Tonband so ohne Weiteres herausgegeben hat«, sagt sie und lehnt sich zurück.

»Er hat's aber doch, Inge. Na ja, 'n bisschen zureden musste ich ihm schon«, erklärt er. »Aber dann war er doch vernünftig und hat es mir gegeben. Hier ist es.« Er reicht ihr eine kleine, schmale Schachtel. »Vernichten Sie das Zeug, Inge!«

Inge betrachtet die Schachtel; dann lässt sie sie in der Manteltasche verschwinden.

»Ich danke Ihnen, Felix, Sie sind wirklich ein echter Freund.«

»Bin ich auch«, nickt er. »Ich mag Sie, Inge … ich mag Sie, seit ich Sie zum ersten Mal gesehen hab. Als ich dann wusste, dass Sie mit Helmut was haben, sind

… sind meine Gefühle für Sie rein freundschaftlicher Natur geworden.«

Wie er das so sagt, kann Inge nicht anders, als ihn für einen netten Kerl halten. Er ist ein Abenteurer, ein gewandter Bursche, der überall durchkommt und mit erstaunlicher Geschicklichkeit auf einem dünnen Seil spaziert.

Während des eintretenden Schweigens glaubt Inge, Felix dächte jetzt über das Gehörte nach. Das Taxi fährt langsam durch die im Zwielicht liegende Stadt, vorbei an noch schwelenden Trümmern. Ein Räumtrupp marschiert auf der rechten Straßenseite, die Hacken und Schaufeln geschultert. Arbeitsdienst. Blutjunge Burschen, geführt von einem hochaufgeschossenen Truppführer.

Inge und Felix schauen auf die marschierende Kolonne, die das Taxi jetzt langsam überholt.

Plötzlich fragt Felix: »Hätten Sie Lust, mit mir irgendwo zu Abend zu essen?«

»Und wo soll das sein?«

»Bei einem Bekannten – draußen am Müggelsee. Wenn wir Glück haben, können wir Brathuhn bekommen.«

»Brathuhn?« Inge spürt, dass sie schrecklichen Appetit auf Brathuhn hat; es ist eine Ewigkeit her, dass sie Brathuhn gegessen hat.

»Sie verfügen ja über unwahrscheinliche Quellen«, lacht sie und erteilt ihm dann ihre Zustimmung.

Das Taxi fährt nach Müggelsee hinaus. Es ist eine lange Fahrt, während der Felix davon plaudert, dass er wieder auf »Organisationsreise« sei. Er wohne privat. Bei guten Freunden.

»Sie haben wohl viele gute Freunde?«, fragt Inge vorsichtig.

»'ne ganze Menge«, erwidert er. »Man kann nicht genug gute Freunde haben.«

Das Ziel, von dem Felix gesprochen hat, liegt weit außerhalb der Stadt. Erst als der Wagen einen einsamen Weg zwischen Schrebergärten durchfahren hat, taucht ein kleines, einstöckiges Haus zwischen Bäumen auf. Ein großer Hund fängt zu bellen an.

Felix entlohnt den Fahrer mit den Worten: »Holen Sie uns in zwei Stunden von hier ab.«

»Geht in Ordnung, junger Mann«, sagt der Mann in der Lederjacke und tippt an seine Schirmmütze.

Felix reicht Inge den Arm: »Darf ich bitten?«

Sie gehen auf das Haus zu, dessen Fensterläden geschlossen sind.

»Wer wohnt hier?«, fragt Inge. »Das ist doch im Leben kein Speiselokal.«

»Habe ich was von einem Speiselokal gesagt?«

»Nein. Aber ich dachte …«

Er unterbricht sie und drückt dabei vertraulich ihren Arm: »Denken soll man den Pferden überlassen – die haben größere Köppe. Ich stelle Sie gleich meinem Freund Krischan Tumser vor. Hoffentlich ist er daheim.«

Felix sucht den Klingelknopf, aber noch ehe er ihn findet, geht die Haustür auf, und eine raue Männerstimme ertönt: »Wer ist da? Was ist los?«

»Ich bin's, Krischan – Felix.«

»Felix? – Ach, du bist es!«, sagt die raue Stimme. Sie spricht das »R« eigenartig hart und rollend aus. »Komm 'rein, Felixl. Wen bringst' mit?«

»'ne gute Bekannte von mir.«

Das Hundegebell ist verstummt. An Felix' Seite stolpert Inge in einen dunklen Hausflur. Eine zweite Tür tut sich auf. Dahinter liegt ein schummrig erhellter, mit alten Bauernmöbeln vollgepfropfter Raum. Das Zimmer ist überheizt. Auf der Bank vor einem dunkelgrünen Ungetüm von Kachelofen sitzt eine uralte Frau und strickt, ohne aufzublicken.

Inge mustert den Hausherrn. Sie schätzt ihn auf etwa fünfzig Jahre; er ist untersetzt, sehr breit. In seinem dunklen bärtigen Gesicht glühen ein paar forschende, kohlschwarze Augen. Sie halten der Musterung durch Inge stand und fixieren nicht minder aufmerksam das andere Gesicht. Krischan Tumser sieht wie Andreas Hofer aus: stämmig, ein markanter Bauernschädel auf breiten Schultern. Er trägt Manchesterhosen, die sich an den Knien ausbuchten, ein kariertes Hemd, dem Flicken aufgesetzt sind, und ein Halstuch. Die Hemdsärmel sind hochgeschoben und lassen starke, dicht behaarte Arme sehen.

»Hockt euch nieder«, sagt er mit rauer, dröhnender Stimme und rückt die schweren Bauernstühle zurecht.

Die Lampe brennt, tief über den Tisch herangezogen, und spendet einen scharf begrenzten Lichtschein.

Was sind das für Menschen? Was ist das für eine fremde Welt? Für sie, die Berlinerin, sind das Exoten, und Krischans Sprache verrät, dass er nicht aus der Gegend stammt.

Die uralte Frau auf der Ofenbank lässt die Stricknadeln sinken und hebt ihr runzeliges Gesicht, das von einem schwarzen Kopftuch halb verhüllt wird. Dünne, bläuliche Lippen verziehen sich zu einem Lächeln in die Breite, ein einziger gelblicher Zahnstummel wird dabei sichtbar, und unzählige Fältchen zerschneiden die Haut um die Augenwinkel.

»Dös ist meine Mutter«, hört Inge Krischan sagen. »Sie wird zu Michaeli dreiundneunzig. Sie ist taub.«

Als Krischan das gesagt hat, dröhnt ein anderes, fremdes Geräusch durch den stickig heißen Raum: Eine Kuckucksuhr beginnt zu lärmen. Achtmal ruft der Vogel.

»Krischan ist aus der Steiermark«, erklärt jetzt Felix, der neben Inge Platz genommen hat. »Wir kennen uns schon etliche Jahre, gell, Krischan?«

»Sell stimmt wohl«, brummt der bärtige Hausherr. »Wollt's an Roten trinken?«

Inge nickt benommen. Sie hört Felix fragen: »Gibt's Brathuhn, Krischan?«

»Nix mehr«, sagt der Bärtige brummig. »Musst schon mit dem Roten vorlieb nehmen – von dem hab ich noch ein Fassl voll. Muss sowieso weg.«

»Der Wein muss weg?«, fragt Felix verwundert. »Wohl«, nickt Krischan, »wir hab'n uns entschlossen, wieder hoamzugeh'n ins Steirerland. 's Haus hab'n wir vorgestern verkauft. In vierzehn Tagen san ma fort.«

»Mich haut's um«, sagt Felix betroffen. »So schnell ist das alles gegangen?«

»So schnell – ja. 's Ahnl mag nimmer länger dableib'n.« Krischan deutet mit einer Kopfbewegung zu der alten Frau hinüber. »Sie sagt, sie tät's Sterben schon spür'n und deswegen will sie hoam. – So, und jetzt bring' ich den Roten.«

Krischan nickt Inge freundlich zu und poltert aus der Stube.

»Uff«, sagt Inge, »heiß ist es hier.«

»Ziehen Sie doch den Mantel aus.« Er hilft ihr dabei. »Tut mir leid, dass es mit dem Brathuhn nichts ist, Inge. Aber wir essen woanders. Ich weiß noch ein paar gute Adressen. Jetzt trinken wir erst einen Schoppen Roten, der ist ganz prima! Südtiroler! Ohne den hätt's Krischan hier in Berlin keine vier Jahre ausgehalten.«

»Wie kommt er denn hierher?«, fragt Inge. »Und was macht er hier?«

Felix bietet die Zigaretten an und Inge bedient sich dankbar. Während er ihr das Feuerzeug reicht, berichtet er, dass Krischan Tumser in einem Müggelseer Holzverarbeitungswerk als Werkmeister tätig und gleich nach dem Anschluss Österreichs nach Berlin gekommen sei, zusammen mit der alten Mutter, an der er sehr hänge und die er nicht in der Heimat habe lassen wollen. Er, Felix, kenne den Krischan schon seit vier Jahren und habe über ihn eine Verbindung zu einem Rotwein-Lieferanten in Innsbruck bekommen.

»Seither kommen wir öfters zusammen«, schließt Felix lächelnd. »Und jetzt bin ich von den Socken, dass er wieder in die Steiermark zurück will.«

An der Tür poltert es. Krischan Tumser bringt einen Krug Wein, frisch gezapft vom Fass im Keller.

»Dass ma dich aa wieder mal sieht, Felixl«, ertönt seine starke Stimme. »Bist wieder beim Organisieren, alter Schlawiner?«

»'n bisschen.«

Krischans schwarze Augen streifen Inge. »Und Sie? San S' mit dem Felixl befreundet?«

»Sie ist die Bekannte eines Freundes von mir«, schaltet sich Felix ein.

Inges Stirn ist rot geworden.

Der Hausherr stellt zwei Zinnbecher auf den Tisch und schenkt blutroten Wein ein.

»Wollt's an Speck essen?«, fragt er.

»Her damit«, lacht Felix.

Während Krischan hübsche Holzbrettchen, Messer und Gabel, Brot und ein großes Stück schwarzgeräucherten Tiroler Speck auf den Tisch bringt, plaudern die beiden Männer miteinander.

Inge fühlt sich hier auf Anhieb wohl. Sie ist aufgestanden und zu der alten Frau hingegangen, hat ihr die Hand gereicht und ein greisenhaft klingendes »Grüß Gott, Dirndl« entboten bekommen.

Jetzt sitzt Inge wieder mit am Tisch und greift hungrig zu; es schmeckt ihr großartig, und das in Aussicht gestellte Brathuhn ist vergessen.

Krischan Tumser hockt an der anderen Seite des Tisches, die mächtigen, gorillaartigen Arme verschränkt, den schwarzgelockten Kopf, dessen Haar an den Schläfen schon silbrig schimmert, vorgeneigt.

»Warum siedelst du um?«, fragt Felix, während er mit vollen Backen kaut. »Passt es dir denn hier in Deutschland nicht mehr?«

Krisdian schüttelt den struppigen Kopf. »Naa, koa Stund' mehr, Felixl. Den Krieg verlier'n wir. Ich möcht, wenn all's in Scherben fällt, dahoam in meinem alten Häusl in St. Radegund sein. Dort halt ich's große Ende besser aus als wia hier in dem Stoanahaufen. I mag nimmer. 's Ahnl …« – er deutet wieder mit dem Kopf zu der alten Frau, die emsig weiterstrickt – »wimmert mir alle Tag die Ohren voll, dass sie hoam will.«

»Du glaubst also auch, dass der Krieg verloren ist?«, fragt Felix, während er sich mit der blau-weiß karierten

Serviette den fettigen Mund abwischt und zum Weinbecher greift.

»Nix ist sicherer als das, Felixl. Ich fürcht, der Krieg geht ganz schlimm aus.« Er wendet sich an Inge: »Oder san Sie eppa anderer Meinung, Fräulein?«

»Ich bin Ihrer Meinung, Herr Tumser.«

»Endlich jemand, der's offen zugibt«, knurrt Krischan. »Viele wollen's noch net wahrhaben, dass es so kommt. Ich könnt denen im Werk oft übern Schädel hau'n, wenn s' mit ihre Siegesparolen daherkommen und vom großen Endsieg reden, die Deppen, die damischen. Wia blinde Hühner rennen s' umher, und wenn du auch nur ein verkehrt's Wörtl sagst, bist g'liefert, sell is g'wiss.«

»Deshalb also siedelst du um«, bemerkt Felix.

Krischan lehnt sich weit zu ihm herüber. »I bin net taub, wie's Ahnl dort – i hör' noch, dass jede Nacht Bomben fallen. I mag mi net no im letzten Moment derschlag'n oder in tausend Fetzen reißen lassen, Felix. Siehst, und deswegen hab ich den ganzen Krempl da verkauft.«

»Und was sagen die im Werk?«

»Nix weiter. Ich hab g'sagt, dass ich 's Ahnl hoambring. Bin ich erst mal weg von Berlin, können s' mich nimmer z'ruckholen.«

»Wäre ich also vierzehn Tage später gekommen ...«

»wär ich schon weg g'wesen«, ergänzt der andere rasch.

Felix wendet sich an Inge. »Was sagen Sie dazu, Inge?«

Inge blickt Krischan freundlich an, als sie antwortet: »Ich kann es verstehen. Wenn ich's könnte, ginge ich auch von hier fort.«

»Weil S' einsehen, dass Berlin bald für die Russen da sein wird?«, fragt Krischan. »Oder für die Amis oder die Tommys und wie s' alle hoaßen, die über uns herfallen und uns wia an Streuselkuchen verteil'n werd'n?«

»So ähnlich wird es kommen«, murmelt Inge ernst.

»So kimmt's«, bestätigt Krischan.

Sie sprechen weiter über die Lage, sie sind sich alle vollkommen einig darüber, dass das große Ende sich bereits wie eine schwarze Gewitterwand herangeschoben hat.

Als Felix den Zinnbecher hebt und mit Inge anstößt, sagt er: »Na also, Inge – jetzt wissen wir, wo wir uns mal verkriechen können, wenn das Rennen zu Ende geht!«

»Zu mir könnt's jederzeit kommen«, ertönt Krischans Zustimmung.

Felix wendet sich an den bärtigen Freund. »Vielleicht nehmen wir dich sogar eines Tages beim Wort, Krischan!«

»Ist mir recht, Felixl. St. Radegund in der Steiermark, Mooshäusl.«

»St. Radegund in der Steiermark«, wiederholt Felix Haslach ernst. »Mooshäusl. Ich werd mir's merken, Krischan.«

Da wendet sich Krischan an Inge und sagt: »Wer dem Felix sein Freund' ist, ist auch mein Freund.«

Inge Grotius hat verstanden. Sie nickt dem bärtigen Manne zu und hebt ihren Becher.

»Zum Wohl, Herr Tumser.«

»Trinkt's nur, Leutl, trinkt's nur – der Rote muss weg, eh ich die Haustür hier abschließ.«

Der lange Transport poltert gegen Westen. Weit und schmutzigweiß ist das Land, durch den das Elend gekarrt wird. Der Transport vom Zuchthaus zum Heuberg war im Vergleich zu dieser Fahrt eine Urlaubsreise.

Das Begleitpersonal des Güterzuges scheint gänzlich vergessen zu haben, dass je vierzig Menschen in den Waggons hausen. Gleichgültig wie das Gepolter der Eisenräder ist den Wachmannschaften die lebende Fracht im schlenkernden, rumpelnden Gefängnis.

Die struppigen Gesichter, aus denen Ergebung oder Verzweiflung starren, sind von den Gucklöchern verschwunden. Seit drei Tagen rollt das Gefängnis auf den Breitspurgleisen der russischen Bahn. Seit drei Tagen hungern die Menschen in den Viehwaggons, seit drei Tagen brüllen sie nach Wasser, nach dem Sanitäter, nach ein bisschen Menschlichkeit.

Das Gejammer in den finsteren, pestilenzartig stinkenden Wagen wird vom Gerumpel der Räder zerhämmert.

Die Kälte schleicht durch die Ritzen. In den Ecken häuft sich der Kot. Fast in jedem Wagen liegt ein Toter, in manchen sogar zwei und drei. Es sind die, die diese viehische Zeit nicht mehr durchstehen konnten, die sich hinstreckten und ihr Leben stumm oder mit einem Fluch aushauchten. Niemand kümmert sich um die starren, nackten Gestalten in den Ecken. Man hat ihnen die Kleider, die zerlatschten Schuhe ausgezogen. Nackt, wie sie zur Welt kamen, liegen sie im Finstern und warten auf das letzte Recht, das auch dem Elendesten zusteht: in Würde begraben zu werden.

Endlich hält der Zug. Die Schiebetüren knallen zurück. Ein paar Brote werden in die Wagen geworfen.

»Wir haben einen Toten! Wohin mit ihm?«
»Schmeißt ihn raus!«
Sie müssen sich beeilen, die traurige Last auszuladen. Sie bleibt nackt und starr neben dem Bahngleis liegen.
»Einsteigen, ihr Schweine!« Kolbenhiebe, Fußtritte.
»Wasser ... bitte Wasser ...« winselt es aus den Türen.
»Keins da! Köppe weg!«
Die Schiebetüren krachen wieder zu. Die Lok pfeift schrill. Die Fahrt geht weiter.

Helmut Kalmeder kennt die Gestalten nicht, die um ihn herumhocken. Keiner kennt den anderen. Sie haben nur eines gemeinsam: das Elend, das viehische Elend, mit dem Menschen Menschen peinigen.

Josef Kranz stirbt seit vier Tagen, seit Helmut ihm in den Waggon geholfen und ihn in die Ecke gebettet hat. Der Gott, dem Josef Kranz in Demut gedient hat, beschleunigt das Verlöschen nicht, und es kommt kein Engel in die Finsternis, um Josef Kranz in Barmherzigkeit aus dieser entmenschten Welt zu führen und dorthin zu bringen, wohin es Josef Kranz auch in den finstersten Stunden seines Lebens verlangt.

Es ist zu dunkel im Waggon, als dass Helmut das bärtige Gesicht des Sterbenden sehen könnte. Er fühlt es nur mit zarten, tastenden Fingern – den weichen Bart, die schmale Nase, den halbgeöffneten Mund, aus dem kurze Atemstöße kommen. Dann und wann ein Seufzer, ein unverständliches Wort.

Drüben in der Ecke, unter dem Guckloch, das man mit einem Fetzen verhängt hat, um die hereinfauchende Kälte ein wenig abzuhalten, singt jemand. Er singt seit zwei Tagen. Die anderen hocken oder liegen gleichgültig und apathisch auf dem blanken Boden. Aus den flüssigen Exkrementen ist Eis geworden. Ein paar sind angefroren am Boden; sie spüren es nicht mehr. Sie sterben ebenfalls und hören als Letztes das Poltern der Räder. Die Gestalt, um die Helmut den Arm wärmend geschlungen hält, bewegt sich matt.

»Bleib liegen, Pfäfflein, bleib liegen.«

Kranz wird wieder still; nur sein linkes Bein scharrt am Boden.

»Mein Junge«, stöhnt er.

Helmut neigt sich tief über den Sterbenden, bis er dessen matte Stimme ganz nah am Ohr vernimmt:

»Mein Junge ... es geht ... zu Ende ... War ich schwach? ... Sag mir, war ich schwach?«

»Du warst stark, Pfäfflein – stärker als ich, als wir alle.«

Kranz atmet hastig und will sich aufrichten; er sinkt aber wieder in den Arm des Freundes.

»Helmut, mein Junge ... du warst stark ... du bist es noch. Du wirst dein Ziel erreichen, mein Junge ... Doch frage dich jetzt ... jetzt, in dem Augenblick, wo ich spüre, dass es zu Ende mit mir geht, frage dich, ob es das richtige Ziel ist ... Es ist es nicht, mein Junge ... Zu Gott musst du wandern ... in Gott. Er prüft uns nur ... uns alle ... auch dich.«

»Er prüft uns alle«, wiederholt Helmut.

»Er lenkt alles«, flüstert Kranz, »glaube mir, er lenkt die Zeit und die Menschen.«

»Er lenkt alles«, murmelt Helmut.

»Kannst du beten, mein Junge ... kannst du es noch?«

»Nein, Pfäfflein.«

Kranz kriecht mühsam an der Gestalt an seiner Seite hoch, klammert sich fest.

»Ich lehre es dich ... von neuem ... Vater unser, der Du bist im Himmel ... Sprich mir nach, mein Junge ... bitte ... Vater unser, der Du bist im Himmel ...«

»Vater unser, der Du bist im Himmel«

Ein tierisches Brüllen ertönt. »Lasst mich 'raus! ... Raus will ich! Raaaaauuus!«

Ein paar kraftlose Fäuste zerren den Tobenden nieder. Er heult noch eine Weile, dann verschluckt das hohle Gepolter die Stimme.

»Amen!«, flüstert Josef Kranz.

»Amen«, murmelt Helmut Kalmeder.

Er spürt etwas Nasses in die Bartstoppeln rinnen. Es schmeckt salzig. Es sind die ersten Tränen, die Helmut – widerwillig – weint. Sie sind nicht zurückzuhalten und tropfen auf den Kopf des Freundes nieder.

Josef Kranz liegt ganz still. Als Helmut über das knochige Gesicht streichelt, rollt der Kopf schlaff zur Seite. Pfarrer Josef Kranz, wegen Abhörens feindlicher Nachrichten vom Altar gezerrt, geprügelt und ins Zuchthaus gestoßen, ist nicht mehr.

Helmut hält die Totenwache. Eine Nacht lang, einen halben Tag noch.

Kurz hinter Lemberg erst holt man die Verstorbenen aus dem Transportzug, schichtete sie auf einen Panjewagen und fährt sie fort.

Weiter rollt der Todeszug. Die Schiebetüren gehen jetzt öfter auf. In Breslau gibt es den ersten Schluck heißen Kaffee. In Leipzig erbarmen sich Rote-Kreuz-Schwestern der Jammergestalten und speisen sie mit Erbsensuppe.

Drei Tage später wird der Transport am Bahnhof des Städtchens Baumholder an der Nahe ausgeladen. Denn am Heuberg werden jetzt Italiener umgeschult und für die letzten Kraftanstrengungen des OKH gedrillt.

Schmutzstarrend, geschunden, mit langen Bärten und hohlwangigen Gesichtern schleppen sich die 999er in das neue Lager und sehen wieder Stacheldraht und Wachttürme. Sie schleichen durch das Ehrengeleit, das aus eingelegten Karabinern und schussbereiten MP besteht.

»Das sind die Schweine, die in Russland überlaufen wollten!«, schreit ein Feldwebel mit rotem Gesicht. »Vorwärts, ihr Mistbienen – laufen! Marsch-marsch!«

Dann stehen sie schwankend vor einer Baracke, in der ein paar Vernehmungsoffiziere hinter Tischen sitzen und sich etwas vom Einsatz im Osten erzählen lassen wollen.

»Einzeln eintreten!«, heißt es.

Es sind Abwehroffiziere, die mit den Verhören beginnen. Der Ton ist nicht unbedingt kritisch – anders wäre er, wenn die Herren vom SD die Verhöre durchführten.

Nun, die Aussagen und Protokolle erbringen nichts Wesentliches.

»Wussten Sie, dass Kameraden überlaufen wollten?«, wird Helmut gefragt, und dabei schaukelt der hübsche junge Oberleutnant, die Zigarette lässig in der Hand, auf dem Stuhl.

»Nein, Herr Oberleutnant – niemand wusste etwas davon.«

»Warum sind Sie nicht desertiert?«

»Ich konnte es mit meinem Gewissen nicht vereinbaren, Herr Oberleutnant.« Glatt und gewandt kommt es Helmut über die Lippen. Seit er gebetet hat, seit Josef

Kranz in seinen Armen starb, fällt Helmut alles leichter. Seltsam.

Der junge Offizier lächelt gezwungen.

»Gut so. – Sie sind Student?«

»Gewesen.«

»Sie sind nach wie vor bereit, etwas gutzumachen?«

»Nach wie vor, Herr Oberleutnant.«

Der junge Oberleutnant lässt sich nach vorn kippen und nickt wohlgefällig.

»Die Rädelsführer sind bereits an der Front abgeurteilt worden. Die eben geführte Unterredung war nur informatorischer Art. Weggetreten!«

Draußen stehen noch die anderen mit ängstlichen Gesichtern. Helmut geht mit einem eigenartigen Lächeln an ihnen vorüber.

»In die Baracke vier!«, befiehlt ein Gefreiter.

Als Helmut die Baracke betritt, prallt er gegen jemanden.

»Mensch, Helmut – altes Haus!«, brüllt dieser Jemand und breitet die Arme aus.

»Felix! Du bist auch da?«

»Seit einer Woche! Mensch, wie siehst du denn aus? Die haben euch ja ganz schön durch den Wolf gedreht, wie?«

»Ganz schön, ja«, nickt Helmut.

»Komm auf meine Bude«, sagt Felix Haslach und hakt sich bei Helmut unter, »dort können wir uns in aller Ruhe ausquatschen.«

Drüben, wo noch die anderen stehen und einzeln in die Verhörzimmer gerufen werden, brüllt ein Feldwebel und scheucht zwei Mann über den Platz.

»Auf! Hinlegen, ihr Schweine! – Auf! Hinlegen!«

Über dem Truppenplatz Baumholder an der Nahe strahlt die Frühlingssonne, und über dem sogenannten »Nachtigallenhügel«, wo vor vier Tagen der Strafsoldat Heinrich Hümmelmann wegen Kameradendiebstahls erschossen wurde, rauscht der erste Schwarm Stare hinweg. Im öden Friedhofswinkel, wo die sterblichen Überreste des Heinrich Hümmelmann bestattet wurden, kauert eine weinende Frau vor dem schlichten Grabkreuz und malt mit blauer Kreide die Worte auf das Namensbrett:

»Und er war doch mein Sohn ...«

6

Die aus dem Osten zurückgeschickten Strafsoldaten sind verhört worden und hausen jetzt in einer der braungestrichenen, mit Tarnflecken bemalten Baracken. Man ist sich über die weitere Verwendung dieser verdächtigen Vaterlandsverteidiger noch nicht im Klaren. im Allgemeinen ist man der Ansicht, dass die Schuld am Versagen dieser Leute bei den zuständigen Divisionären läge, die die Heubergsoldaten in vorderster Front eingesetzt hatten.

Nicht zuletzt sind die Verhöre auch deshalb abgebrochen worden, weil ein Fernschreiben des OKH eingetroffen ist und alles abstoppt. Die Gerichtsoffiziere und Ic-Herren verschwinden wieder.

Noch am selben Abend muss der Jammerhaufen antreten und eine Weile warten. Schließlich kommt ein fremder Stabsoffizier, lässt rühren und teilt den zitternd Zuhörenden mit:

»Die bedauerlichen Ereignisse an der Ostfront, denen zufolge ihr entwaffnet und heimgeschickt wurdet, sind auf einen Irrtum fremder Dienststellen zurückzuführen. Die Untersuchungen haben erwiesen, dass ihr keine Verbindung zum Feind unterhalten habt. Dieser Sachverhalt wurde dem Führer berichtet. Der Führer hat befohlen, dass ihr wieder würdig seid, Waffen zu tragen. Ab sofort wird das XXI. Festungs-Infanterie-Bataillon aufgestellt, dem ihr von nun an zugeteilt seid. Zeigt euch des neuen in euch gesetzten Vertrauens würdig, Leute!

Ihr kommt in kürzester Zeit zum Einsatz, und zwar zur Partisanenbekämpfung.«

Der Sprecher schaltet eine kleine Kunstpause ein; dann strafft er sich und ruft ermahnend: »Ich möchte mit aller Deutlichkeit sagen: Sollte es wider Erwarten zu irgendwelchen Überläufen kommen, so werden wir vor den härtesten Strafen nicht zurückschrecken. Die Wehrmachtsführung wird mit allen Mitteln die Auslieferung der Überläufer erzwingen – wenn nötig, sogar auf dem Austauschweg! Sie wird auch nicht davor zurückschrecken, die restlichen Widersacher in diesen Einheiten zu vernichten sowie härteste Maßnahmen gegen die Angehörigen durchzuführen! Bin ich von allen verstanden worden?«

»Jawohl, Herr Major!«, kommt es dumpf im Chor.

Nun wissen sie Bescheid, die verdächtigen Helden. Kleinlaut kehren sie in ihre Unterkünfte zurück und besprechen leise die neue Lage. Es ist noch einmal gutgegangen. Man ist mit einem blauen Auge davongekommen. Für die bei Nikolajew Übergelaufenen haben einige gebüßt – jene, die in Bjelaja umgebracht wurden, jene, die auf Panjekarren irgendwohin gekarrt worden sind.

Helmut ist mit vierzehn Mann auf einer Stube. Der Stubenälteste ist der Obergefreite Egon Witte, ein gemütlicher Bursche.

»Macht mir bloß keine Zicken«, ermahnt er seine Schäflein.

Nein, sie machen keine Zicken. Sie sind froh, dass sie noch einmal mit heiler Haut davongekommen sind; sie müssen sich erst herausfuttern, stärken, sie müssen die Frostbeulen und Erfrierungen auskurieren, die sie sich während des schrecklichen Transportes zugezogen haben. Das Krankenrevier ist voll, der Truppenarzt hat mehr zu tun, als ihm lieb ist.

Ein paar verschwinden in Lazaretten; es sind jene, denen hoffnungslos erfrorene Glieder amputiert werden müssen. Es wird eine Zeit dauern, ehe der Rest dieses erbärmlichen Haufens wieder einigermaßen fest auf den Beinen steht.

Helmut hält es für einen Glücksfall, dass Felix Haslach in der vierten Kompanie Dienst macht. Seit man den Heuberg geräumt und das Regiment ein paar Planstellen umbesetzt hat, ist auch Felix Haslachs »ruhige Kugel« zu Ende gegangen.

»Bin gar nicht böse drüber«, sagt er zu Helmut.

Felix ist Stubenältester der Stube drei. Er ist auch als Hilfsausbilder eingesetzt, und am vierten Tag nach der Ankunft setzt er auf der Schreibstube durch, dass Helmut Kalmeder in die Stube drei verlegt und somit dem ersten Zug, zweite Gruppe, zugeteilt wird, die Unteroffizier Sommer führt.

Noch hat Helmut keine Ahnung, was sich während seiner Odyssee in Berlin zugetragen hat. An diesem Tag erfährt er es von Felix.

»Dein Bruder hat Selbstmord begangen«, sagt Felix zu ihm, als sie von der Kleiderkammer kommen, wo neue Klamotten gefasst wurden.

»Rolf ist tot?«

»Ja«, erwidert Felix gleichgültig, »erschossen soll er sich haben.«

Helmut schweigt. Die Nachricht wirft ihn nicht um. Zu groß war die Entfremdung zwischen ihnen, zu weit ist der Zeitabstand geworden.

Halblaut erzählt Felix von der Verlobung, die nicht zustandegekommen ist, weil Inge nicht mehr mitgemacht hat.

»Ich war bei Inge«, sagt Felix am Schluss, »ich war auch da, als dein Bruder kam und sie holen wollte. Rolf hat Inge erpressen wollen; er sagte, er habe ein Tonband, auf dem er aufgenommen habe, wie sie gefährliche Äußerungen gemacht hat, und die wollte er gegen Inge verwenden, um sie zu zwingen.«

Helmut schweigt noch immer. Er steht am Fenster und schaut in den sonnenhellen Tag hinaus. Drüben auf dem Exerzierplatz marschieren Gruppen von Soldaten. Auch die Ausbilder brüllen wieder, wie sie es immer tun. Da legt sich eine Hand auf Helmuts Schulter und rüttelt sie leise.

»Auch das ist vorbei, Helmut. Inge arbeitet wieder im Baubüro bei Wendt.«

»Bist du oft mit ihr zusammen gewesen?«, fragt Helmut.

»'n paarmal.« Felix erzählt von seinen Fahrten nach Berlin und von den gelegentlichen Besuchen bei Inge. »Ich bin ihr Freund geworden, Helmut … Du darfst jetzt nicht denken, ich hätte etwas mit ihr. Bestimmt nicht! Sie hängt noch immer an dir. Soll ich ihr schreiben, dass du wieder da bist?«

Helmut dreht sich um. Lange und forschend schaut er Haslach in die Augen. Was ist dies für ein Mensch? Er hat in jedem Fall scharfe Augen und einen scharfen Verstand. Er weiß ganz genau, dass man jede Dummheit nur einmal begehen kann. Die Missetaten, die Felix Haslach bisher begangen hat, haben ihm immer nur dazu gedient, sich das Leben so angenehm wie möglich zu machen.

Er ist ein guter Freund und er ist ehrlich, obwohl sein Sündenregister so groß ist.

Felix Haslach erträgt diese forschenden Blicke, ohne mit der Wimper zu zucken. Er fühlt sich nicht als Mörder, er hat noch keinen einzigen Gewissensbiss verspürt. Ein Toter mehr oder weniger in diesem Krieg – was wiegt das schon! Rolf Kalmeder war schlecht, gemein, gefährlich. Ein giftiges Insekt war er, das man zertreten hat unter dem Stiefelabsatz.

Soll ich ihm alles sagen, überlegt Felix, doch im gleichen Augenblick verwirft er den Gedanken.

»Na also«, sagt er, als Helmut noch immer schweigt, »soll ich ihr schreiben oder nicht?«

»Was hätte es für einen Zweck, Felix? In ein paar Wochen verschwinden wir wieder – aber diesmal kommen wir nicht so schnell zurück. Es ist besser, wenn man ohne innere Belastung fortgeht, Felix.«

»Aber sie käme sofort, wenn sie wüsste, dass du da bist.«

»Ich weiß«, nickt Helmut und lächelt. »Trotzdem – ich halte es für besser, wenn sie wegbleibt.«

»Dann schreib ihr wenigstens. Sie würde sich närrisch freuen!«

Helmut schüttelt den Kopf.

»Du bist 'n sturer Hund«, murmelt Felix.

Am Abend gehen sie beide in die Kantine hinüber. Natürlich kennt Felix den Kantinenbullen, einen Unteroffizier.

»Los, rück mal zwei Flaschen Dortmunder 'raus«, sagt Felix zu ihm.

»Kann ich doch nich«, nuschelt der feiste Kantinenverwalter. »Dann steigen mir die andern aufs Dach!«

»Zwei Dortmunder will ich haben«, fordert Felix. »Stell sie meinetwegen in Milchflaschen her!«

Sie setzen sich an einen leeren Tisch in der Ecke. Das Radio spielt. Sender Belgrad bringt Tanzmusik. An den anderen Tischen sitzen Leute vom Stammpersonal. Niemand kümmert sich um die beiden Kameraden.

Felix hat wieder eine Packung *Atika* gezückt und reicht sie Helmut hinüber.

»Du bist noch immer ein Mann mit vielen tausend Verbindungen«, sagt Helmut lächelnd.

»Nur noch für mich allein«, erwidert Felix. »Was ich für den Eigenbedarf brauche, habe ich. Die andern können mir gestohlen bleiben. Ich hab's satt, ihnen Zucker in den Hintern zu blasen.«

Felix erhebt sich, da ihm von drüben der Unteroffizier ein Zeichen macht. Mit zwei Flaschen und zwei Gläsern kommt Felix an den Tisch zurück.

»Umgefüllt«, sagt er, »'s ist garantiert echtes Dortmunder drin.«

Das Bier schäumt in die Gläser. Sie stoßen an und trinken.

Als sie die Gläser absetzen, fragt Helmut: »Weißt du schon, wohin wir von hier geschickt werden?«

»Auf den Balkan wahrscheinlich, Griechenland, nehme ich an.«

Helmut schaut gedankenvoll in den Raum. Auf den Balkan. Also wieder derselbe Weg wie vor Monaten. Er spürt, dass eine Wandlung in ihm vorgegangen ist. Seit Josef Kranz in seinen Armen gestorben ist, ist ihm ein Hauch von dessen Glauben eigen geworden. Alles, was er erlebte, sieht er in einem neuem Licht. Wie ist es möglich, dass Menschen anderen Menschen so grauenvolle Dinge antun, wie er sie auf dem Heuberg und in dem Schreckenskeller von Bjelaja selbst erlebt hat? Die Peiniger haben sich nicht wie Menschen benommen, sondern wie wilde Tiere. Was aber unterscheidet das Tier vom Menschen? Im Wesentlichen doch wohl das, dass der Mensch von Gott weiß, von Gott, der ihnen Gebote gab. Wie anders sähe die Welt aus, lebte jeder nach den Geboten. Ein Mensch, der nicht an Gott glaubt, wird zum Tier. In Deutschland ist man von Gott abgefallen – und ist es nicht drüben, auf der anderen Seite, genauso? Leugnet der Kommunismus, den Helmut in jugendlichem Eifer für das erstrebenswerte Ideal gehalten hatte, Gott nicht auch?

Felix legt seine Hand auf Helmuts Arm. »Woran denkst du? Pass auf, Kumpel, diesmal gelingt es uns, diesem Haufen zu entrinnen, diesmal kommen wir nicht mehr zurück, wir beide!«

Helmut blickt dem Freund in die Augen. »Was heißt das?«

»Das heißt«, raunt Felix, »dass ich die Schnauze gestrichen voll hab. Ich warte nur darauf, dass wir verladen werden. Sobald wir in die Gegend von Graz kommen, hauen wir ab ... nur wir zwei, Helmut – du und ich. Ich hab 'ne gute Adresse, wo wir unterschlupfen können. Dort können wir alles in Ruhe abwarten. Kein Aas findet uns. Wir ruhen uns ein paar Wochen aus, und wenn der Krieg zu Ende ist, sind wir wieder da: frisch, fromm, fröhlich und frei!«

Er boxt Helmut in die Seite und lacht.

»Was ist das für eine Adresse?«

Felix schaut sich rasch um, aber niemand kümmert sich um die beiden Landser.

»Ein Steiermärker«, sagt Felix leise. »Ganz prima Kumpel. Krischan Tumser heißt er. Ich kenne ihn schon lange. Er war bis vor Kurzem in Berlin-Müggelsee als Werkmeister in einer Kistenfabrik oder so ähnlich, jetzt hat er die Nase gestrichen voll und ist mit seiner alten Mutter wieder in die Steiermark umgesiedelt. In St. Radegund ist er daheim. Dort hat er ein kleines Anwesen ... ziemlich jott-we-de. Das wäre für uns gerade das Richtige.«

Helmut schweigt und streicht mit dem Finger am Rand des Bierglases herum – eine abwesende Bewegung. Trotzdem hat er alles gehört, und es arbeitet in seinem Kopf.

»Mensch, Helmut«, flüstert Felix weiter, »wir wären ja Dussel, wenn wir bei dem Sauhaufen blieben, der zu nichts anderem als zum Verheizen losmarschiert. Bis zum Winter hat uns der Iwan den Wasserhahn abgedreht. Ich bin auch sicher, dass bis dahin die Alliierten da sind. Und dann: Gute Nacht, liebes Deutschland!« Felix schwenkt den Daumen nach unten und nimmt einen tiefen Schluck.

»Oder bist du anderer Meinung?«, fragt er leise nach einer Weile. Er wartet die Antwort nicht ab und fährt hastig fort: »In Frankreich tut sich allerhand. Die sogenannte Résistance ist auf dem Plan und unterwühlt den ganzen Stall. Partisanen, wo du hinspuckst. Und wir ... wir Gestreiften! ... sollen die Chose noch retten helfen! Nee, mein Lieber – ohne mich! Ich fress 'n Besen, dass bis spätestens Weihnachten Totalausverkauf ist, und was dann los ist, Helmut – das können wir uns an den fünf Fingern abzählen. Die machen uns fertig, bis von uns nischt mehr übrig bleibt! Ich möchte nicht dabei sein!«

Felix nimmt einen weiteren Schluck Bier und beobachtet den Freund.

Helmut blickt noch unentschlossen vor sich hin. Was Felix gesagt hat, ist der voraussichtliche Verlauf der Dinge. Es geht zu Ende mit dem Dritten Reich, zu Ende mit dem Hurrageschrei.

»Na ... du?«, lässt sich Felix vernehmen und stößt Helmut in die Seite. »Bist du anderer Meinung? Hast du noch immer Lust, den Vaterlandsverteidiger zu spielen? Du müsstest eigentlich den Rand vollhaben ... du besonders!«

»Ist dein Freund verlässlich?«, fragt Helmut.

Felix ballt die Faust. »Wie 'ne Eins steht der! Auf Krischan ist Verlass.«

»Wo liegt dieses St. Radegund?«

»Ungefähr dreißig Kilometer östlich von Graz. Du bist also einverstanden, dass wir zum rechten Zeitpunkt 'ne Mücke machen?«

Helmut schaut dem anderen ruhig und fest in die Augen.

»Hör zu, Felix«, sagt er halblaut, »ich könnte mir vorstellen, dass alles so klappt, wie du's kalkuliert hast. Ich bin auch sicher, dass auf diesen Krischan Tumser Verlass ist. Aber ...«

»Aber ...?« Felix' Augen werden zu Schlitzen. »Aber du willst nicht? Du willst weitermarschieren, bis alles in Scherben fällt? Sie haben dich also soweit hingekriegt, dass du etwas gutmachen willst?«

»Verstehe mich, Felix ...«

»Klar verstehe ich dich«, erwidert der andere voreilig und bitter. »Du willst ehrenhaft, du willst wehrwürdig werden – dadurch, dass du in strammer Haltung zur

Hölle gehst? Ich spür's doch, dass sie dich klein gekriegt haben, diese Schweine.«

»Sie haben mich nicht kleingekriegt, Felix – sie werden mich nie kleinkriegen, aber ich bin ... wie soll ich das sagen, Felix? Ich bin ein anderer geworden.«

»Du gibst dich also auf und lässt dich ohne Gegenwehr dem sicheren Abgrund entgegentreiben?«, fragt Felix.

Helmut schüttelt den Kopf. »Wer täte das schon, Felix?«

»Du!« Felix packt Helmuts Arm. »Du bist von den Schweinen blödgeschlagen worden! Sie haben dich endlich! – Mensch, Helmut – sei vernünftig, mach jetzt nicht auf die idealistische Tour und denk daran, wie sie euch fertiggemacht haben – im KZ, am Heuberg, schon gar in Russland! Ich zweifle an deinem Verstand, wenn du auf einmal ...«

Helmut unterbricht ihn ruhig: »Ich bin ganz normal. Ich bin nicht blödgeschlagen, Felix – ich sehe die Dinge nur anders, als ich sie früher gesehen habe.«

Felix schüttelt den Kopf. »Das begreife ich nicht, Helmut. Sei mir nicht böse. Ich begreife dich nicht.«

Er trinkt das Bier aus und wischt sich mit der Hand über das Gesicht.

»Dann ... dann kommst du also nicht mit mir?«, fragt er unsicher.

»Ich weiß es noch nicht«, murmelt Helmut. »Kann sein, dass ich wieder umfalle, Felix. Jetzt aber sage ich nein, jetzt kann ich einfach nicht ja sagen. Lass mir also noch Zeit.«

Felix schaut ihn eigenartig nachdenklich an und schüttelt den Kopf.

»Du bist vielleicht 'ne komische Nudel! Aus dir soll irgendjemand schlau werden.«

Baumholder unterscheidet sich vom Lager Heuberg so gut wie gar nicht. Auch hier werden sie über den Platz gescheucht oder wegen irgendeines mehr oder weniger schweren Deliktes jeden Nachmittag pünktlich am Nachtigallenhügel erschossen, nachdem sie vorher die Klamotten abgegeben haben. Auch hier wird nur im Drillich erschossen.
Der aus Russland heimgetriebene Verein verdächtiger Helden hat Läuse mitgebracht. Deshalb bekommt er die Köpfe geschoren. Mit rasiertem Kopf sehen fast alle Menschen wie Verbrecher aus. Die Ausbilder behandeln sie deshalb auch so und sie gebärden sich genauso wie ihre Kollegen am Heuberg.
Dennoch ist eine gewisse Unsicherheit unter dem Stammpersonal spürbar. Schließlich sind sie nicht blind und hören, wie es an der Front aussieht. Mehr als einer ahnt, dass die Tage der nationalsozialistischen Tyrannei gezählt sind – und sind nicht unter den Strafsoldaten viele, die wegen ihres Gegensatzes zur Partei in diesen Haufen geraten sind? Was, wenn das Reich zusammenbricht und diese Gegner anfangen sollten, eine Rolle zu spielen? Da ist es schon besser, man besorgt sich rechtzeitig eine Art Freibrief. So sorgt man beispielsweise dafür, dass die Kranken ins Revier kommen, dass alle neu eingekleidet werden und dass die Verpflegung ausreichend ist.
Die Frühjahrssonne scheint warm und gibt den geplagten Menschen etwas Hoffnung – eine Hoffnung, die der Anblick des Landes trostreich nährt, denn es

lässt sich entschieden besser exerzieren und im Gelände marschieren, wenn ringsum die Natur grünt und im zerwühlten Exerziergelände die Vögel zwitschern und jubilieren.

In diesen Tagen geschieht es, dass Helmut plötzlich ein bekanntes Gesicht auftauchen sieht: Leutnant Hartwig. Auch ihn hat man nach Baumholder versetzt. Er macht Dienst im Stabsgebäude. Helmut entsinnt sich noch recht deutlich jenes Abends in der Kompanieschreibstube auf dem Heuberg, als Spieß Schimanek ihm eine Flasche vom Kopf schießen wollte. Damals hat ihm Leutnant Hartwig vermutlich das Leben gerettet und er hat ihm noch nicht dafür gedankt.

Das Zusammentreffen findet wie zufällig statt, als Hartwig aus dem Stabsgebäude gehastet kommt und Helmut stramm die Hacken der Knobelbecher zusammenschlägt.

»Verzeihung, Herr Leutnant – Schütze Kalmeder ist mein Name!«

Hartwig erkennt den Mann nicht gleich und runzelt die Stirn.

»Stammbaracke, dritte Kompanie, Heuberg – die Schießübung zur nächtlichen Stunde in der Schreibstube, Herr Leutnant«, fährt Helmut fort.

Über das schmale Gesicht Hartwigs huscht so etwas wie Erkennen.

»Aha«, macht er und mustert interessiert die hagere Gestalt des strammstehenden Strafsoldaten. »Und Sie wünschen?«

»Ich möchte mich bei Ihnen bedanken, Herr Leutnant.«

»Keine Ursache, Kalmeder. Wo stecken Sie jetzt?«

»XXI. Festungs-Infanterie-Bataillon, vierte Kompanie, Herr Leutnant.«

Wieder ein rascher Blick des Offiziers, dann die Frage: »Gehören Sie zu dem Haufen, der aus Russland heimgeschickt wurde?«

»Jawohl.« Es klingt fast stolz.

Hartwig schaut an Helmut vorbei, als er fragt: »Als was sind Sie eingeteilt?«

»Schütze im ersten Zug, zweite Gruppe.«

»Hm ...« Hartwig lächelt. »Fänden Sie es unter Ihrer Würde, mir die Stiefel zu putzen und meine Unterkunft in Ordnung zu halten?«

Helmut überlegt blitzschnell. Er spürt instinktiv, dass Hartwig es gut mit ihm meint.

»Keineswegs, Herr Leutnant«, sagt Helmut.

»Na gut, ich werde veranlassen, dass Sie als Putzer abkommandiert werden. Sie hören bald von mir.«

»Jawohl, Herr Leutnant!«

Am nächsten Tag wird Helmut als Putzer zu Leutnant Hartwig abkommandiert. Es sind die üblichen Arbeiten, die er zu leisten hat – leichte, gemütliche.

Als Felix davon erfährt, sagt er spöttisch: »Schwein gehabt. Du bist jetzt auf dem besten Wege, beim Barras was zu werden. Mit Stiefelputzen fängt nämlich die militärische Karriere an.«

Seither treffen sich die beiden nur noch selten. Felix brüllt als Hilfsausbilder herum, und Helmut putzt für Herrn Leutnant Hartwig die Stiefel, sorgt für warmes Rasierwasser, klopft und bügelt die Uniform und hilft dem Kriegsinvaliden gelegentlich in die Armprothese.

Für Helmut ist diese neue Betätigung eine Art Zubehör zum Kommiss. Und da er ja ohnedies auf der untersten Stufe der militärischen Klasse steht, fallen ihm die Handreichungen nicht schwer.

Hartwig ist, wie man hört, mit der Stabshelferin Uschi Brandt verlobt. Im Zuge der taktischen Umgruppierung ist auch die Stabshelferin nach Baumholder verlegt worden und arbeitet in der Telefonzentrale. Da jedoch der Kommandeur von Baumholder streng darauf achtet, dass Männlein und Weiblein voneinander getrennt bleiben, ist es Hartwig nur möglich, mit Uschi in der Stadt zusammenzukommen, wo der Leutnant ein Privatquartier besitzt.

Helmut weiß also, wo Hartwig steckt, wenn er eine Nacht lang nicht kommt.

Leutnant und Putzer verstehen sich gut. Hartwig spricht nicht viel, bewahrt sich eine straff-militärische Haltung und verfällt nie in den jovialen Umgangsston, der sich manchmal zwischen Vorgesetzten und Pfeifendeckel einschleicht. Trotzdem hat Helmut das Gefühl, dass der Leutnant ihn mag. Helmut schließt das aus einem flüchtigen Lächeln, einem Blick oder der freundlichen Geste, wenn man eine Zigarette oder gar die ganze Schachtel geschenkt bekommt.

Heute bereitet der Leutnant eine Kurierfahrt nach Köln vor. Helmut muss Hartwigs Hose bügeln und drei frische Kragenbinden neben die große Dienstaktentasche legen, das Rasierzeug und das Handtuch. Gerade als Helmut dabei ist, die Dienstpistole Hartwigs zu reinigen, kommt der Leutnant in die Stube.

»Alles soweit fertig, Kalmeder?«, fragt er in seiner hastigen Art.

»Noch beim Pistolenreinigen, Herr Leutnant, bin aber sofort fertig.«

»Ich fahre erst heute Nacht, Kalmeder.«

»Und wie lange werden Herr Leutnant wegbleiben?«

»Vermutlich drei oder vier Tage. Sie brauchen in der Zwischenzeit keinen Dienst zu machen. Halten Sie sich hier in meiner Bude auf.« Er geht zum Spind und holt ein frisches Hemd heraus. »Übrigens ... der Marschbefehl für das Bataillon kann stündlich eintreffen. Wenn Sie wollen, kann ich Sie hierbehalten, Kalmeder.«

Helmut schiebt das Magazin in die Waffe, lässt den Sicherungsflügel knacken.

»Sie sind sehr liebenswürdig, Herr Leutnant«, murmelt er.

»Quatsch«, brummt Hartwig, während er mit dem Hemd herankommt. »Ich brauche einen Putzer, und Sie können es, wenn Sie wollen, bleiben.«

Sie wechseln einen kurzen Blick. Helmut spürt deutlicher denn je, dass Hartwig ihm gut gesinnt ist, und das macht ihn irgendwie froh.

»Wenn Sie mich brauchen«, sagt er, »dann bleibe ich natürlich hier, Herr Leutnant.«

»Gut.«

»Weiß Fräulein Brandt, dass Sie nach Köln fahren?«

»Sie weiß Bescheid.«

Schweigen. Helmut will dem Leutnant helfen, das Hemd in die Aktentasche zu schieben, aber Hartwig schüttelt abwehrend den Kopf.

Plötzlich richtet Helmut eine Frage an ihn, die ihn schon lange umtreibt: »Sie sind froh, dass Sie keine Exekutionen mehr zu leiten haben, nicht wahr?«

»Wie kommen Sie darauf, Kalmeder?«

»Weil ich mir nicht vorstellen kann, dass Sie an so etwas Gefallen finden könnten, Herr Leutnant.«

Da schaut Hartwig den anderen seltsam an und erwidert: »Kalmeder, ich bin noch nie daran interessiert gewesen, Menschen umzubringen – so oder so. Wenn ich eine Erschießung durchzuführen hatte, war mir zumute wie nach einer Saufnacht.«

»Und wie oft war Ihnen so zumute, Herr Leutnant?«

»Warum fragen Sie? Das geht Sie eigentlich nichts an, Kalmeder.«

»Ich frage, weil ich der Ansicht bin, dass Sie sich von vielen anderen Offizieren unterscheiden, Herr Leutnant, und es interessiert mich zu erfahren, ob meine Vermutung stimmt.«

Hartwigs Augen werden schmal.

»Ich habe«, sagt er gedehnt, »im Ganzen ... vierzehn Exekutionen durchgeführt. Manchmal kam es mir vor, als erschösse ich mich selbst.«

»Das glaube ich Ihnen, Herr Leutnant. Sie werden wahrscheinlich schon oft darüber nachgedacht haben, wie Sie sich einmal verantworten müssten – im Fall, dass Deutschland den Krieg verlieren würde?«

»Kalmeder«, erwidert Hartwig halblaut, »Sie dürfen eine solche Meinung nicht einmal in der Möglichkeitsform aussprechen, ist Ihnen dies klar?«

»Vollkommen klar, Herr Leutnant.«

»Ich beantworte Ihnen die Frage trotzdem.« Hartwig nimmt erst einen tiefen Zug aus der Zigarette, stößt den Rauch durch die Zähne aus und sagt dann klar und deutlich: »In dem Fall, dass Deutschland den Krieg verliert, werde ich nicht der Einzige sein, der sich eine Kugel durch den Kopf jagt.« Er schaut Helmut lächelnd in die Augen. »Zufrieden, Sie ... Defätist? Es ist doch keine Schande, eine eigene Meinung zu haben – besser, als keine zu haben! Ihr Politischen«, fährt er leidenschaftslos fort, »gehört nur in den seltensten Fällen zum menschlichen Abfall, und deshalb bewundere ich euch. Und Sie sind ein Politischer, Kalmeder! Ich brauche Ihnen deshalb aber nicht auf die Schulter zu klopfen, um mich anzubiedern. Euer Weizen, der geht noch zur rechten Zeit auf … Apropos Zeit. Ich muss noch einmal in die Stadt.«

Drei Tage, nachdem Leutnant Hartwig in dienstlicher Mission nach Köln gefahren ist, treffen die Marschbefehle ein.

Helmut Kalmeder bleibt nicht in Baumholder – er bleibt deshalb nicht, weil er auf die Schreibstube beordert wurde, wo man ihm mitgeteilt hat: »Sie sind ab sofort wieder zur Kompanie zurückversetzt. Leutnant Hartwig braucht Sie nicht mehr – er ist in Köln bei einem Bombenangriff ums Leben gekommen. Weggetreten, Kalmeder!«

Beim Bombenangriff auf Köln ums Leben gekommen! Helmut nimmt die Nachricht ruhig entgegen. Weshalb soll er sich aufregen? Hartwig hat vierzehn Menschen vom Leben zum Tode befördert, sie hingerichtet.

Schuld und Sühne? Gottes Mühlen? Unsinn! Der Krieg frisst die Guten wie die Bösen. Er frisst unersättlich und treibt die Menschen von Schuld zu Schuld.

Felix Haslach fasst seine Meinung über das Gehörte lakonisch zusammen: »Prima Kerl gewesen, aber doch 'n Bulle. Wieder eener weniger. Streusand drüber.«

Singend marschiert das Marschbataillon zum Bahnhof und wird diesmal in anständige Personenwagen verfrachtet. Gegen Mitternacht, als die feindlichen Bomberpulks am Himmel dröhnen, beginnt die Reise. Helmut ist wieder mit Felix zusammen.

»Na, was ist?«, fragt Felix, als sie im Gang am Fenster stehen. »Machst du nun mit oder nicht?«

»Nein.«

»Warum nicht?«

»Ich kann nicht.«

»Idiot! Warum kannst du nicht?«

»Frag mich nicht, du verstehst es sowieso nicht.«

»Doch, ich versteh's«, knurrt Felix. »Ich versteh's ganz gut: Dir geht der Arsch auf Grundeis, feige bist du, du hast Angst, dass sie uns erwischen.«

Helmut schweigt. Felix' ordinäre Ausrucksweise ist ihm noch nie so zu Bewusstsein gekommen wie diesmal. Wie soll er dem anderen, der nur an sich und damit ganz unkompliziert denkt, klarmachen, warum man plötzlich nicht mehr kann? Die Wandlung, die sich in Helmut vollzogen hat, ist zu seltsam, als dass man sie mit ein paar Worten erklären könnte; man müsste vielleicht irgendwo in einem Zimmer sitzen, ins Licht einer ruhig brennenden Kerze schauen, um das aussprechen zu können, was tief im Innern vorgegangen ist und noch immer vorgeht – einfach eine Wandlung, etwas Unbegreifliches, wovon man langsam, bedachtsam zu sprechen anfangen müsste – zu einem Menschen, der mitdenkt und mitfühlt.

Keines von beiden kann Felix. Er will davonlaufen, einfach abhauen, wie man einen Tisch verlässt, an dem man sich sattgegessen hat!

Die Fahrt geht über München und Passau. In St. Pölten tritt ein längerer Halt ein, dann geht es in Richtung Graz weiter.

Die Landser bewundern die Berge, die Täler. Noch sind die Berggipfel weiß, aber die Täler grünen schon, und der Anblick der schmucken Dörfer lässt für einige Zeit vergessen, dass Krieg ist.

Kurz vor Graz versucht Felix es noch einmal.

»Du wirst es bereuen, Helmut«, sagt er. »Wenn du erst mal auf dem Balkan bist, kannst du nicht mehr umkehren. Und dann noch was, Helmut – Inge kennt die Adresse in St. Radegund auch. Kann sein, dass sie dorthin geht. Bei Krischan sind wir wirklich sicher.«

»Inge weiß …?«, murmelt Helmut.

»Ich habe sie damals in Berlin mit zu Krischan genommen«, flüstert Felix in das Gepolter der Räder. »Mensch, nu reiß dich endlich am Riemen und hau mit mir zusammen ab!«

Helmut schweigt. Er glaubt Felix nicht. Er fürchtet, dass Inge nur als Lockmittel dienen soll.

Langsam kommt Graz näher. Es dunkelt bereits, als der lange Transportzug über das Gewirr der Geleise poltert. Der Himmel ist verhangen, ein Sprühregen geht nieder. Links und rechts tauchen graue, hässliche Häuser auf, von deren Wänden der Putz bröckelt. Die Signallichter brennen noch, aber sobald die Sirenen heulen, werden sie schlagartig verlöschen.

»Zum letzten Mal, Helmut«, flüstert Felix. »Kommst du mit oder nicht?«

Da reicht Helmut dem anderen heimlich die Hand und raunt: »Mach's gut, Felix – mach's besser. Unsere Wege trennen sich hier. Ich will hoffen, dass du den richtigen einschlagen wirst.«

»Schade, Helmut, wirklich schade, dass wir uns trennen. Ich weiß selber nicht, warum ich dich mochte. Viel-

leicht treffen wir uns eines Tages wieder. Merk dir die Adresse: Krischan Tumser, St. Radegund, Mooshäusl. Dort treffen wir uns irgendwann mal – einverstanden?«
»Einverstanden.«
Noch ein heimlicher Händedruck. Als die Bremsen zu kreischen beginnen, blinzelt Felix Helmut ein letztes Mal zu, schlendert den Gang entlang und stellt sich an die Tür. Der Zug fährt noch, als Felix mit dem Knie die Tür aufstößt.

Helmut setzt sich wieder. Er sieht nicht mehr, dass Felix Haslach aus dem noch fahrenden Zug aussteigt, in den Schotter springt, einknickt und hinkend davonläuft.

Felix verbeißt den stechenden Schmerz im linken Knöchel, hastet über die Schienen, klettert an einem Güterwaggon hoch, steigt über die Puffer und will auf der anderen Seite abspringen, als er plötzlich erschrocken zurückzuckt. Eine Lokomotive faucht mit Getöse vorbei. Hitze streift sein Gesicht, dann fächelt wieder die nasskalte Abendluft heran.

Auf dem Güterbahnhof werden Waggons rangiert, fauchen Lokomotiven, gellen Trillerpfeifen und leuchten Signallampen,

Felix steht noch auf dem Puffer des Güterwagens und bewegt den verletzten Knöchel. Zu blöd! Ausgerechnet jetzt! Aber es muss gehen!

In diesem Augenblick kracht es. Eine Garnitur rangierender Güterwagen ist an den Zug geprallt, von dem Felix abspringen möchte. Der Stoß ist so stark, dass Felix zwischen die Puffer geschleudert wird.

Ein unterdrückter Schrei. Hart schlägt Felix mit dem Kopf irgendwo auf. Der Waggon fährt. Zwischen den Puffern hängt ein Mensch. Langsam gleitet der schlaffe

Körper tiefer, und dann verschwindet er zwischen den Gleisen.

Als der Güterzug langsam zur Verladerampe rollt, liegt eine verkrümmte Gestalt zwischen den Schienen. Felix Haslach hat im Leben immer Glück gehabt. Nur einmal verlässt es ihn und dies ausgerechnet am Verschiebebahnhof von Graz. Felix Haslachs Flucht endet bereits nach dreißig Metern auf grausame Weise zwischen dem Schienengewirr.

Der Sprühregen nässt die Gestalt; man sieht sie kaum. Grau und unscheinbar ist sie, wesenlos, ein Bündel toter Mensch.

Auf dem Balkan sieht die strategische Lage nicht weniger katastrophal aus wie an den anderen Fronten. Die Partisanen sind eine Macht geworden, die den deutschen Kampftruppen schwere und schwerste Verluste zufügt. Nach dem Zusammenbruch der rumänischen und bulgarischen Hilfstruppen ist das Ausharren auf dem Balkan ein ständiges Bluten und Sterben. Kreta wird geräumt. Es gelingt noch, 60 000 Mann mit Schiffen und Transportmaschinen in Sicherheit zu bringen. Die Räumung des griechischen Festlandes hat ebenfalls begonnen.

»Planmäßige Absetzbewegungen in Südost!«, gibt der Wehrmachtsbericht bekannt.

Helmut Kalmeder, der nach dem unrühmlichen Einsatz der 999er im Osten nun zum zweiten Male nach Saloniki kommt, marschiert erst als Straßenschutz und dann zum Partisaneneinsatz in den Bergen herum.

Was wissen die Strafsoldaten von den Partisanen? Was wissen die Partisanen von jenen, die Jagd auf sie machen?

Nichts! Irgendwo bei Jannina ist es gewesen, dass bei der zweiten Kompanie der dritte Zug einstimmig beschlossen hat, zu den albanischen Partisanen überzuwechseln.

»He!«, hat einer zu den anderen hinübergeschrien und mit einem weißen Hemdfetzen gewedelt. »He! Hier *germanica Kommunista, amigos, solidaritas*!«

Es sind drei Parlamentäre herübergekommen und haben die Waffen verlangt.

»Ja, ja«, hat der kauderwelschende Strafsoldat genickt. »Könnt ihr haben! Nehmt sie euch nur!«

Und die Partisanen haben freundlich genickt, durch die Finger gepfiffen und die anderen herübergeholt. Die Strafsoldaten haben sich alle erdenkliche Mühe gegeben, sich als »bestrafte Kommunisten« darzustellen. Sie haben mit den verwegenen Gestalten gestikuliert, den Sowjetstern neben das Hakenkreuz gemalt, Fenstergitter vor Gesichter gezeichnet und an den gespreizten Fingern die Jahre vorgezählt, die man abgesessen hat.

Der Partisanenführer hat genickt, als habe er alles verstanden, doch dann hat er die Germanski antreten und die Arme hochheben lassen. Er hat den Strafsoldaten alles wegnehmen lassen, was sie noch besessen haben: Brieftaschen, Portemonnaies, Uhren, Eheringe, Papiere und sogar die Schuhe, sofern sie noch gut waren.

»Wir nix brauchen *germanski Kommunista*«, hat der nach Knoblauch riechende Partisanenführer gesagt und lässig mit der Hand gewinkt, worauf ein paar englische und russische Maschinenpistolen zu rattern begonnen haben.

Man hat den Strafsoldaten erst vor die Füße geschossen und sie somit zum Hüpfen gebracht, und dann sind sie barfuß zurückgerannt – dorthin, woher sie gekommen waren. Ein paar der bärtigen Kerle haben sich noch einen Spaß daraus gemacht, acht der zurücklaufenden Gestalten abzuschießen.

Dies ist also in den Bergen bei Jannina geschehen, kurz nach dem Putsch vom 20. Juli, als die Strafsoldaten der 999er Einheit gemeint haben, die Stunde der Erlösung habe geschlagen.

Der Kampf aber geht weiter, und es werden neue Befehle ausgegeben. Grausamer und erbarmungsloser denn je geht der Kampf weiter.

Der Freiheitsgesang der griechischen Partisanen »Embros Eponites« – »Vorwärts Jugend, in die Berge, kämpfe gegen die Sklaverei!« – ist verklungen. Aber auch in den albanischen Bergen knallen die Scharfschützen aus sicheren Verstecken, rasseln die russischen und englischen Maschinenwaffen.

Die Balkanvölker haben ein anderes Verhältnis zum Tod. Denn sie lieben ihre schon seit Jahrhunderten geknechtete Heimat und schätzen Leonidas genauso sehr wie Tito. Es hat deshalb wenig Sinn, in deutscher Uniform zu den Partisanen überzulaufen. Sonst wird es einem sehr wahrscheinlich so ergehen, wie es bei Trikkala einer anderen Gruppe Überläufer ergangen ist.

Eine Delegation deutscher Strafsoldaten hat Kontakt zum Partisanenführer aufgenommen. Der hat sich sämtliche Vorhaltungen hinsichtlich mangelnder Solidarität im Sinne des Kommunismus vom Dolmetscher übersetzen lassen, hat sogar ein paar Fragen gestellt, hat schließlich nachdenklich den Kopf gewiegt, sogar gönnerhaft genickt – und hat die Delegation durch Genickschüsse erledigen lassen.

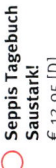

○ Magische Glücksorte in Bayern
€ 16,95 [D]

○ Faszinierendes Tölzer Land
€ 19,95 [D]

○ Nur Bayern im Kopf!
€ 16,95 [D]

○ Opern auf Bayrisch 2. Akt
€ 16,95 [D]

○ Ohne Panzer Ohne Straßen
€ 12,95 [D]

○ Ein Bauernleben
€ 12,95 [D]

○ Die Blumenflüsterin Maria
€ 12,95 [D]

○ Das Wunder von Frauenchiemsee
€ 16,95 [D]

○ Seppis Tagebuch Saustark!
€ 12,95 [D]

info@rosenheimer.com · www.rosenheimer.com · Tel: 08031 2838 0 · Fax: 08031 2838 44

Name

Straße/Hausnummer

PLZ/Wohnort

Telefon

E-Mail

○ Senden Sie mir **halbjährlich** kostenfrei und unverbindlich Ihren Verlagskatalog.

○ Senden Sie mir **einmalig** kostenfrei und unverbindlich Ihren aktuellsten Katalog.

○ Ich möchte die rückseitig angekreuzten Bücher **kaufen** und **portofrei** zugesandt bekommen. Meine Bezahlung erfolgt auf Rechnung. Ich habe **14 Tage Zeit**, um den Auftrag zu **widerrufen**. Meine Daten werden nicht an Dritte weitergegeben.

rosenheimer

www.rosenheimer.com

Rosenheimer Verlagshaus

Am Stocket 12

D-83022 Rosenheim

Bitte ausreichend freimachen

Nachdem die 999er zwei Tage lang auf die Rückkehr der entsandten Parlamentäre gewartet haben, sind sie zum Angriff angetreten und haben sie schließlich gefunden – mit verkrampften Körpern und entsetzt aufgerissenen Augen.

Nein, es lohnt sich anscheinend wirklich nicht, zu den Partisanen überzulaufen; da ist es schon besser, mit dem deutschen Hoheitsabzeichen unterzugehen oder möglicherweise von einem eigenen Exekutionskommando im Straßengraben umgelegt zu werden!

Überlaufen wäre jetzt noch törichter als bisher, stellt Helmut Kalmeder resigniert fest. Denn abgesehen von Vergeltungsaktionen gegen die politischen Gefangenen in den 999er- Bataillonen, die noch allenthalben auf dem Balkan herumirren, muss die SS-Artillerie mit einkalkuliert werden, die ständig in der Nähe ist. Man achtet trotz aller Rückzugssorgen und Partisanenüberfälle darauf, wie sich die Strafsoldaten verhalten, und würde den ganzen Haufen in null-Komma-nichts zusammenkartätschen, falls er sich zu verändern gedächte.

Die ehemaligen Verbrecher, Hoch- und Landesverräter, Bibelforscher, Sozialisten und Kommunisten, die Schuldigen und Unschuldigen halten daher den Mund und marschieren dorthin, wohin man sie schickt. Sie legen Minen und buddeln sie wieder aus, sie säubern partisanenverseuchte Gebiete, sie bewachen die Rückzugswege.

Seit die Partisanen aktiv geworden sind, hat es sich bei den deutschen Rückzugseinheiten eingebürgert, dass man Geiselwagen vorausfahren lässt.

»Bei Transporten durch von Banditen besetzte oder gefährdete Gebiete ist den Fahrzeugen der Wehrmacht ein Fahrzeug mit Geiseln vorauszuschicken«, heißt es im Befehlsschreiben. »Bei Überfällen durch Partisanenverbände sind strengste Repressalien gegen die Geiseln und deren Angehörige anzuwenden.«

Helmut Kalmeder hat in dieser Zeit sehr viel zu tun. Er fertigt zusammen mit handwerklich geschickten Kameraden kastenförmige Drahtkäfige, die auf Lkw montiert werden können.

Fährt nun der Kompaniechef oder ein Zugführer in die nähere oder weitere Umgebung, um etwas zu erkunden, wird ein paar Stunden vorher ein Drahtkäfig voll Einwohner zusammengerafft, wobei man keinen Unterschied zwischen Männlein oder Weiblein macht, und vorausgeschickt. Die lauernden Partisanen werden somit rechtzeitig davon unterrichtet, dass die Minen geräumt werden müssen oder dass nicht geschossen werden darf. Passiert trotzdem etwas, werden die Geiseln vom nachfolgenden Fahrzeug aus mit Maschinenpistolen oder MGs gnadenlos zusammengeschossen.

Es ist also kein Wunder, dass Helmut betrübt ist: Wir sind selbst dran schuld, dass uns die Partisanen hassen und uns die Hälse durchschneiden, wenn wir in Gefangenschaft geraten oder dort beim ersten Mucks erschossen werden.

Wie sollen aber andererseits die Partisanen in ihren Bergverstecken erkennen, wer Nazi und wer kommunistischer Glaubensbruder ist, wenn angebliche »germanski Kommunista« Frauen und Kinder zusammentreiben und auf Geiselwagen verladen? Wie soll sich ein Führer der ELAS oder der Partisanen Titos mit den Baumholder alias Heuberg-Helden auskennen?

Es ist eine höllische Methode, die Geister zu verwirren und Idealisten und Asoziale zu einem Mischmasch zusammenzustampfen, der sich als kämpfender Haufen über schmale Gebirgsstraßen, durch Schluchten und niedergebrannte Dörfer Richtung Heimat absetzt und die Räumung des Balkans vollzieht.

Belgrad ist nach mehrtägigem Kampf in die Hände der Roten Armee und der Tito-Partisanen gefallen. Finnland hat kapituliert und den Waffenstillstand in Moskau unterzeichnet. Der Aufstand von Warschau ist schon längst niedergeschlagen. Das hindert die Rote Armee aber in keiner Weise, das Kurland, Ost- und Südpolen und die Weichsel zu erreichen, während es den in Italien gelandeten Alliierten gelingt, bis Florenz vorzudringen. In Frankreich ziehen sich die deutschen Streitkräfte in die Vogesen zurück. In Holland haben die Alliierten starke Luftlandekräfte abgesetzt, und bei Arnheim und Nimwegen sind erbitterte Kämpfe im Gange.

Kämpfend, hungernd, dem wechselhaften Klima ausgesetzt, ohne Schlaf, ohne inneren Zusammenhang schleppen sich die Reste der 999er durch das unwirtliche, feindliche Land.

Das Stammpersonal trägt schon längst keine Lasten mehr, nur noch die Waffen, mit denen man das ständig bedrohte Leben beschützt. Man hat ein paar Esel und Mulis organisiert, die am Strick hinterhergezogen werden, beladen mit dem Letzten, was die Kompanien noch besitzen: Munition, ein bisschen Verpflegung. Man lebt von der Hand in den Mund. Tag- und Nachtmärsche von sechzig und mehr Kilometer zermürben die Männer. Vor Erschöpfung taumelnd, mit verdreckten Uniformen und stumpfen Blicken schleppen sie sich auf den schmalen Gebirgsstraßen voran. Wohin? Wo endet dies alles?

Helmut hat eine Landkarte, die er oftmals hervorzieht und auf der er die Marschrichtung festzustellen versucht. Kein Zweifel, man marschiert in die Richtung, aus der man vor Monaten gekommen ist – zurück an die jugoslawisch-österreichische Grenze.

Als der erschöpfte Haufen Karstadt erreicht und am Rande der Stadt in einem Bauernhof in Quartier geht, sind von der vierten Kompanie noch zweiundvierzig Mann übrig. Ein junger Leutnant führt sie, nachdem der Chef in der Gegend von Ljubija von einem Scharfschützen im vorausfahrenden VW-Kübelwagen erschossen worden ist.

Leutnant Klemke gilt als »scharfer Hund«. Man muss sich vor seinem Zorn hüten und denkt beklommen an den Absturz eines Mulis zurück, der mit Sack und Pack in eine zweihundert Meter tiefe Schlucht gepurzelt ist. Ein paar erschöpfte Männer mussten hinuntersteigen und den Inhalt der aufgebrochenen Kisten bergen. Aber es waren keine Fleischbüchsen in den Kisten, kein Brot und kein Käse, sondern parfümiertes Haarwasser in blauen Flaschen.

Der Leutnant hat getobt und gedroht, die feldgrauen Kletterer allesamt erschießen zu lassen – in der Meinung, man habe Sabotage getrieben oder Diebstahl, die Fleischbüchsen aufgefressen und dafür Haarwasserflaschen in die Kisten gepackt. Ein Glück, dass der Furier so beherzt war und zugegeben hat, dass er an der Verwechslung der Kisten schuld gewesen ist – Kisten, die er aus einem Verpflegungsdepot geholt hat, bevor es in die Luft gejagt worden ist.

Es nimmt nicht Wunder, dass Leutnant Klemke noch am selben Abend, als man erschöpft aufs Stroh gesunken ist, zum Waffen- und Bekleidungsappell pfeifen lässt. Maschinengewehr, Karabiner, Seitengewehr, Koppel und Patronentaschen – alles soll in Ordnung sein.

»Mensch, ich hab doch meine Gasmaske weggeschmissen«, ängstigt sich einer. »Wo krieg ich bloß auf die Schnelle 'ne Gasmaske her?«

Keiner gibt ihm eine Gasmaske, und als man zum Appell antritt, fehlt der Schütze Emmersmeier aus Passau. Er hat sich selbst abgemustert – das Beste, was er im Augenblick hat tun können.

Es ist ein Hohn, was Leutnant Klemke treibt. Natürlich sind die Waffen verrostet, die Koppel dreckig, die Klamotten im Zustand der Auflösung.

»Ihr Schweine, ihr verdammten!«, brüllt Klemke hysterisch. »So geht ihr mit dem Eigentum des deutschen Volkes um!« Er tobt, er scheint übergeschnappt zu sein, droht mit Erschießenlassen. Später beruhigt er sich aber wieder, und das Strafexerzieren fällt wegen dichten Schneefalls aus.

Die Nacht ist bitterkalt. Durch die Ritzen der Scheune pfeift der Schnee und treibt Schneewolken herein. Die Gestalten auf dem Stroh sind überzuckert. Sie schlafen den Schlaf der Erschöpfung.

Nur Helmut kann nicht schlafen. Er ist seit Monaten allein, pflegt keinen Verkehr mit den anderen, trottet mit im Haufen und muss oft an Josef Kranz denken.

In Gedanken sucht er das Grab des »Pfäffleins«. Er sieht es in der öden Weite irgendwo – ohne Kreuz, ohne Blumen, ein flacher Hügel nur, über den jetzt der Wintersturm den Schnee fegt.

»Es ist mein Amt, allen zu verzeihen«, hört Helmut den Toten wispern.

Hat das Pfäfflein wirklich alles verstanden? Hat er dieser Welt die Sünden wirklich so großmütig verziehen, oder sind es nur Worte gewesen?

»Zu Gott musst du wandern, mein Junge ... in Gott. Er prüft uns nur ... uns alle ... auch dich.«

Helmut spürt die Kälte nicht, hört nicht das hässliche Pfeifen des Windes und liegt ganz still. Noch nie ist er dem toten Freund so nah gewesen wie in dieser finsteren Stunde. Es ist ihm, als wäre Josef Kranz da, läge neben ihm, und gleich müsste seine nachdenkliche Stimme aus dem winselnden Dunkel ertönen und davon sprechen, dass der Mensch gut sei, gut, aber voller Irrtümer und Schwächen.

Ist Klemke auch gut?, grübelt Helmut. Ist dieser Krieg gut, den die Menschen gemacht haben? Nein! Nein! Niemals! Die Zerstörung aller göttlichen Gesetze, aller menschlichen Moralbegriffe schreitet fort und endet im Chaos, in der totalen Selbstvernichtung.

Der nächtliche Schneesturm heult um die Scheune. Draußen stehen die Posten und frieren. Die Welt ist finster und ohne Hoffnung, ein Haufen Scherben ...

Noch vier Monate stolpern die 999er in Slowenien herum und werden mal da, mal dort eingesetzt, um die zurückflutenden Einheiten gegen die nachstoßenden Partisanenverbände und Formationen der Roten Armee abzusichern. Die in Budapest eingeschlossenen deutschen Einheiten haben sich ergeben. Ein neuer sowjetischer Angriff zielt auf die Gebiete Stuhlweißenburg und das Vertes-Gebirge hin, um den Weg nach Wien freizubekommen. Noch hält sich die Heeresgruppe E im Südosten, hält Westkroatien, obschon die am Plattensee kämpfenden Einheiten auf die Westgrenze Ungarns zurückgedrückt werden.

Im Norden haben die Sowjets bereits die Oder erreicht und schieben die Verteidiger immer mehr nach Westen zurück. Die Alliierten haben bei Remagen einen Brückenkopf gebildet. Amerikanische Sturmtruppen erreichen Mainz und setzen bei Oppenheim über den Hochwasser führenden Rhein. Der Zusammenbruch der italienischen Abwehrfront steht kurz bevor, und die alliierten Panzereinheiten rollen bereits in den Alpenvorländern Italiens und drängen die Reste der deutschen Kampfeinheiten auf den Brenner und die anderen Alpenpässe zurück.

Über den Bergen der Steiermark hängen regenschwere Wolken. Die Stimmung ist trist und grau – wie Deutschlands Schicksal.

Auf der dürftig geschotterten Straße bei Freiberg schlurft eine halbe Kompanie müder, zerlumpter Soldaten. Vornweg trotten ein Feldwebel und ein Unteroffizier. Es sind die Reste der vierten Kompanie des XXI. Festungs-Infanterie-Bataillons. Die vierte Kompanie ist hinter Oplotnika in die Zange jugoslawischer und sowjetischer Verbände geraten und auseinandergejagt worden. Man ist in panischer Flucht den Bergen entgegengelaufen und hat sich dort einzeln wiedergefunden. Ein Bauer hat sich des gehetzten Haufens erbarmt und ihn unter großen Mühen über das verschneite Gebirge bis Ruce geführt. Von dort aus hat sich die Restkompanie nach Eibiswald durchgeschlagen, hat unterwegs bei Bauern um Brot und Milch gebettelt und ist unangefochten bis Freiberg gekommen.

Nun trotten sie auf der schmalen Straße dem nächsten Rastziel entgegen: Altmannshausen heißt der Kartenpunkt, den Feldwebel Trews als heutiges Marschziel bestimmt hat. Dort hofft man ein paar Tage bleiben zu können und von irgendwoher etwas Verpflegung zu bekommen.

Es sind noch 21 Mann, die hinter dem Feldwebel und dem Unteroffizier herschlurfen – mit durchnässten Mänteln, in Auflösung begriffenem Schuhwerk, unrasiert, hohlwangig. Seit Emmerich Lens, der MG-Schütze, verschwunden ist, schleppt sich Helmut mit dem MG ab.

Seine Schultern sind wundgescheuert. Vom linken Knobelbecher hat sich die Sohle gelöst und wird durch ein Stück Draht am Stiefel gehalten. Ein paar der Leute haben Stallpantoffeln an, die sie unterwegs gestohlen haben. Der Haufen ist vollkommen fertig, innerlich und äußerlich in einem hoffnungslosen Zustand. Dass es Soldaten sind, erkennt man nur daran, dass sie Waffen tragen.

Dann und wann bleibt der Feldwebel stehen und studiert die Karte. Wie Schafe, die stur dem Leithammel folgen, bleibt der Trupp dann stehen und wartet, bis Trews wieder den Arm nach oben stößt und damit das Zeichen zum Weitermarsch gibt.

Niemand spricht. Mit gesenkten Köpfen trotten sie dahin – ein Bild des Jammers, wie ein Symbol für den totalen Zusammenbruch. Jetzt helfen keine Parolen, keine Drohungen mehr. Wenn einer ausscheren will, kann er es tun. Aber es schert keiner aus. Man bleibt beisammen wie eine Herde Schafe im Gewitter. Wenn schon der Blitz einschlägt, dann ist es besser, gemeinsam zugrunde zu gehen.

Bisher hat Trews den Haufen mit schlafwandlerischer Sicherheit geführt – vorbei an Feldgendarmerie- und SS-Kontrollen. In Eibiswald ist es besonders gefährlich gewesen. Dort haben die Kettenhunde in Zusammenarbeit mit SS alles eingefangen, was führerlos dahergetrottet kam. Es wäre fatal gewesen, wenn man als 999er einer solchen Kontrolle in die Hände gefallen wäre. Vermutlich hätte man mit ihnen kurzen Prozess gemacht.

So ziehen die geschundenen, müden Söhne deutscher Mütter dahin. Sie wissen weder, was werden soll, noch wo der Feind steht. Er kann jeden Augenblick irgendwo auftauchen und den Hungermarsch beenden.

Neben Helmut schlurft ein großer, hagerer Mensch dahin mit knochigem Hungergesicht und rötlichen Bartstoppeln um das spitze Kinn: Heinz Wohler heißt er. Er ist schon in Saloniki zur vierten Kompanie gestoßen. 1943 ist er als einer der wenigen Überlebenden des von britischen Torpedoflugzeugen versenkten Frachters *Olymp* stundenlang auf einem zersplitterten Balken im Wasser herumgeschwommen. Die *Olymp* ist von Triest auf dem Wege zu den griechischen Inseln gewesen – mit 450 Soldaten an Bord.

Seither redet der Buchhändler aus Braunschweig nur noch das Notwendigste, und Helmut mag ihn deswegen gern.

»Hoffentlich ist bald Feierabend«, seufzt der Braunschweiger. Dieser Seufzer ist doppelsinnig.

Der Nebenmann Wohlers grinst matt: »Die Amis sollen ja schon bald in Göttingen sein.«

»Wollen wahrscheinlich für uns weiterstudieren«, scherzt ein anderer müde.

»Mist, verdammter«, schimpft jemand. »Nich mal 'ne Zigarette – ich scheiß' bald auf alles!«

Trapp ... trapp ... trapp ... schlurfen die müden Gestalten weiter. Die Münder sind wieder stumm. Niemand gönnt dem steierischen Land einen Blick. Mit eingezogenem Genick schieben sie auf der Landstraße dahin. Die dreckigen, zerrissenen Mäntel sind vom Regen vollgesogen und hängen schwer und schmerzend auf den mageren Schultern.

Wann endlich kommt dieses Nest? Nimmt denn diese Straße kein Ende?

Ein paar Krähen balgen sich auf einem schmutzigbraunen Feld um etwas Undefinierbares. Dann plötzlich stieben sie auseinander und flattern mit hässlichem Gekrächze in den grauen Tag hinein.

Eine Stunde später taucht das Dorf auf. Man sieht eine Burg auf einem kegelartigen, dichtbewaldeten Hügel, und links des Burgberges liegt ein kleiner, grauschimmernder See.

Altmannshausen ist ein winziges Dorf mit kaum zwanzig armseligen Häusern. Ein Bild tiefsten Friedens tut sich den Ankömmlingen auf. Irgendwo blökt Vieh. Ein paar Kinder laufen ängstlich die Straße entlang und verschwinden schreiend in den Häusern.

Links der Straße liegt ein Heustadel. Dorthin biegt Feldwebel Trews ab.

»Warum denn nicht ins Dorf?«, mault jemand.

Da dreht sich der Feldwebel um und schnauzt: »Weil wir durch uns die Zivilbevölkerung nicht gefährden dürfen, du Idiot!«

Der Landser nickt verdrießlich. Dann belegen sie den Heustadel. Sie hauen sich hin und schlafen sofort ein. Posten sind nicht ausgestellt; sie würden sowieso nicht aufpassen. Wenn etwas passiert, dann passiert es eben.

Auch Helmut ist sofort eingeschlafen. Plötzlich erwacht er durch ein klirrendes Geräusch. Noch ein paar heben die Köpfe und horchen.

»Herr Feldwebel!« Sie rütteln Trews wach. »Da kommt was an!«

Helmut kriecht auf allen vieren zum Stadeltürchen und schaut hinaus. Im nächsten Augenblick fährt er erschrocken zurück und flüstert: »Panzer!«

»Die Unsern?«

»Ich weiß nicht.«

»Dann guck doch genau hin, Kalmeder!«

Da ist schon Trews an der Tür und späht hinaus. Es regnet in Strömen. Drüben auf der Straße fahren zwei Panzerspähwagen. Ob russische oder amerikanische, man kann es nicht erkennen.

Was nun?

Allen schlägt das Herz bis zum Halse herauf. Keiner schläft mehr. Jeder ahnt, dass jetzt die Stunde der Entscheidung gekommen ist.

Die beiden Panzerspähwagen sind stehengeblieben; man hört das Brummen der Motoren im Leerlauf.

Trews starrt jetzt mit dem Glas hinüber, das er aus der Tarnjacke gezerrt hat. Dann lässt er es sinken.

»Amis«, sagt er heiser.

»Amis?«, flüstern die anderen.

»Menschenskinder – die Amis sind schon da!«, jubelt der kleine Drescher. »Was wollen wir mehr ... Amis!«

»Halt's Maul!«, zischt einer.

Trews tritt von der Stadeltür zurück. Sein bartstoppeliges Gesicht ist sehr ernst, als er sagt:

»Hört mal, ich bin sicher, dass irgendwo weiter hinten Panzer stehen. Wir müssen also damit rechnen, dass wir geschnappt werden. Es gibt jetzt nur zwei Möglichkeiten: Entweder, wir lassen es drauf ankommen und bleiben hier, warten ab, was passiert, oder ...«

»... oder wir ergeben uns«, fällt jemand rasch ein. Es klingt wie eine Bitte.

Schweigen.

Dort, wo die Panzerspähwagen stehen, ertönen Stimmen. Helmut ist zur Tür geglitten und späht hinaus. Er sieht, dass die Panzerluken offen sind und Gestalten herausschauen. Sie rufen sich einander in näselnder Sprache etwas zu.

»Ich bin dafür, dass wir uns ergeben«, bemerkt eine halblaute Stimme im Hintergrund.

»Ich auch«, sagt eine andere. »Hat ja sowieso keinen Zweck mehr. Sie erwischen uns doch, und es ist besser, wenn wir den Amis in die Hände fallen als dem Iwan. Der ist auch nicht mehr weit, denke ich.«

Helmut starrt unablässig zu den beiden feindlichen Fahrzeugen hinüber. Wie weit mag es noch bis St. Radegund sein, schießt es ihm durch den Kopf. Nicht mehr weit. In ein paar Stunden könnte ich dort sein. Oder soll ich auch die Hände heben? Soll dies das Ende aller Dinge sein: Gefangenschaft?

»Also gut«, hört Helmut Trews sagen. »Ich gehe hinüber und sage den Kerlen, dass wir kapitulieren. Wer ist dagegen, wer dafür? Wer dagegen ist – Arm heben.«

Niemand hebt den Arm. Fahle, struppige Gesichter schimmern aus dem Halbdunkel des Heustadels.

»Na gut«, murmelt Trews, »dann werde ich mich auf die Socken machen. Hoffentlich werden die Kerle nicht nervös ...«

Mit diesen Worten schnallt Trews das Koppel ab und leert die mit Munition vollgestopften Taschen seiner ausgebeulten, zerrissenen Tarnjacke. Auch die anderen entledigen sich ihrer Waffen.

Plötzlich sagt Helmut: »Herr Feldwebel, ich bitte um die Erlaubnis, mich auf eigene Faust absetzen zu dürfen.«

Trews breites Gesicht wendet sich ihm zu und schaut den Sprecher an. »Sie, Kalmeder?«

Helmut nickt.

»Sie werden nicht durchkommen, Kalmeder.«

»Ich will's versuchen.«

»Seien Sie doch vernünftig, Kalmeder – nach ein paar Kilometern laufen Sie irgendwo vielleicht dem Iwan in die Arme.«

»Ich möchte es darauf ankommen lassen, Herr Feldwebel.«

»Na gut – meinetwegen«, brummt Trews. »Wenn Sie durchaus wollen, dann hauen Sie ab.«

»Ich werde mich hier im Heu eingraben und warten, bis ihr weg seid.«

»Na los, verschwinden Sie schon, beeilen Sie sich, sonst verpassen wir noch den Anschluss!«

Als Helmut im hintersten Winkel des Stadels im Heu zu wühlen beginnt, kommt Wohler heran und fragt:

»Hältst du es wirklich für richtig, hierzubleiben, Helmut? Willst du nicht lieber mit uns kommen? Die Amis behandeln die Gefangenen nicht schlecht – uns vielleicht besonders gut, weil wir Politische sind.«

»Ich bleibe hier«, sagt Helmut und schlüpft mit den Beinen voran in das Loch, wühlte sich hinein und bittet Wohler dann: »Deck mich mit Heu zu, Heinz ... und ... und mach's gut.«

»Mach's besser«, murmelt der Braunschweiger. Noch ein kurzer Händedruck, dann verschwindet Helmut im muffigen Heu.

Er ist sich sicher, dass die anderen ihn nicht verraten werden. Was hätten sie auch schon davon, wenn sie ihn verpfeifen würden?

Gespannt horcht Helmut auf das, was sich nun vollzieht. Er hört Trews ein paarmal »Hallo! Hallo!« rufen. Jetzt geht der Feldwebel anscheinend auf die Panzerspähwagen zu. Drüben werden Stimmen laut. Rufe. Etwas klirrt. Ein Motor brüllt auf und läuft wieder ruhiger weiter.

Helmut schwitzt in der muffig-feuchten Finsternis seines Versteckes. Dann ist es ihm, als höre er Trews rufen und gleich darauf ertönt um Helmuts Versteck Getrampel und Stimmengewirr.

Atemlos gespannt horcht Helmut auf die weiteren Geräusche. Kein Zweifel, die Amerikaner sind erheitert. Man hört Lachen und näselnde Zurufe. Man ist offenbar erstaunt, wie leicht man Gefangene machen kann. Sie kommen mit erhobenen Armen auf die beiden Panzerspähwagen zu. Die MG sind ausgeschwenkt und halten den zerlumpten Soldatenhaufen in Schach.

Helmuts Herz klopft bis zum Hals. Die Pulse fliegen vor Spannung und Erregung, das Blut saust in den Ohren. Hoffentlich kommt keiner und holt sich die herumliegenden Waffen, schießt es Helmut durch den hämmernden Schädel.

Aber es kommt niemand. Die Amerikaner sind anscheinend wenig interessiert an einem rostigen MG und ein paar nicht weniger verluderten Karabinern.

Dann summen drüben die Motoren auf. Zwanzig ausgemergelte deutsche Strafsoldaten treten zwischen den langsam voranfahrenden Panzerspähwagen den letzten Marsch an. Als das Motorengeräusch stirbt, erschlafft der Mann im Heu und schläft ein.

Helmut Kalmeder ist nicht dabei, als der amerikanische Offizier im ersten Panzerfahrzeug den Haufen Landser noch sechs Kilometer traben lässt und ihn in einer größeren Ortschaft einer russischen Vorausabteilung mit der einleuchtenden Begründung übergibt, dass man sich mit den Germans nicht belasten könne.

Der russische Kommandeur grinst erfreut und lässt die zwanzig Mann noch einmal zehn Kilometer weit traben, bis sie in einem provisorischen Gefangenenlager landen, bewacht von russischen Maschinengewehren, eingeschlossen von jenem stacheligen Draht, der das Schicksal aller überlebenden deutschen Soldaten werden wird.

7

Helmut erwacht im Finstern. Es ist mollig warm im Heu. Er braucht eine Weile, ehe er sich erinnert, was geschehen ist, und als er sich aus dem Heu wühlt, ist Finsternis um ihn.

Es ist Nacht. Der Regen hat aufgehört. Über den Wiesen und dort, wo der See liegt, brodelt Nebel, kalter, feuchter Nebel, der alles einhüllt.

Ringsum herrscht absolute Stille. Kein Laut ist zu hören. Nur im Heustadel raschelt es leise. Helmut tastet sich zur Tür. Er berührt den nasskalten Stahl der Waffen und denkt einen Augenblick daran, bewaffnet den Weitermarsch anzutreten. Doch dann tritt er waffenlos aus dem Versteck, reckt die Glieder und geht auf die Straße zurück.

Im Dorf, das er rasch durchschreitet, bellt ein Hund und alarmiert die anderen. Niemand zeigt sich. Ob man einmal fragen sollte, welche Richtung man nach St. Radegund einschlagen muss?

Helmut klopft an ein Fenster. Es dauert eine Weile, ehe sich ein blasses Gesicht zeigt und eine ängstliche Frauenstimme fragt: »Wer ist da?«

»Ein deutscher Soldat«, sagt Helmut. »Wo geht der Weg nach St. Radegund?«

Die Antwort lässt auf sich warten. Das blasse Frauengesicht verschwindet vom Fenster und taucht unter der Haustür wieder auf.

»Komm rein, Kamerad.«

Es ist eine Bauersfrau, die Helmut einlässt. Nach einem kurzen Mustern und einigen Fragen gibt sie ihm Essen und erklärt ihm den Weg.

»Mein Mann ist ja auch noch draußen«, seufzt sie. »Hoffentlich sagt auch ihm jemand den Weg.«

Helmut bleibt nicht lange. Versorgt mit einem Kanten Brot und einem Stück Speck begibt er sich auf den Marsch nach St. Radegund.

Der Weg führt durch Wiesen und Wälder, an Einödhöfen vorbei, über Hügel und wieder hinab in schlafende Täler. Als der Morgen graut, erreicht der einsame Wanderer die große Straße und beobachtet auf ihr Kolonnenverkehr: kettenrasselnde Panzer mit weithin sichtbarem Sowjetstern, lange Reihen Lastwagen, auf denen russische Soldaten singen und grölen, endlose Kolonnen zuckelnder Panjefahrzeuge, berittenes Soldatenvolk.

Dort marschiert der Sieger, der Bezwinger Deutschlands, dort marschieren die Vertreter der Idee, für die Helmut Kalmeder fast fünf Jahre seines Lebens geopfert hat! Warum geht er nicht hinüber und breitet mit dem Ruf »Freiheit, Gleichheit, Brüderlichkeit« die Arme aus? Warum hockt er in den Büschen und starrt nur hinüber, starrt, bis ihm die Tränen in die bläulichen Bartstoppeln rollen? Weint er, weil er fühlt, dass diese endlosen Kolonnen auch sein Fühlen überrollen? Weint er, weil er jetzt den Haufen Scherben erkennt, den ein paar ebenso hochmütige wie verbrecherische Politiker aus Deutschland gemacht haben?

Erst gegen Mittag reißt die unaufhörlich rollende Kolonne der Sieger ab, und es entsteht eine Lücke, durch die Helmut auf die andere Straßenseite schlüpfen kann.

Der Karte nach ist er nur noch knapp zehn Kilometer vom Zufluchtsort entfernt. Die Stiefelsohle löst sich und bleibt in der einsamen Spur stecken. Mit aufgeknöpftem Mantel, das Gesicht vorgereckt, die Augen weit aufgerissen, überquert Helmut einen seichten Bach, geht durch sprossende Wiesen, taucht in Wäldern unter und tritt wieder ins Freie.

Es dunkelt schon, als er auf einen Hof zugeht und fragt, wo St. Radegund läge.

»Da gehst allweil gradaus, Kamerad, nachher kimmst zu oaner Abzweigung. Nach links musst abzweigen, ungefähr aa halbe Stund' noch, nacher kimmst nach St. Radegund. Siehst scho die Kirch'n von Weitem. Behüat di Gott, Kamerad! Und pass auf, dass di die Russ'n net derwischen. Die san jetzt nämlich überall in unserm Steirerlandl.«

So sagt das alte Bäuerlein und schaut der davongehenden Gestalt nach, bis sie in der Dämmerung verschwunden ist.

Sankt Radegund ... grübelt Helmut während des Gehens. Krischan Tumser ... Ich werde vielleicht Felix dort treffen ... Was hat Felix damals gesagt? ... Was? ... Inge? ... Inge auch in St. Radegund? Nein, nein. Das ist unmöglich! In Berlin ist sie doch. Sie muss in Berlin sein. Aber wann wird Berlin verlorengehen? Und was mag dann Inges Schicksal sein?

Im Selbstgespräch, den Kopf schüttelnd, stolpert Helmut weiter. Er spürt nicht, dass er mit bloßen Füßen geht, seit die zweite Stiefelsohle am Weg liegengeblieben ist. Er spürt die wundgelaufenen Füße nicht und nicht den Schweiß, der ihm in Bächen über das knochige Gesicht rinnt.

Die Ortschaft taucht auf, und plötzlich klingt das magere Geläute eines Glöckchens durch die Stille. Angeluszläuten. Ein paar Lichter blinzeln aus der Dämmerung. Lichter aus dem blauen Dunkel. Ist der Krieg schon aus? Braucht man die Fenster nicht mehr zu verdunkeln?

»Wo wohnt Krischan Tumser?«, fragt Helmut eine auftauchende Gestalt.

»'s vierte Haus links, wo a holzg'schnitzte Brunnenfigur steht.«

Helmut schlurft vier Häuser weiter und sieht die Brunnenfigur. Der Wasserstrahl plätschert friedlich in den Trog. Helmut setzt sich auf den Trogrand und schöpft mit der Hand einen Schluck Wasser, trinkt, lässt die Hand sinken und schnauft erschöpft.

Da ertönt von der Haustür her ein Geräusch. Ein weißes Hemd schimmert aus dem dunklen Viereck, und eine tiefe Stimme ertönt: »Wer bist und was willst?«

»Ich heiße Helmut Kalmeder«, sagt der andere mit heiserer Stimme.

Er erhebt sich mühsam und wankt mit tauben Füßen auf die Gestalt unter der Haustür zu. »Sind Sie Krischan Tumser?«

»Der bin ich.«

»Kennen Sie mich ... dem Namen nach?«

»I kenn dich. Komm rein, Kamerad – mein Haus steht für dich offen. Gott segne deinen Eingang.«

Da taucht ein zweites Gesicht hinter Krischan Tumser auf, ein blasses, umrahmt von blondem Haar.

»Helmut«, flüstert eine Mädchenstimme.

Er rührt sich nicht, er steht wie angewachsen am Fleck und starrt nur ungläubig auf die schlanke Gestalt.

»Inge!«, stammelt er.

Sie kommt auf ihn zu, steht ganz nah vor ihm und schaut zu ihm auf. Die Augen schimmern feucht aus dem blassen Gesicht, das blonde Haar fällt auf die Schultern.

»Inge!«, murmelt Helmut, und dann sinkt sein Kopf an den ihren.

Eine Hand beginnt ihn zu streicheln. Eine warme Frauenstimme ertönt: »Komm, Helmut, hier bist du zu Hause, hier kannst du dich ausruhen. Komm!«

Er lässt sich in das Haus führen. Die Tür schließt sich mit einem leisen Ächzen. Das dünne Läuten der Vesperglocke ist verstummt, und über St. Radegund liegt eine friedliche Ruhe.

Weitere Bücher im Rosenheimer Verlagshaus

Kampf in der Fremde
256 Seiten
ISBN 978-3-475-54296-1

Unter der glühenden Sonne Afrikas schleift Korporal Hoyer die neuen Soldaten der Legion. Von Oran aus werden die ausgebildeten Legionäre nach Saigon gebracht. Auch Hoyer ist dabei. Kramer sieht eine Gelegenheit sich zu rächen. Die Gruppe befindet sich auf dem Marsch durch den dichten Dschungel, um einen Stützpunkt abzulösen. Dabei treten Ereignisse ein, die Fred Kramer und Hoyer zu Kameraden, ja zu Freunden werden lassen.

Vom Himmel in die Hölle
208 Seiten
ISBN 978-3-475-54304-3

Gerhard Ehlert gehört zu den wenigen Überlebenden der Luftwaffen-Eliteeinheit der Nachtfernaufklärer im Zweiten Weltkrieg. Obwohl er aus einem regimefeindlichen Elternhaus kommt, meldet er sich freiwillig. 22 Feindflüge besteht er, landet sein Flugzeug oft blind im Nebel. Im Juni 1944 wird er abgeschossen und gerät in russische Kriegsgefangenschaft. Die Zeit im Lager wird sein Leben verändern. Dieser Zeitzeugenroman beruht auf den Erinnerungen eines deutschen Fliegerleutnants.

Ohne Panzer Ohne Straßen
256 Seiten
ISBN 978-3-475-54433-0

Wachtmeister Hohberg wird zum Leutnant befördert. Es geht in den Osten. Mit dem Angriff des Großdeutschen Reiches auf die Sowjetunion wird der deutsch-sowjetische Nichtangriffspakt gebrochen. Nach anfänglichen Erfolgen wird schnell klar, dass sich der Gegner nicht so einfach bezwingen lässt. Hohberg ist klar, dass sie rechtzeitig den Donez erreichen müssen, denn der Winter in Russland ist unberechenbar.

Informationen zu unserem Verlagsprogramm finden Sie unter www.rosenheimer.com